ROTH · WAFFENGESCHÄFTE

Jürgen Roth, Jahrgang 1945, Journalist und Autor zahlreicher Fernsehdokumentationen u.a.: »Anatomie eines Putschplanes«; »Mafia & Co.«; »Die Söldnerinseln«; »Hochexplosiv«. 1985 erhielt er den Fernsehpreis der Bundesarbeitsgemeinschaft der Freien Wohlfahrtsverbände.
Jürgen Roth ist außerdem Autor u.a. folgender Bücher: »Armut in der Bundesrepublik«; »Frankfurt: Zerstörung einer Stadt«; »Geographie der Unterdrückten — die Kurden«; »Makler des Todes — Waffenhändler packen aus«; »Rambo — die Söldner — Eine Reportage«.

Jürgen Roth

Die illegalen Waffengeschäfte

und ihre internationalen
Verflechtungen

– Hundert Jahre Kriegskartell –

Eichborn Verlag

CIP-Titelaufnahme der Deutschen Bibliothek

Roth, Jürgen:
Die illegalen deutschen Waffengeschäfte und ihre
internationalen Verflechtungen : 100 Jahre Kriegskartell /
Jürgen Roth. – Frankfurt am Main : Eichborn, 1988
  ISBN 2-8218-1118-8

© Vito von Eichborn GmbH & Co. Verlag KG, Frankfurt am Main, Juni 1988 · Cover: Dö
Van Volxem · Gesamtherstellung: Fuldaer Verlagsanstalt GmbH. ISBN 3-8218-1118-8
Verlagsverzeichnis schickt gern: Eichborn Verlag, D-6000 Frankfurt am Main 70

INHALT

VORWORT

Dieses Buch hätte ohne die Kooperation verschiedener europäischer Journalisten nie geschrieben werden können. Insbesondere danke ich dem belgischen Kollegen Walter de Bock. Wir wollten eigentlich dieses Buch gemeinsam schreiben. Aber aus Zeitgründen mußte Walter de Bock, der in Frankreich Anfang des Jahres, zusammen mit Jean-Charles Deniau, das Buch »DES ARMES POUR L'IRAN« veröffentlichte, kurzfristig absagen. Mit seiner Hilfe wären sicherlich noch wichtige Informationen und Erkenntnisse in das Manuskript eingegangen. Ich danke aber auch dem schwedischen Kollegen Bo Anderson von Dagens Nyheter, dem französischen Kollegen Pierre Abramowici, dem Schweizer Kollegen Frank Garbely und insbesondere dem Spiegel-Kollegen Hans H. Mans für die Zusammenarbeit.

Ohne die Kooperation dieser Journalisten wäre der Skandal um die illegalen Waffen- und Munitionslieferungen in den Iran nie ans Licht der Öffentlichkeit in Europa gekommen. Danken möchte ich auch den »Grünen« aus Wald-Kraiburg, die seit Jahren wichtige Aufklärungsarbeit vor Ort über die Aktivitäten eines dortigen Rüstungsbetriebs leisten. Sie haben insbesondere die Geschichte dieses Unternehmens, aus denen ich viele Hinweise entnehmen konnte, herausgearbeitet.

EINLEITUNG

»Diese angeblichen Enthüllungen, als ob Waffenexport eine unmorali-
sche, kriminelle, mysteriöse Verhaltensweise sei, an der gewissenlose
Geschäftemacher, skrupellose Lobbyisten, blutgierige Politiker beteiligt seien, sind doch reiner Blödsinn.«
Franz Josef Strauß, bayerischer Ministerpräsident, Aufsichtsratsvorsit-
zender von MBB. (Süddeutsche Zeitung, 17./18. Januar 1987)
»Zöge man sich hier zurück (aus dem Rüstungsexport, d. Autor),
müsse man eben das Feld der Rüstungsproduktion den Engländern
oder Franzosen überlassen.«
Peter Gauweiler, CSU, bayerischer Staatssekretär.

Zwei Aussagen. Sie stehen für die Geisteshaltung jener, die in der
Rüstungsexportpolitik das Heil der nationalen Wirtschaft sehen. Aussagen, die in ihrer politischen Einäugigkeit nicht mehr zu übertreffen
sind.
Als Kriegsverhinderer taugen sie — angesichts solcher »Erkenntnisse«
— wenig, die Kalten Krieger aus München, Hauptstadt bundesdeutscher Rüstungsschmieden. Sie haben auch keine Skrupel, sich als ko-
operative Repräsentanten der Rüstungsindustrie zu verkaufen.
Aus Bonn klingt es diplomatisch mäßigender. Hier läßt sich zumindest
moralische Empörung über den seit sieben Jahren währenden blutigen
Krieg zwischen Irak und Iran feststellen. Und Rüstungsexporte in dieses Kriegsgebiet sollen gar, so liest und hört man, unmöglich sein:
»Entsprechend den exportpolitischen Grundsätzen der Bundesrepublik vom April 1982 verfolgt die Bundesregierung eine restriktive Rüstungsexportpolitik. Die Ausfuhr von Waffen nach Irak oder Iran wird
daher nicht genehmigt. Die zuständigen Behörden gehen allen Hinweisen auf illegale Lieferungen nach.« So die Standardaussage, die
alles und — wie die dialektische Praxis zeigt — doch wieder nichts
bedeuten kann.
Die trotz allem immer wieder aufgedeckten Rüstungsexporte aus der
Bundesrepublik in den Iran und den Irak widersprechen solchen ver-
balen Beweihräucherungen. Das liegt nicht nur daran, daß die in Rü-

stungsgeschäften für den Iran oder den Irak involvierten Firmen ein perfektes Instrumentarium entwickelt haben, um ihre Waffengeschäfte zu verschleiern. Vieles weist darauf hin, daß Waffengeschäfte für das Kriegsgebiet aus marktpolitischen Erwägungen heraus geduldet und daß bei der Genehmigung von Rüstungsexporten beide Augen zugedrückt werden, eine Form politischer Anästhesie.

Der Grund ist eindeutig: Der Krieg im Persischen Golf hat den größten Waffenmarkt der Weltgeschichte ermöglicht. Etwa 33 Länder verkaufen gegenwärtig Waffen an den Iran und den Irak, die meisten Staaten versorgen beide kriegführenden Staaten gleichzeitig.

Während des vergangenen Jahres führten Enthüllungen über die Lieferungen verschiedenster Rüstungsgüter im Kriegsgebiet am Golf zu eindeutigen Erkenntnissen. Zum einen, daß jeder versucht, im riesigen Waffenbazar seine Produkte abzusetzen, und zum anderen, daß Regierungsbehörden und Rüstungsproduzenten bzw. -lieferanten in dem Bemühen, die heimliche Waffenpipeline aufrechtzuerhalten, auf europäischer Ebene in einem Kriegskartell zusammenarbeiten. Um die bestehenden nationalen Rüstungsexportbeschränkungen kümmert man sich praktisch gar nicht, zumal eine effektive parlamentarische Kontrolle der Rüstungsexporte in Krisengebiete nicht nur in der Bundesrepublik kaum stattfindet. Und das, obwohl jeder weiß, was einer der Großen in diesem Geschäft offen so formuliert: »Es gibt heute nur zwei wichtige Abnehmer für Munition: Iran und Irak.« Karl Erik Schmitz, der das sagt, ist Bürger eines »neutralen Landes«, ein Schwede. In Malmö ist er Geschäftsführer der »Scandinavian Commodity Corporation«, die in der Schweiz, der Bundesrepublik und in Teheran Filialen unterhält. Er gilt als einer der Hauptakteure auf dem internationalen Waffenmarkt. Ein Land, von dem aus er besonders gerne Geschäfte organisierte, war und ist die Bundesrepublik. Die Behörden sind glücklicherweise wachsam, vernehmen wir optimistisch aus Bonn.

Die Erfahrung zeigt, daß selbst jene Behörden, die Verstöße gegen das Außenwirtschaftsgesetz oder das Kriegswaffenkontrollgesetz zu ahnden haben, Bundeskriminalamt oder Zollfahndung, bei ihrem Versuch, die Waffenpipeline für den Golfkrieg zu verstopfen, ins Leere stoßen.

Dabei ist die Gesetzeslage in der Bundesrepublik, trotz vieler Lücken, eindeutig.

Nach § 6 Abs. 3 Nr. 1 des Kriegswaffenkontrollgesetzes dürfen »bei der Gefahr der Verwendung der zu liefernden Kriegswaffen bei einer friedensstörenden Handlung« keine Kriegswaffen bzw. Rüstungsgüter in den Iran oder den Irak geliefert werden. Nach dem Außenwirtschaftsgesetz § 7 können Exporte beschränkt werden, wenn eine Störung des friedlichen Zusammenlebens der Völker droht. Nach Absatz 1 können insbesondere beschränkt werden:

»1. im Rahmen der auf die Durchführung einer gemeinsamen Ausfuhrkontrolle gerichteten internationalen Zusammenarbeit die Ausfuhr oder Durchfuhr von
   a. Waffen, Munition und Kriegsgerät,
   b. Gegenstände, die bei der Entwicklung, Erzeugung oder dem Einsatz von Waffen, Munition und Kriegsgerät nützlich sind, oder
   c. Konstruktionszeichnungen und sonstigen Fertigungsunterlagen für die in Buchstabe a und b. bezeichneten Gegenstände;
2. Die Ausfuhr von Gegenständen, die zur Durchführung militärischer Aktionen bestimmt sind;
3. die Einfuhr von Waffen, Munition und Kriegsgerät.«

Aber jedes Gesetz kennt seine Ausnahmen.

So heißt es in den politischen Grundsätzen der Bundesregierung für den Export von Kriegswaffen und sonstigen Rüstungsgütern vom 28. April 1982:

»Der Export von Kriegswaffen (nach KWKG und AWG genehmigungspflichtig) wird nicht genehmigt, es sei denn, daß auf Grund besonderer politischer Erwägungen allgemeiner Art festgelegt werden oder im Einzelfall vitale Interessen der Bundesrepublik Deutschland für eine ausnahmsweise Genehmigung sprechen. Vitale Interessen sind außen- und wirtschaftspolitische Interessen der Bundesrepublik unter Berücksichtigung der Bündnisinteressen. Beschäftigungspolitische Gründe dürfen keine ausschlaggebende Rolle spielen.«

Die genehmigungspflichtige Behörde für die Ausfuhr von Kriegswaffen und Rüstungsprodukten aller Art hat ihren Sitz im hessischen Eschborn. Es ist das Bundesamt für Wirtschaft, eine Bundesbehörde des Bundesministeriums für Wirtschaft. Zuständige Abteilung für das Kriegswaffenkontrollgesetz ist die »Abteilung II«.

Sinnigerweise handelt es sich um eine Unterabteilung der Hauptabteilung »Wirtschaftsförderung«.

Knapp 30 Beamte sind im zuständigen Referat der Abteilung »VI« für die Kontrolle der eingereichten Exportanträge für Kriegswaffen und Rüstungsgüter zuständig. Ihr Arbeitsgebiet ist damit nicht zu Ende. Hinzu kommt, daß sie ihrem gesetzlichen Auftrag entsprechend die bundesdeutschen Rüstungsunternehmen kontrollieren müssen; beispielsweise daraufhin, ob die Lagerbestände an Waffen in den Produktionsfirmen korrekt registriert sind. Genauso gewissenhaft müssen sie das Münchner Waffenmuseum kontrollieren.

»Aber«, so ein eingeweihter Beamter, »wir können gar nichts kontrollieren, sondern müssen uns darauf verlassen, daß die Angaben richtig sind.« Eine Papierbehörde nennt denn auch ein Experte aus Eschborn sein Amt. 80.000 Genehmigungsanträge für Exporte müssen derzeit pro Jahr bewältigt werden. Um die Anträge einigermaßen korrekt zu prüfen, forderte die Behörde daher im letzten Jahr 40 Neueinstellungen. Sie wurden alle abgelehnt. Eine funktionierende Kontrolle würde natürlich dem Sinn jeder Wirtschaftsförderung widersprechen. Denn die Hauptaufgabe des Bundesamtes ist es, so der Präsident Hans Rummer, »daß in die Freiheit der wirtschaftlichen Betätigung so wenig wie möglich eingegriffen wird«. (Die Ausfuhr von Embargowaren. Ein Leitfaden für die Praxis, Hrsg. Bundesamt für Wirtschaft, 1987) Und so passiert es. Rüstungsgüter, die einem Ausfuhrverbot oder einer Beschränkung unterliegen, landen unbeanstandet und häufig mit dem Genehmigungssegen aus Eschborn versehen im Kriegsgebiet im Golf.

Manchmal regt sich in der Bundesrepublik, in der kritisch-politische Kultur derzeit mit der Lupe zu suchen ist, Widerstand. Freilich geschieht dies nicht sehr häufig und in der letzten Zeit immer weniger, Resignation greift um sich.

Abgeordnete der Opposition stellen sogar zu bestimmten Meldungen in der Presse parlamentarische Anfragen, kleine und große. Sie erhoffen von der Bundesregierung Auskunft über Rüstungs- und Munitionslieferungen in den Iran oder den Irak zu erhalten, die Journalisten aufgedeckt haben. Ein vergebliches Bemühen.

Ein typisches Beispiel für dieses Ritual:

Da fragte am 1. Februar 1988 der SPD-Abgeordnete Wimmer aus dem bayerischen Neuötting: »Trifft es nach Erkenntnissen der Bundesregierung zu, daß die Firmen Dynamit-Nobel AG in Troisdorf und WNC-Nitrochemie in Aschau als Mitglieder eines europäischen Kartells von Sprengstoffherstellern große Mengen Sprengstoffe und Zünder in den Iran bzw. in den Irak geliefert haben?«

Die Antwort des Staatssekretärs Dr. von Würzen, Bundeswirtschaftsministerium, ist kurz und geht auf die Anfrage überhaupt nicht ein. »Es trifft nicht zu, daß für militärische Zwecke besonders zusammengesetzte Sprengstoffe und Zünder aus der Bundesrepublik Deutschland in den Iran bzw. den Irak geliefert wurden.« Natürlich haben die Firmen, die in der Anfrage erwähnt wurden, nicht direkt geliefert, sondern bedienten sich der beliebten »Dreiecksgeschäfte«. Man liefert in ein Land, für das keine Exportgenehmigungen verlangt werden oder für das es kein Problem ist, solche zu erhalten. Und von dort aus geht es direkt in den Iran oder den Irak.

Auf die zweite Frage des Abgeordneten Wimmer – »In welchem Umfang und für welche Bestimmungsländer hat die Bundesregierung in den Jahren 1982 bis 1987 den genannten Firmen Ausfuhrgenehmigungen nach § 5 der Außenwirtschaftsverordnung für militärisch nutzbare Sprengmittel und/oder Detonatoren erteilt?« – die Antwort des Staatssekretärs: »Die Bundesregierung muß sich aus rechtlichen und politischen Gründen (Wahrung von Betriebs- und Geschäftsgeheimnissen — § 203 StGB und § 30 VWVfG-Rücksichtnahmen auf Handelspartner) bei Angaben über einzelne Ausfuhrgeschäfte restriktiv verhalten. Sie kann daher die erbetenen Auskünfte über die Lieferung von ausfuhrgenehmigungspflichtigen Gütern durch bestimmte Firmen in bestimmte Länder nicht zur Verfügung stellen.« Bei solchen verschwommenen Antworten an die Kontrollinstanz der Regierung, das Parlament, darf das rüstungspolitische Credo niemals fehlen. Und das wird folgendermaßen angestimmt: »Für den Export von ausfuhrgenehmigungspflichtigen Gütern in kriegführende Länder bleiben die politischen Grundsätze der Bundesregierung für den Export von Kriegswaffen und sonstigen Rüstungsgütern vom 28. April 1982 maßgeblich. Danach werden grundsätzlich keine Genehmigungen für die Ausfuhr von Kriegswaffen und kriegswaffennahen sonstigen Rüstungsgütern in Ländern, bei denen die Gefahr des Ausbruchs bewaffneter Auseinandersetzungen besteht oder die sich im Kriegszustand befinden, erteilt. Das gilt auch für den Export von für militärische Zwecke besonders zusammengesetzten Sprengstoffen und Zündern.« (Bundestagsdrucksache 11/1285, S. 13/14)

Die Wirklichkeit sieht merkwürdigerweise ganz anders aus und steht in krassem Widerspruch zu dieser Aussage.

Natürlich wurden und werden Genehmigungen für den Export von militärischen Gütern erteilt, gerade für die vom Abgeordneten Wimmer erwähnten Unternehmen — und sie werden in diesem Buch gründlich dokumentiert.

Nur, wie soll sich ein Abgeordneter verhalten, der weder über die Zeit verfügt noch über das Beweismaterial, um derartige, das Parlament verhöhnende Aussagen zu korrigieren? Will er es überhaupt? Oder hat er nur seine Pflicht getan und die Parteianhänger in seiner Heimatgemeinde beruhigt?

Wie diese Anfrage gab es in den letzten Jahren eine Vielzahl weiterer parlamentarischer Nachfragen. Fragen, ob vom Luftwaffenstützpunkt Ramstein Waffen, TOW-Raketen, für den Iran ausgeflogen wurden. Die Bundesregierung sagte Nein, die US-Regierung mußte es vor dem Senatsausschuß über die Iran-Contra-Affäre zugeben. Ob vom Frankfurter Flughafen aus Waffen für den Iran verladen wurden. Die Bundesregierung sagte Nein. Frachtdokumente und Beobachter sagen Ja.

Während im zivilen Teil des Frankfurter Flughafens Cargo-Flugzeuge aus dem Iran und Irak die begehrten Rüstungsprodukte einladen, flogen nachweislich in den Jahren 1986 und 1987 vom gegenüberliegenden amerikanischen Militärflughafen graue Riesentransporter ebenfalls in den Iran.

Die Ladung kam vom 7. US-Korps und bestand aus 120 mm Panzermunition, deren Verfallsdatum abgelaufen war, Panzergranaten, die für die amerikanische Armee also nicht mehr benutzt werden durften. Zuerst wurden die Granaten auf LKW verladen, um dann in Eisenbahnwaggons direkt zur Rhein-Main-Airbase gefahren zu werden. Nach Aussagen von Angehörigen der »Civil Support Group«, die Einblicke in die Frachtscheine des 7. US-Korps nehmen konnten, wurde in den Frachtpapieren als Zielort Teheran angegeben.

Allein die Antworten der Bundesregierung auf die mündlichen und schriftlichen Anfragen der Oppositionspolitiker in den letzten beiden Jahren, in Sachen Lieferung von Kriegswaffen in den Iran und den Irak, auf den Wahrheitsgehalt zu untersuchen, wäre eine Dokumentation der parlamentarischen Ohnmacht. Sie würde beweisen, daß das Parlament in dem sensiblen Bereich von Kriegsexporten vieles ist, jedoch keine Kontrollbehörde der Regierung.

Am 21. Juli 1987 fordert die Fraktion der SPD die Bundesregierung — wieder einmal — zum Handeln auf. Sie soll »auf der Grundlage des Kriegswaffenkontrollgesetzes und des Außenwirtschaftsgesetzes sicherstellen, daß an die kriegführenden Staaten aus der Bundesrepublik Deutschland keine Kriegswaffen, Ausrüstungs- und Rüstungsgüter geliefert werden«. Außerdem fordert die SPD, daß »auch die Lieferung von dazugehörigen Ersatz- und Verschleißteilen nicht genehmigt wird«. Schließlich fordert sie, daß dem Gesetz Geltung zu verschaffen ist, wonach Waffen und Munition auf Schiffen und Flugzeugen der Bundesrepublik nicht transportiert werden dürfen. Schöne Worte, aber die politische Reaktion ist gleich Null. Jetzt hat auch die SPD die Nase voll und läßt die Bundesregierung weitermachen, »weil man doch nichts erreichen kann«, so ein bislang rühriger SPD-Bundestagsabgeordneter.

Der Grund ist leicht auszumachen. Nachdem der parlamentarische Untersuchungsausschuß zur Klärung der Frage, ob Konstruktionspläne für U-Boote nach Südafrika gelangt sind, nichts aufklären konnte, sind die gutwilligen Parlamentarier müde geworden. Ein Armutszeugnis für die Möglichkeiten des parlamentarischen Systems: Um Wirtschaftsinteressen zu schützen, zieht die Bundesregierung alle Register der belanglosen Ausrede und offiziellen Lüge.

Dabei besteht in der Öffentlichkeit, insbesondere in der Friedensbewegung, durchaus Sensibilität gegenüber dem Geschäft mit dem Tod. Aber die politische Umsetzung vorhandener Erkenntnisse, daß es eine direkte bzw. indirekte Beteiligung führender bundesdeutscher Unternehmen im Krieg am Golf gibt, scheitert an den Machtverhältnissen. Der einflußreiche militärisch-industrielle Komplex in Bonn verhindert ein wirkungsvolles Embargo, das bundesdeutsche Lieferungen von Waffen und Munition in den Irak oder den Iran unterbinden könnte.

HINTERGRÜNDE DES GOLFKRIEGES

Der Golfkrieg ist seit langem der dreckigste Krieg. Trotzdem wird er von uns auf dem Bildschirm oder als Schlagzeile eher flüchtig wahrgenommen. Leiden wird konsumiert, genauso »intensiv« wie Werbung für Waschmittel. Dabei sind die Dimensionen der Menschenvernichtung kaum vorstellbar:

Die geschätzte Zahl der Getöteten liegt zwischen 650.000 und einer Million, die der verwundeten und verkrüppelten Menschen bei über einer Million. Es sind abstrakte Zahlen, »figures«, wie es in der Nachrichtensprache heißt.

Die Tragik und das Schicksal, die sich hinter den nüchternen Zahlen verbergen, sie werden verdrängt. Verdrängt insbesondere von jenen, die unmittelbar oder mittelbar den Krieg und das Töten und Verkrüppeln ermöglichen: den Waffenlieferanten. Der Markt der Möglichkeiten für diese eiskalten Geschäftemacher ist ja auch riesig.

Experten haben geschätzt, daß beide Staaten insgesamt 50 Milliarden US-Dollar für den Krieg ausgegeben haben — ein fetter Kuchen, von dem jeder seinen Teil abschneiden möchte.

Kurze Daten zum Krieg:

Ayatollah Chomeini ließ sofort nach seiner Machtübernahme, 1979, erkennen, daß ihm die Regierung in Bagdad ein Greuel ist.

Anfang 1980 häufen sich die Attentate schiitischer Extremisten gegen Anhänger der Regierung in Bagdad.

»Am 4. September greifen iranische Truppen die irakischen Grenzstädte Mandali und Kanaqin an. Bagdad antwortet am 10. September mit der Eroberung eines etwa hundert Quadratkilometer großen Gebietes bei Musian, das dem Irak im Abkommen von Algier (1975, d. Autor) zugesprochen, jedoch nicht übergeben worden war. Schließlich beschließen Saddam Hussein und der Revolutionäre Kommandorat in Bagdad den Angriff.« (W. G. Lerch, Der Golfkrieg, München 1988, S. 11)

Staatspräsident Saddam Hussein beginnt die Kampfhandlungen gegen den Nachbarstaat Iran am 22. September 1980. An diesem Tag werden zahlreiche iranische Städte von irakischen Kampfflugzeugen bombardiert.

Wenig später marschieren 60.000 irakische Soldaten am Schatt el-Arab, einem Sumpfgebiet, auf iranisches Gebiet vor. Teheran soll eindringlich klargemacht werden, daß ein Überschwappen der iranischen Revolution auf den alten Erzfeind Irak nicht geduldet werde. Trotz der politischen Verantwortung für den Golfkrieg und die wirtschaftliche Katastrophe für das Land bleibt Staatspräsident Saddam Hussein bis heute uneingeschränkter Diktator. Gleichzeitig bekämpft der irakische Staatspräsident mit gnadenloser Härte den innenpolitischen Gegner. Insbesondere die im Norden des Irak lebenden ca. 4 Millionen Kurden werden teilweise in einem wahren Blutrausch niedergemetzelt. Seit dem 15. April 1987 wurden über 700 kurdische Dörfer niedergewalzt, 140.000 Kurden mußten ihre Heimat verlassen. In Spezialcamps in Südwesten des Iraks wurden sie wieder angesiedelt. Allein zwischen September und Oktober 1985 nahm die Regierung in Bagdad 300 Kinder im Alter zwischen 10 und 14 Jahren gefangen. Sie sollen als Geiseln dienen, um die politisch oppositionelle Haltung ihrer Eltern im Sinne von Saddam Hussein zu ändern. Massenhinrichtungen, systematische Folterungen und willkürliche Verhaftungen sind an der Tagesordnung. Besonders infam ist der Einsatz von chemischen Kampfstoffen gegen die Kurden im eigenen Land. Seit Mitte April 1987, so die Demokratische Partei Kurdistans, bombardieren irakische Kampfflugzeuge und Artillerie die kurdischen Dörfer mit chemischen Kampfstoffen. Insgesamt 200 Dörfer in den Nordprovinzen Erbil, Suleymania und Dahok wurden auf diese Weise mit chemischen Kampfstoffen (Senfgas, Sarin, Tabun) attackiert.

16. März 1988. Tatort Halabscha im Nordirak. Irakische Kampfbomber werfen auf die Kurdenstadt Giftgas, weil sich die Kurden nicht entschließen konnten, gegen die Iraner zu kämpfen. 5000 Tote und mindestens ebenso viele Verletzte sind das Ergebnis des Bombenterrors. Die meisten der Opfer sind Kinder und Frauen. Einer der Gründe für das gnadenlose Vorgehen gegen die irakischen Kurden: Die Demokratische Partei Kurdistans und die Patriotische Union Kurdistans — beide vom Iran unterstützt — stellen die größte bewaffnete Opposition im Norden des Landes dar.

Obwohl diese Massaker an dem innenpolitischen Gegner seit langem bekannt sind, unterstützen Staaten mit ganz unterschiedlichen Gesellschaftsstrukturen den Irak: die UdSSR (sie ist der Hauptlieferant für diejenigen Waffensysteme, die vom Heer benutzt werden) und Frankreich (das hingegen der wichtigste Lieferant für militärische Flugsysteme ist).

Funktioniert die Unterstützung des verbrecherischen Regimes so gut wegen des Erdöls?

Iran

Die klerikal beherrschte islamische Republik unter Führung des greisen Ayatollah Chomeini unterdrückt nicht weniger brutal als der Kriegsgegner Irak die politische Opposition im Land. Auch der Iran setzt gegen die Kurden Giftgas ein. Der Wahnsinn als politische Richtschnur.

Im Iran sind nach Schätzungen der Widerstandsbewegung, der Volksmudjaheddin, in den Jahren 1981 bis 1988 etwa 70.000 Menschen hingerichtet worden. Folter ist wie zu Zeiten des Schahs an der Tagesordnung. Die Zahl der politischen Gefangenen wird auf 40.000 geschätzt. Religiöser Fanatismus und iranischer Nationalismus stellen den psychologischen Rückhalt der anhaltenden Schlachtmoral dar. Gleichzeitig lenkt der Krieg von der katastrophalen wirtschaftlichen Situation ab.

Die Arbeitslosenrate wird auf 50 % geschätzt. Der Krieg schluckt 30–50 % des Staatseinkommens. Politische Zielvorgabe der Mullahs in Ghom und Teheran ist die erfolgreiche Beendigung des Krieges, mit dem Sturz von Saddam Hussein als Vorbedingung, bevor über einen Frieden verhandelt werden kann. Während viele Tausende »Basijis« (Freiwillige) sich für die »Erlösung im Paradies« zum Dschihad — dem Heiligen Krieg — an der Front freiwillig melden bzw. zum Fronteinsatz gepreßt werden, wächst die Opposition der Kurden im Nordwesten Irans. So wie der Irak die Kurden auf seinem Territorium vernichten will, verfolgt der Kriegsgegner jene Kurden, die im Westen des Iran leben.

Der Golfkrieg ist nicht nur ein Religionskrieg. Es geht um die politische Vorherrschaft im Mittleren Osten.

Und um das Erdöl.

Die Golfstaaten insgesamt verfügen über 57 % der bekannten Ölvorkommen der Erde und bestreiten 24 % aller Rohölexporte. Die USA beziehen 4 % ihres Öls von den Golfstaaten, Westeuropa 30 % und Japan 60 %. Der Irak exportiert das Öl über Pipelines durch die Türkei und Saudi-Arabien. Der Golf ist für irakische Schiffe seit 1980 verschlossen. Waren und Waffen werden über Kuwait importiert. Irans einzige Ausgänge für Öl sind Kharg, Sirri und die Larakinseln. Die meisten Angriffe auf Tanker und Ölverladeanlagen gehen von den Irakern aus, der Iran antwortet mit Attacken auf jene Schiffe, die Öl des Irak gebunkert haben.

Sowohl die USA als auch die UdSSR haben Interesse daran, die politische Instabilität im Golf einzugrenzen, trotz der Waffenlieferungen an beide Länder.

Am 20. Juli 1987 verabschiedet der UNO-Sicherheitsrat eine Waffenstillstandsresolution.

Der Irak nimmt die Resolution an, unter der Bedingung, daß sich ihr auch der Iran anschließt. Der wiederum weigert sich, die Resolution zu unterschreiben, solange der Irak nicht offiziell als der Aggressor verdammt wird.

Außerdem fordert die Regierung in Teheran eine unabhängige Untersuchung über die Ursachen des Krieges, bevor eine Feuerpause angenommen wird. Der Iran kann mit seiner überlegenen Zahl von Menschen, die an die Fronten geworfen werden, den Krieg fortführen. Das gleicht der Irak durch seine hochwertige Kriegstechnologie wieder aus.

Während die Iraner in aller Regel Bodengewinne als militärische Siege ausgeben, verfügen die Iraker über die Lufthoheit im Irak wie im Iran. Ein Sieg eines der kriegführenden Staaten ist nicht in Sicht.

Wie in Verdun verbluten die Soldaten in einem Stellungskrieg, bei dem es weder Sieger noch Verlierer gibt. Der einzige, der siegt, ist der Tod.

Der Tod auf den Schlachtfeldern wiederum ist das beste Geschäft, das europäische Rüstungsunternehmen und Waffenhändler seit langem einfahren können.

GESCHÄFT IST GESCHÄFT

Geschäft ist Geschäft, die laufende Produktion in den Rüstungs- und Zulieferbetrieben muß gesichert werden, eine unternehmerische Binsenweisheit. Wenn wir es nicht tun, so ein allseits beliebtes Argument, dann tun es die anderen. Es sind hohle Phrasen, freilich für die betroffene Zivilbevölkerung und die in den Kampf getriebenen Soldaten, auf beiden Seiten der Front, von tödlicher Konsequenz.

»Was wäre, wenn Irak und Iran plötzlich Frieden schlössen? Wir würden Teheran als Kunden für immer verlieren«, gesteht ein französischer Waffenproduzent.

Und der Vorstandsvorsitzende des bundeseigenen Unternehmens Fritz-Werner GmbH, Pohl, erklärt dem Autor: »Wenn wir bestehende Verträge, die vor dem Krieg abgeschlossen wurden, nicht einhalten, stehen wir international als vertragsbrüchig dar. Bedenken Sie außerdem, was dann passiert, wenn Frieden herrscht. Wir bekommen keine Aufträge mehr.«

Ihnen geht es um Märkte, die keinesfalls aufgegeben werden dürfen. Schließlich erwartet jeder, daß nach einem Kriegsende (wann immer das sein wird), der normale Handel mit dem Iran wieder in Gang kommt. Und diesen großen Markt möchten sich insbesondere die Rüstungsfirmen nicht dadurch zerstören, daß sie Anfragen aus Teheran abschlägig beantworten. Hinzu kommt, daß die Europäer seit Jahren darüber verbittert sind, daß der iranische Waffenmarkt während der Regentschaft des Schahs durch die USA dominiert wurde.

Viele europäische Länder richten sich für die Nach-Chomeinizeit ein. Sie sind der festen Überzeugung, daß die iranischen Führer für die künftige Zusammenarbeit nur zu gewinnen sind, wenn ihnen heute Waffen geliefert werden. Eine ähnliche Argumentation benutzt auch einer der schillerndsten Waffenhändler der Welt, Adnan Khashoggi. »Der Westen muß mit allen Kräften, die er im Iran selbst zu sammeln vermag, die Quelle der zerstörerischen Kapazitäten zerschlagen.« (Weltwoche, 19.3.1987) Er meint damit das Chomeini-Regime. — Auch ein Argument, um den Iran mit Waffen zu versorgen. Waffen, um politische Bewegungen im Iran zu steuern.

An vorderster Front bei der Belieferung der Kriegsparteien im Golf-krieg stehen europäische NATO-Staaten, unter anderem – wer hätte die Illusion, es wäre nicht so? – die Bundesrepublik Deutschland.

Über die verlockenden Profite und den Bedarf an neuen Absatzmärk-ten für ihre Rüstungsproduktion hinaus hoffen diese Staaten das Machtvakuum, das durch die geschwächte Position der USA in dieser Region entstanden ist, auszufüllen. Sie benutzen Waffenverkäufe als ein Mittel, um für die kommenden Jahre ihren politischen und wirt-schaftlichen Einfluß, insbesondere im Iran, zu festigen.

Das wirtschaftliche Argument steht am Anfang jeder politischen Über-legung. Bei den Lieferungen von Rüstungsgütern an den Iran sind bekanntermaßen die Profite — mit bis zu einem zehnfachen Aufschlag auf den handelsüblichen Preis — das faszinierendste Verkaufselement.

Und es gibt noch einen ganz egoistischen Grund dafür, warum der Golfkrieg für die Rüstungsproduzenten so wichtig ist. Das hängt mit der Struktur der europäischen Rüstungsindustrie zusammen. Sie ist auf den Export angewiesen, um überleben zu können. Schweden zum Beispiel exportiert mehr als 50 Prozent der Waffenproduktion. In Frankreich werden über 40 Prozent aller produzierten Waffen pro Jahr ausgeführt, und in den anderen NATO-Staaten ist die Situation ähn-lich. Exporte helfen nämlich, die für den Binnenmarkt notwendigen Rüstungskapazitäten aufrechtzuerhalten. Oder, wie es ein offizieller Vertreter des französischen Rüstungsunternehmens Thomson-CSF er-klärte:»Wir können es uns nicht erlauben, Embargos zu unterstützen, ohne die französische Rüstungsindustrie zu gefährden. Was ist, wenn Irak und Iran plötzlich Frieden machen? Wir würden Teheran als Kun-den für immer verlieren. Und das ist einfach nicht möglich.« (New Statesman, 24.7.87)

Die Rüstungsproduzenten, insbesondere die internationale Koopera-tion, sind auf einen ständigen Absatzmarkt angewiesen. Der wird durch die Beschaffungsprogramme der jeweiligen nationalen Verteidi-gungsministerien gewährleistet. Beispiel Bundesrepublik:

Die Bundeswehrbeschaffung spielt für den wirtschaftlichen Erfolg der Firmen eine bedeutsame Rolle, die sich den großen Etat des Verteidi-gungsministeriums (1987 ca. 50 Milliarden DM) teilen dürfen. Einige Unternehmen sind dabei ganz oder überwiegend von Rüstungsaufträgen abhängig. Nach den gegenwärtigen Planungen der Bundeswehr sind bis Ende dieses Jahrzehnts Rückgänge zum Beispiel in den Beschaffungen bei Panzern, Fluggerät und größeren Schiffen und Zuwächse bei Munition und Elektronik sowie bei Flugkörpern zu erwarten. Die Bundeswehr kann nur teilweise Schwankungen im »Geschäftsgang« dieser Firmen ausgleichen, indem beispielsweise Aufträge vorgezogen werden. Strukturelle Änderungen bei der Rüstungsindustrie müssen jedoch von der Industrie selbst bewältigt werden. Das bedeutet, daß sich die Rüstungsindustrie neue Märkte suchen muß, um Dividenden zahlen zu können. Die Exportproduktion ist daher der einzige sichere Weg einer stabilen Auftragslage. Insbesondere deshalb, da häufig zivile Produktionen und militärische Produktionen zusammenfallen, wobei die militärischen Produktionen eine besonders hohe Gewinnmarge haben.

Weil das so ist, wirkt auch die Bundesregierung mit, um durch stabile Rahmenbedingungen ein »günstiges Klima für Investitionen und Innovationen in der Rüstungswirtschaft zu schaffen und den Unternehmnen wirtschaftlich zweckmäßige Umstrukturierungen zu erleichtern«. (Bundestagsdrucksache 10/2673 v. 21.12.1984)

Merkwürdig dabei ist, daß die Beschaffungsprogramme der Bundeswehr, auf europäischer Ebene organisiert, von jenen vermittelt und forciert werden, die auch im Iran-Waffengeschäft eine bedeutsame Rolle spielen. Eine Arbeitsteilung von unheimlichem Ausmaß.

Alles geschieht, wie gesagt, aus der wirtschaftlichen Erwägung heraus, Konkurrenz auszuschalten, den Markt zu beherrschen.

Zweifellos ist der europäische Markt auf dem Gebiet der Rüstungsindustrie starker Konkurrenz ausgesetzt.

1960 gab es in der gesamten Dritten Welt nur ein Land, das eine Rakete produzieren konnte. Zwanzig Jahre später sind es schon neun Staaten, die insgesamt 26 verschiedene Typen dieser Waffengattung selbst produzieren.

Experten haben den Wert der jährlichen Rüstungsproduktion der Dritten Welt auf mehr als 13 Milliarden Dollar geschätzt. Für die Entwicklungsländer gilt das als Zeichen ihrer Unabhängigkeit, der nationalen Identität.

Angespornt durch den Rückgang in der nationalen Beschaffungspolitik, wollen Länder wie Schweden, Griechenland, Schweiz, Österreich, Belgien oder Spanien ebenfalls vermehrt im Exportgeschäft mitmischen. Um die Kosten für die Forschung und Entwicklung der eigenen Rüstungsprodukte zu amortisieren, bieten sie ihre Produkte auf dem internationalen Markt an. Nach Indien, Brasilien, Israel und Südafrika haben sich auch Taiwan, Nord- und Südkorea, Argentinien, Ägypten und die ASEAN-Staaten auf dem Markt vorgestellt. Noch sichern sich die Industrieländer 80 Prozent der Exporte, und die Entwicklungsländer importieren 90 Prozent aller Rüstungsgüter. Ein Markt im Umbruch, auf dem sich die europäische Rüstungsindustrie behaupten will.

Wie sieht das in der Bundesrepublik aus? Die Fritz-Werner-Industrietechnik im rheinischen Geisenheim stellt Druckmaschinen her, aber auch Munitionsanlagen. Offiziell macht der Rüstungsbereich nur 10 Prozent des Gesamtumsatzes aus. Was jedoch nichts über den Gewinn aussagt, den dieser relativ geringe Umsatz bedeutet. Daimler-Benz in Baden-Württemberg ist nicht nur eine Automobilfabrik, sondern auch der größte deutsche Lieferant von Luftfahrt- und Verteidigungsprodukten. Zusammen mit Porsche hat Daimler-Benz den Panzerspähwagen »Luchs« und das gepanzerte Transportfahrzeug »Fuchs« entwickelt. Derzeit wird auf dem öden Gelände der Erprobungsstelle der Bundeswehr in Trier ein neues Fahrzeug getestet. Diese technische Neuerung soll ermöglichen, den bis zu 30 Tonnen schweren »Radkampfwagen« mit Rädern statt wie bisher mit Ketten auszurüsten. Auch die drei Daimler-Beteiligungen AEG, Dornier und MTU beliefern aus ihren baden-württembergischen Werken die Bundeswehr. Die Fachzeitschrift Wehrtechnik nennt in der Märzausgabe 1987 noch weitere Beispiele:

Die AEG baut in Ulm Radargeräte für das Kampfflugzeug »Tornado«. Der Flugzeugbauer Dornier fertigt das in deutsch-französischer Partnerschaft entstandene Flugzeug »Alpha Jet« und entwickelt Flugkörper.

Der Sportwagenbauer Porsche war ebenfalls wesentlich an der Entwicklung des Kampfpanzers »Leo« beteiligt. Das letzte fertiggestellte Rüstungsprodukt von Porsche ist der Luftladepanzer »Wiesel«.

Für den »Tornado« liefert die Gruppe des Bodenseewerks in Überlingen die Avionik-Geräte. Die Bordkanone kommt von den Mauserwerken in Oberstdorf, die jetzt zur Diehl-Gruppe gehören. Die Firma Litef in Freiburg, eine Tochter des Litton-Konzerns, baut die Bordrechner. Die Bosch-Tochter ANT in Backnang stattet die Streitkräfte mit Richtfunk und Fernmeldeanlagen aus.

Die Bosch-Firma Teldix in Heidelberg ist zwar durch das Sicherheitsbremssystem ABS publik geworden, hat aber als Lieferant hochwertiger Navigationsanlagen für Schiffe einen weniger bekannten, aber guten Namen.

Auch zwei Schweizer Konzerne beliefern die Bundeswehr von Baden-Württemberg aus. Die BBC in Mannheim entwickelt zur Zeit einen neuen Elektromotor für U-Boote. Die Contraves GmbH in Stockach am Bodensee, ein Unternehmen des Oerlikon-Bührle-Konzerns, stellt elektronische Feuerleitgeräte für Luftverteidigung und Artillerie her.

Besonders wichtig für diesen Markt ist zwangsläufig in den Köpfen profitorientierter Kriegsgewinnler die internationale Kooperation — ein europäischer Binnenmarkt für einen wuchernden militärisch-industriellen Komplex, in dem Exportkontrollen nicht mehr möglich sind.

Kampfflugzeuge »Jäger 90« werden von der Bundesrepublik, Italien, Spanien, Großbritannien gemeinsam gebaut;

Abstandswaffen gegen Panzer zusammen mit Kanada, Frankreich, Italien, Spanien, Großbritannien und den USA;

das I-Hawk-Flugabwehrsystem von Belgien, Dänemark, Frankreich, Italien, Griechenland und der Türkei;

die Fliegerfaust 2 von der Bundesrepublik, Griechenland, Italien, Niederlanden und der Türkei. (vgl. Europäische Wehrkunde, Januar 1988, Herford, S. 53)

Es handelt sich um Staaten mit ganz unterschiedlichen Exportbeschränkungen, soweit sie überhaupt bestehen.

Um nationale Gesetze zu umgehen, ist diese Kooperation der Rüstungsproduktion zweifellos der eleganteste Weg.

Der daraus wuchernde und blühende Waffenhandel, insbesondere aber die faszinierenden Vermittlungsprovisionen oder Gewinne der produzierenden Firmen lassen einen Dschungel sprießen, in dem sich anscheinend grenzenlose Fähigkeiten entfalten. Alles, was die kriegführenden Staaten fordern, wird geliefert. Oder es können zumindest die entsprechenden Kontakte hergestellt werden, was Kommissionsgeschäfte zu einem blühenden Zweig des Waffenhandels macht.

DIE WAFFENPIPELINE
IN DEN IRAN — DIE USA

Am 4. November 1979 besetzen die iranischen Revolutionswächter die US-Botschaft in Teheran und nehmen das Botschaftspersonal als Geiseln. Die Vereinigten Staaten reagieren darauf mit einer Transfersperre für jegliches Eigentum der iranischen Regierung, der Verhängung eines Handelsembargos, dem Einfrieren aller sonstigen iranischen Vermögenswerte und dem Abbruch der diplomatischen Beziehungen. Zudem erlassen die USA ein Verbot jeglicher Waffenlieferungen an den Iran. Zwischen März 1984 bis Juni 1985 entführen vom Iran finanzierte Organisationen im Libanon sieben US-Staatsbürger, unter ihnen den Chef der CIA-Station in Beirut. Verzweifelt versucht die US-Regierung die Geiseln freizubekommen. Fast auf den Tag genau sieben Jahre nach der Botschaftsbesetzung in Teheran, am 4. November 1986, veröffentlicht die libanesische Zeitung Al Shiraa, daß die USA trotz des Embargos Waffen in den Iran geliefert haben. Ziel: die Beziehungen zur iranischen Regierung zu verbessern und die Geiseln freizubekommen. Die Iran-Contra-Affäre macht seitdem weltweit Schlagzeilen und dokumentiert die Widersprüchlichkeit zwischen offiziellen Verlautbarungen und konkreter Politik.
Der amerikanische Geheimdienst CIA, Colonel Oliver North vom Nationalen Sicherheitsrat, die israelische Regierung, weltbekannte Waffenhändler und Repräsentanten des Iran sind an diesem Geschäft beteiligt. In dem offiziellen Untersuchungsbericht, der diese illegalen Waffengeschäfte in den USA untersuchte, dem Tower-Report, wird

ein »Handlungsmemorandum für den Präsidenten« zitiert. Es wurde von Sicherheitsberater John M. Poindexter verfaßt und hat den Titel: »Erklärung über die Notwendigkeit einer Geheimdienstoperation in bezug auf den Iran: Diese Woche entsandte der israelische Ministerpräsident Peres seinen Sonderberater in Terrorismusfragen in geheimer Mission mit dem Auftrag, einen Vorschlag zu unterbreiten, wonach Israel (mit beschränkter Unterstützung durch die Vereinigten Staaten) mit diesen zur Etablierung einer gemäßigteren Regierung im Iran zusammenwirken kann. Die Israelis sehen mit großer Besorgnis, daß die sich verschlechternde Position des Iran im Krieg mit dem Irak, die potentielle weitere Radikalisierung im Iran und eine mögliche Ausweitung des sowjetischen Einflusses in der Golfregion eine bedeutende Bedrohung der Sicherheit Israels darstellen. Sie halten es für notwendig zu handeln, um wenigstens das Kräftegleichgewicht in der Region aufrechtzuerhalten. Der israelische Plan beruht auf der Annahme, daß gemäßigte Elemente im Iran an die Macht kommen könnten, wenn diese Gruppierungen ihre Glaubwürdigkeit bei der Verteidigung des Iran gegen den Irak und der Verhinderung sowjetischer Interventionen unter Beweis stellen. Um das strategische Ziel einer gemäßigteren Regierung im Iran zu verwirklichen, sind die Israelis bereit, mit dem einseitigen Verkauf von Kriegsgerät an westlich orientierte iranische Gruppierungen zu beginnen. Sie sind der Meinung, dieses Vorgehen ermögliche ihnen ein bisher unerreichbares Eindringen in die iranische Regierungshierarchie. Die Israelis sind überzeugt, daß die Iraner dringend Kriegsgerät, fachmännische Beratung und Geheimdienstinformationen brauchen, daß eine Bereitstellung dieser Mittel zu positiven langfristigen Veränderungen in personeller und ideologischer Hinsicht innerhalb der iranischen Regierung führen wird. Darüber hinaus würde sich nach Aufnahme einer solchen Beziehung eine Abhängigkeit von denjenigen ergeben, die die erforderlichen Mittel zur Verfügung stellen; dies wiederum gestatte es dem Lieferanten, kurzfristig Ereignisse zwingend zu beeinflussen«...
»Da die israelischen Verkäufe formal eine Verletzung unseres Embargos für den Iran nach dem Waffenexportkontrollgesetz darstellen, ist eine Erklärung des Präsidenten über die Notwendigkeit einer Geheimdienstoperation erforderlich«...

»Im Fall einer Untersuchung dieser Erklärung würden wir nicht intervenieren, wenn die Israelis Anfang Januar 1986 mit den einseitigen Verkäufen und Lieferungen von TOW-Raketen beginnen. Die Erklärung genehmigt auch US-Verkäufe von TOWs in der Grundausführung an Israel, wenn die Israelis Waffen zur Aufstockung ihrer eigenen Bestände bestellen. Die Iraner gaben einen unmittelbaren Bedarf von 4000 TOW-Raketen in der Grundausführung zur Verwendung für die bereits in ihrem Besitz befindlichen Abschußvorrichtungen an. Von uns würde erwartet, daß wir die israelischen Bestände binnen 30 Tagen wieder aufstocken.« (Report of the President's Special Review Board, The Tower Commission Report, Februar 1987)

Eines von vielen Treffen zur Vorbereitung der Lieferungen fand im Frankfurter Hotel »Intercontinental« statt, in der Nähe des Hauptbahnhofs, nur ein paar Schritte von der Zentrale der IG Metall entfernt.

Oliver North traf sich in der Nobelherberge, u.a. im Februar 1986, mit dem Waffenhändler Ghorbanifar, dem israelischen Amiram Nir (Konterterrorismusberater des israelischen Premierministers) und dem Teheraner Kontaktmann von Ghorbanifar. Vor dem Untersuchungsausschuß des amerikanischen Senats errinnerte sich Ghorbanifar so:

»Sagen wir, das Treffen liegt irgendwann zwischen dem 1. Februar und 5. Februar. Es fand in Frankfurt statt. Die iranische Delegation wohnte ebenfalls im Hotel Intercontinental in Frankfurt — zusammengesetzt aus iranischen Gewährsleuten (aus dem Büro) des Ministerpräsidenten und iranischen Offizieren aus dem Geheimdienstbereich. Dies ist ein historisches Treffen, nach einer Unterbrechung von sieben Jahren treffen sich die beiden Spitzenbeamten der beiden Länder, sie kommen zu einer so wichtigen Sitzung zusammen, einer so wichtigen Mission, um Einzelheiten im Hinblick auf nachrichtendienstliche Informationen, im Hinblick auf die Russen, im Hinblick auf die Iraker zu erörtern und auch das Durcheinander zu bereinigen.«

Amerikas Öffentlichkeit war empört, in Europa zuckte man lediglich die Schultern.

Denn diese Waffenlieferungen von tragbaren Panzerabwehrraketen, den TOW's aus den USA, sind nur ein Rinnsal im breiten Strom der Rüstungslieferungen, die demgegenüber von Europa aus in den Iran strömen.

Um jegliche Lieferungen von US-Waffen in den Iran zu stoppen, fast parallel zur Iran-Contra-Affäre, startet die Reagan-Administration, unabhängig vom eigenen Schmuggel, bereits 1983 die »Staunch-Operation«.

US-Sonderbotschafter Richard Fairbanks soll die europäischen Verbündeten davon überzeugen, daß der Iran keine Waffen mehr bekommt, weder direkt noch indirekt. Er droht damit, die Lizenzverträge zwischen US- und europäischen Rüstungsfirmen zu kündigen, sollten sich die Verbündeten weigern, mitzumachen.

Aber der US-Sonderbotschafter und sein Team stoßen auf erhebliche Widerstände. Zum einen haben sie keine direkten Einwirkungsmöglichkeiten, den schwarzen bzw. grauen Waffenmarkt einzudämmen. Und sie prallen immer dann gegen eine Mauer, wenn die verbündeten Regierungen selbst in den Waffenhandel mit dem Iran verwickelt sind. Und das sind nun einmal fast alle europäischen Staaten.

Nach dem Rücktritt des US-Sonderbotschafters Fairbanks im August 1985 scheitert der letzte Versuch, ein Waffenembargo gegen den Iran durchzusetzen. Die Operation Staunch wird auf das diplomatische Abstellgleis verbannt. Was ja auch besonders widersprüchlich gewesen wäre: Denn das Weiße Haus in Washington selbst genehmigte zur gleichen Zeit die ersten Lieferungen von amerikanischen Waffen, TOW-Raketen, an den Iran. Sie stammten aus israelischen Lagerbeständen.

»Vielleicht hat es begonnen, als ich meinen Schreibtisch aufgeräumt habe«, sagte Fairbanks heute, »aber davon wußte ich nichts.«

BEOBACHTUNGEN EINES TÜRKISCHEN JOURNALISTEN

August 1987. Der türkische Journalist Hayrettin Kalyoncu, Sonderkorrespondent der Tageszeitung Günes, besucht in Afghanistan die von den USA ausgehaltenen Mudjaheddin. Stolz zeigen ihm die Kämpfer, die im Namen Allahs für eine Islamische Republik Afghanistan kämpfen, ihren neuesten Waffenbestand: SAM-7-Flugabwehrraketen und »Stinger«-Flugabwehrgeschütze. Aber die meisten dieser Waffen bleiben nicht in Afghanistan. Sie werden, so berichten die Freiheitskämpfer dem Journalisten, direkt in den Iran weitertransportiert. Ein politischer Skandal, von dem bislang kaum jemand etwas wußte.
Nicht die Afghanen sind die wahren Endabnehmer der High-tech-Waffen, sondern der Iran.
Die antikommunistischen Mudjaheddin sind lediglich die Vermittler.
»Stinger-Luftabwehrraketen, die von der Schulter aus abgefeuert werden, kosten auf dem normalen Waffenmarkt 250.000 Dollar. Die Iraner bezahlen dafür an die Mudjaheddin nur 2000 Dollar. Die SAM 7 wird zusammen mit einer Abschußrampe für nur 800 Dollar in den Iran verkauft.
Dabei bezahlen die Iraner die Rechnung für die Waffen nicht einmal bar. Hochqualifiziertes Heroin aus dem Iran ist das beliebteste Zahlungsmittel.« Und der Gegenwert wird auf Schweizer-Konten der Stammesfürsten transferiert. (Günes, Ankara, 23.8.1987)
Der Hintergrund für dieses orientalische Geschäft ist klar: Der Krieg im Golf erfordert ständig neuen Nachschub. Um Waffen einzukaufen und das offizielle Waffenembargo der USA zu umgehen, lassen die Ayatollahs ihre Emissäre und Agenten in der ganzen Welt ausschwärmen. Sie müssen mit allen Mitteln neue Waffen und wichtige Ersatzteile für ihren enormen Verschleiß einkaufen.
Ihre Suche erweist sich u.a. besonders in Israel als ergiebig. Zum einen wollen die Israelis ihren Feind Irak durch einen lang anhaltenden Krieg in die Zange nehmen. Zum anderen müssen sie die eigene Rüstungsindustrie fördern. Daher verkaufen sie dem Iran jährlich mo-

derne Waffen im Wert von 500 Millionen Dollar. Geliefert wurden seit 1981 Hawk-Luftabwehrbatterien, Panzer und Artillerieeinzelteile, Sprengstoffe und Munition, teilweise durch Repräsentanten der Israelischen Verteidigungsindustrie, IMI, die ihren Sitz in Paris und Brüssel haben.

Im Kriegskartell sind die Israelis also mit von der Partie.

EUROPAS WAFFENPIPELINE

Die besten Geschäfte, daran gibt es überhaupt keine Zweifel, schließen die iranischen und irakischen Waffenaufkäufer in Europa ab.

Allein im Jahr 1987, so alle Schätzungen, kauften Iran und Irak in Europa Waffen im Wert von 400 Millionen Dollar ein. Ein Etat, an dem jeder partizipieren möchte: private und staatliche Rüstungsindustrie, Waffenhändler, Waffenvermittler, Militärs und Beamte in Genehmigungsbehörden.

In Österreich wird die wehrtechnische Abteilung des Unternehmens VOEST-Alpine beschuldigt, in den Jahren 1985 und 1986 mindestens 140 Kanonen an den Iran verkauft zu haben, im Wert von 300 Millionen Dollar. Natürlich wurden, wie üblich, gefälschte Endverbleibbescheinigungen benutzt, ausgestellt auf Brasilien und Libyen. Die Firma Hirtenberger lieferte die dazugehörige Munition. Verwickelt in Waffengeschäfte sind darüber hinaus das Unternehmen »Armaturen GmbH« in Schwanenstadt und die Firma »Dynamit-Nobel« in Wien, die bis Ende 1987 zu 50 Prozent dem Schweizer Rüstungsunternehmen Oerlikon-Bührle gehörte. Auch die Südsteirische Metallindustrie verkaufte Kriegsmaterial in den Iran. Oder Belgien:

Da gibt es die Affäre »Durrani«. Hinter ihr verbirgt sich die Lieferung elektronischer Komponenten von Hawk-Flugabwehrraketen. Gekauft wurden sie, so der vertrauliche Bericht des belgischen Justizministeriums, von der amerikanischen Merex-Corporation. In der Bundesrepublik gibt es ebenfalls ein Merex-Aktiengesellschaft. Sie hat ihren Sitz in Königswinter. Als ich dort anrufe, gibt man mir auch gleich die Telefonnummer und Adresse von Merex in den USA: Alexandria, Virginia. Tel.: 001 70 37 80 01 70. Die Rechnungen wurden auf eine fiktive Firma mit Namen C.A.D.-Transportation ausgestellt. Am 27. August 1986 flog demzufolge die US-Luftverkehrsgesellschaft »People-Express« die für Iran so wichtigen elektronischen Ersatzteile nach Europa. Nachdem die Kisten auf dem belgischen Flughafen Zaventem ankamen, wurden sie am 31. August über eine belgische Gesellschaft nach Teheran weitertransportiert. Und das auf Anordnung einer portugiesischen Gesellschaft, Rimalpi. Verschlungene Wege; die Hintermänner sitzen in der Bundesrepublik.

Weitere Beispiele:

»Es gibt Wege, Dinge so geheimzuhalten, daß sie nie an den Tag kommen«, erklärt Hamilton Spence, Managementdirektor der privaten englischen Firma Interarms, die dem größten Waffenhändler der Welt, Samuel Cummings, mit Sitz in Monte Carlo gehört.

»Da sind nur sehr wenige Privatpersonen, die für sich selbst arbeiten. Das meiste liegt in den Händen der Regierungen.«

Großbritannien hatte erst Ende 1987 laut verkündet, daß die offizielle iranische Waffenbeschaffungsbehörde, mit Sitz in London, nicht mehr vom englischen Boden aus tätig sein dürfe. Das Büro wurde, mit lautem Propagandarummel, geschlossen.

Trotzdem arbeitet eine andere offizielle iranische Waffenbeschaffungsbehörde unbehindert weiter — das »Islamic Air Force Logistic Office«, ebenfalls mit Sitz in London.

Obwohl Premierministerin Thatcher im November 1987 vor dem Parlament bekundet, daß Großbritannien »keine militärische Ausrüstung liefern würde, die den Krieg verlängern oder verschlimmern würde«, boykottiert die Regierung alle Anstrengungen, um ein Waffenembargo gegen den Iran durchzusetzen.

Großbritannien hat bislang nie den direkten Export von »nichttödlichem« Kriegsmaterial — z.B. Panzermotoren, Ersatzteile und sogar Seeangriffslandungsfahrzeuge — in den Iran gestoppt. Frau Thatcher hat, was auch niemand erwarten würde, keine Bedenken, den Verkauf von drei Luftverteidigungsradarsystemen, mit einem Telekommunikationssystem und einer Informationsverarbeitung (System Plessey Ad 3-D static), zu genehmigen. Wert der Lieferung: 340 Millionen Dollar. Angeblich waren die Radarsysteme zur Sicherung der iranischen Grenzen zur Sowjetunion und zu Afghanistan hin gedacht. Aber, so Oppositionspolitiker, niemand kann verhindern, daß sie an der Front eingesetzt werden, um iranische Luftoperationen gegen den Irak zu dirigieren.

Im Dezember 1987 berichtete der Observer, daß ein offizielles Verkaufsbüro der britischen Regierung (International Military Services) mit dem iranischen Beschaffungsbüro in London neue Verträge über Waffenlieferungen abschloß. Einen Monat zuvor hatte die Regierung in London Chieftain-Panzermotoren und -Ersatzteile im Wert von 50 Millionen Dollar in den Iran geschickt. (»Nachlieferung unter Vorkriegsverträgen« heißt das.) Und seit 1984 bildete die englische Tochterfirma der Schweizer Gesellschaft Oerlikon-Bührle auf englischem Boden iranische Flakschützen aus.

Einige der bedeutsamsten Waffengeschäfte mit dem Iran sind von Belgien ausgegangen. Belgien wurde zu einem der Hauptumschlagplätze für Waffenlieferungen in den Iran und den Irak.

Sowohl der Iran wie der Irak kommen in den Genuß belgischer Waffenproduktionen. Schiffe, beladen mit Kanonen und Munition, hergestellt vom belgischen Rüstungsunternehmen FN oder von PRB, landen in Aqaba in Jordanien, von wo aus sie den Irak auf dem Landweg erreichen. FN liefert hauptsächlich Kanonen des Kalibers 50, PRB unterstützt den Irak mit Artilleriewaffen und Munition. Und PRB liefert in den Iran — und das wiederum mit bundesdeutscher Beteiligung.

ANNÄHERUNG AN DIE ILLEGALEN WAFFENLIEFERUNGEN AUS DEUTSCHLAND

»Die Behörde ermittelt. Alarmiert durch Fälschungen der Frachtpapiere forscht sie in der Tat seit 3 Monaten. Und das mit augenscheinlicher oder von oben auf höhere Weisung angeordneter Gleichgültigkeit... Es handelt sich u.a. um ›Motorenteile‹ westdeutscher und amerikanischer Herkunft, die in den Lagernhäusern des nationalen Flughafens wieder zusammengesetzt werden und unter gleichlautenden Exporterlaubnissen in ein europäisches Land versandt werden, das nicht Mitglied der europäischen Wirtschaftsgemeinschaft ist. Von dort aus werden sie weitergeleitet.« (Le Soir, Brüssel, 9.12.1986)

Erst Ende 1987 waren die Beweise da. TOW-Raketen wurden aus NATO-Beständen in den USA und Europa innerhalb des Zollbereichs im belgischen Flughafen Zavantem bei Brüssel verschoben und in den Iran geschmuggelt. Geheimdienstquellen zufolge, die aus der Bundesrepublik und Frankreich stammen, veranlaßte General Bernard Rogers, damals noch Oberbefehlshaber der NATO, bereits Ende 1986, kurz nachdem der Artikel in Le Soir erschien, eine interne Untersuchung. Sie sollte klären, wie TOW-Raketen und anderes militärisches Ausrüstungsmaterial aus NATO-Beständen in der Bundesrepublik in den Jahren 1985 und 1986 in den Iran gekommen sind.

Die TOW-Boden-Luft-Raketen stammen nicht aus Beständen des grauen oder schwarzen Waffenmarkts, der seit Jahren stetig wächst und bislang in keiner Statistik festgehalten wurde. Dieser Markt kann alles liefern: von der kleinen Gewehrkugel bis zu hochwertigen Flugabwehrgeschützen, von Maschinenpistolen bis zu Bestandteilen für die Herstellung von Atomwaffen. In diesem Fall aber müssen verschiedene Regierungsinstitutionen beteiligt gewesen sein:

Gemietete Frachtmaschinen, von amerikanischen Militärbasen kommend, lieferten die TOW-Sprengköpfe an. Kurz nachdem die Maschinen zu einem Haltepunkt im Zollgebiet geleitet wurden, rollten zusätzliche Maschinen — beladen mit Raketenrümpfen und Motoren aus NATO-Lagern in Bayern — an. Da die Sprengköpfe niemals abgeladen wurden — folglich also nicht nach Belgien importiert wurden —, waren keine Zolldokumente nötig. Die Frachten der deutschen Maschinen wurden als »Industrieteile« und »Motoren« bezeichnet. Dann wurden die Raketenteile für die letzte Strecke in den Iran in gecharterte US-Flugzeuge verladen.

Ein Sprecher von Shape (Supreme Headquarters of Allied Powers in Europe) in Belgien blockte Anfragen ab und erklärte, »die Untersuchung ist eine politische Streitfrage. Das Pentagon hat uns angewiesen, keinen Kommentar zu geben«. Die Geheimdienstquellen sagen, daß General Rogers »wütend war, als er erfahren hatte, daß NATO-Waffen, ohne sein Wissen, an den Iran verkauft wurden«.

Ein anderes Beispiel: Frankreich.

1987 wird Prinz Salman, Bruder des Königs Fahd von Saudi-Arabien, vom französischen Premierminister Jacques Chirac zum Mittagessen eingeladen. Der Prinz aus Arabien wirft dabei der französischen Regierung vor, Waffen an den Iran geliefert zu haben. »Sie werfen uns vor«, antwortet ihm Chirac, »daß wir Waffen an den Iran verkaufen. Aber seitdem wir durch Ihre Dienste wissen, daß die Hubschrauber, die wir an Indonesien liefern, in Teheran auftauchen, haben wir diese Verbindung beendet.« (Le Monde, 24.12.1987) Das war kein Einzelfall.

Trotz extrem scharfer Kontrolle verschiffte die französische Firma Luchaire 1984 schwere Artilleriegranaten im Wert von über 100 Millionen Dollar in den Iran, mit falschen Enduser-Zertifikaten. Geliefert wurden darüber hinaus 384.400 Einheiten Munition 144 mm und 55.000 Einheiten 203 mm Munition. Offizielles Abnehmerland: Thailand. Die »Endbestimmungsbescheinigungen« der Artilleriegranaten waren auf Brasilien, Portugal, Jugoslawien und Thailand ausgestellt. Verschifft wurden die Granaten von einem deutschen Kapitän, auf einem deutschen Schiff, der MS Frauke. Der Kapitän aus Stade erinnert sich:

»Wir haben die Granaten direkt in Cherbourg geladen. Das waren Tausende. Die Ladung wurde perfekt geladen, wir hatten überhaupt keine Schwierigkeiten.« Von Cherbourg aus, so der Kapitän, ging die explosive Fracht direkt zum iranischen Hafen Bandar Abbas.

Was wäre passiert, wenn er sich gegen die Verschiffung dieser Ladungen, und es war nicht die einzige dieser Art, gewehrt hätte: »Sie sind einfach gezwungen, diese Sachen zu übernehmen. Der Job ist derzeit so streng, wenn sie überhaupt irgend etwas heute noch sagen, dann können sie ihre Kündigung im nächsten Hafen annehmen. Ich sehe keine Möglichkeit das zu ändern, solange der Reeder die Macht hat. Weil eben so viele Leute auf der Straße liegen, sprich arbeitslos sind. Er kann wählen. Und er wird immer jemanden finden, der das macht, was der andere nicht getan hat. Profitiert hat mit Sicherheit davon nur der Charterer oder auch die Firmen, die Rüstungsindustrie.«

Eine offizielle Untersuchung über diese illegalen Lieferungen wurde von Verteidigungsminister André Giraud stillschweigend begraben und der Präsident von Luchaire, weit entfernt davon, in Ungnade zu fallen, sogar zum Mitglied der Ehrenlegion ernannt.

Die Geschäfte gehen weiter, ob unter der sozialistischen Regierung von Mitterand oder unter der konservativen Regierung von Chirac, durch den französischen Elektronikgiganten Thomson-CSF, deren Tochterfirma in Argentinien den Iran mit Bodenüberwachungsradaranlagen versorgt.

Und französische Geheimdienstquellen sagen, daß ein amerikanischer Colonel, früher Attaché an der amerikanischen Botschaft in Paris, »bei mehreren Gelegenheiten« gesehen wurde, wie er die Anlieferung von NATO-Waffen zu iranischen Flugzeugen auf einem Militärflughafen in der Nähe von Chateauroux leitete. Dieser Flughafen ist dafür bekannt, daß von ihm aus für den Iran bestimmte Waffen verladen werden.

Eldorado für private Waffenhändler, mit Rückendeckung durch die Geheimdienste, ist Paris. Einer dieser privaten Waffenhändler ist Ex-General Aris Khavessian, der vor Jahrzehnten dem Schah Waffen verkaufte und heute den Mullahs. Er wäre nicht besonders bemerkenswert, eben weil so viele Typen wie er in Paris im Waffenhandel aktiv sind, wenn er nicht besondere Rüstungsprodukte verkaufen würde. U.a. jene Waffen, die in europäischer Gemeinschaftsproduktion hergestellt wurden, wie die Milan-Antipanzerraketen. Dieser Mann nun ist Repräsentant einer obskuren Firma, mit Sitz in Panama-City. Das europäische Büro von Transtrade befindet sich in Bern. Zu finden ist es dort am Place Fédérale Nr. 8. Auf dem Briefpapier der schweizerischen Firma von Transtrade bot Khavessian am 5. Februar 1986 das französische Rüstungsjuwel an, die Exocet-Rakete. Verkaufspreis der insgesamt 10 Raketen: 19 Millionen US-Dollar.

Nun bedeutet die entsprechende Bescheinigung mit der Referenznummer AM 39 noch lange nicht, daß wirklich geliefert wurde. Aber es gibt andere Hinweise, daß sie auch im Iran angekommen sind. Khavessian hat in einem anderen Schreiben die Bestechungssumme vermerkt, die an die iranischen Verhandlungspartner überwiesen wurde: zwei Prozent der Vertragssumme.

Von besonderer Bedeutung ist jedoch die Rechnung der Firma Transtrade Company in Bern mit der Nummer 009/86 vom 23. Dezember 1985. Danach hat Khavessian 500 Stück der Milan-Antipanzerraketen an den Iran verkauft.

Die Milan-Rakete ist eine europäische Gemeinschaftsproduktion, die von der Gruppe »Euromissile« hergestellt wird. Die Gruppe besteht im wesentlichen aus zwei Unternehmen: der französischen Aérospatiale und dem bundesdeutschen Unternehmen Messerschmitt-Bölkow-Blohm, MBB. MBB ist das führende Rüstungsforschungsunternehmen in der Bundesrepublik und fest in den Händen des Staates. Mitglied des Aufsichtsrates ist Franz Josef Strauß. Der kann natürlich nicht wissen, was mit einzelnen Rüstungsprodukten des Konzerns geschieht. Doch mit dieser europäischen Rüstungsproduktion wird, wie das Beispiel der Milan demonstriert, jegliche nationale Exportbeschränkung umgangen. Ein Sprecher von Euromissile gibt auf die Frage, ob die Transtrade Company Ende 1985 Milan-Raketen gekauft habe, eine klare Antwort:

»Euromissile verkauft nur an Kunden, die eine Genehmigung von der französischen Regierung haben.«

Finanziell wurde das Geschäft über eine Schweizer Bank abgewickelt, die Schweizerische Kreditbank in Genf, bei der Khavessian ein Konto unterhält.

PROTOKOLL EINER
VERKAUFSVERHANDLUNG

12. August 1986:

Günther Leinhäuser, bundesdeutscher Waffenhändler aus dem saarländischen St. Ingbert, mit Hauptwohnort Paris, darf seit Anfang 1986 wieder in die Bundesrepublik reisen (eine Steuerschuld von ca. 800.000 DM ist verjährt). Er ruft mich an, daß er in Frankfurt wäre. Er sei im Hotel »Atlantik«, im Bahnhofsviertel, abgestiegen. Wir treffen uns gegen 21 Uhr im Apfelweinlokal »Grauer Bock« in Sachsenhausen.

Er erzählt von dem aktuellen Stand der Putschvorbereitungen in der Zentralafrikanischen Republik, die er organisiert. Am nächsten Tag will er sich in Frankfurt mit einem Privatdetektiv treffen, der ehemalige Beamte des BGS für die Präsidentengarde in der Zentralafrikanischen Republik anwirbt. »Das wäre ideal, wenn man die Leute hier schon umdrehen könnte und so die Präsidentengarde infiltriert«, berichtet Leinhäuser.

Gegen Mitternacht bringe ich ihn in sein Hotel »Atlanik« zurück. Am kommenden Morgen soll ich mich wieder bei ihm melden.

Als ich ihn gegen 10 Uhr in der Hotelhalle des »Atlanik« treffe, erzählt er, daß die Zusammenkunft mit dem Privatdetektiv nicht klappt. In dessen Mercedes 500 sei in der Nacht eingebrochen worden, und das Funktelefon sei geklaut worden.

Aber er müsse noch zu einem anderen Treffen, in der Nähe von Rüdesheim, zur Fritz-Werner GmbH. Es gehe um Waffenlieferungen in den Iran. Eine Delegation der Revolutionswächter, der Pastaran, würde sich gerade bei der Fritz-Werner GmbH aufhalten, und mit ihnen wolle er sprechen.

Vollkommen unerwartet bietet er mir an, daß ich doch einfach mitkommen soll, natürlich unter einem anderen Namen.

Gemeinsam fahren wir gegen 11 Uhr nach Rüdesheim. Da das Treffen erst gegen 15 Uhr stattfinden soll, führt er mich zuerst durch die Rüdesheimer Drosselgasse. In einem Gartenlokal bestellt er einen Liter Wein »Rüdesheimer Kirchenpfad«, Jahrgang 1984.

Noch im Lokal macht er sich Gedanken darüber, wie er mich bei dem Treffen einführen soll. »Ich nenne Sie Michael Jungen, der mich in Transportfragen berät. Sie sind bei Iceland-Air in Frankfurt beschäftigt.«

Gegen 14 Uhr fahren wir nach Geisenheim. Auf dem Weg dorthin hält er an einer Telefonzelle an, um mit der Fritz-Werner GmbH zu telefonieren. »Es ist alles klar«, erzählt er mir dann, »die holen uns am Bahnhof Geisenheim ab.«

Am Bahnhof warten wir einige Minuten, bis ein weißer Mercedes 190 ankommt. Leinhäuser und ein etwa 28jähriger Mann begrüßen sich freundlich. Er lotst uns zum vereinbarten Treffpunkt.

Zuerst fahren wir am Hauptwerk der Werner GmbH vorbei. Der Fahrer des Mercedes telefoniert an der Pforte, und wenig später fahren wir weiter.

»Das ist die Privatvilla von Manfred Leder«, erzählt Leinhäuser während der Fahrt. »Er ist leitender Ingenieur und für die Iran-Geschäfte zuständig bei der Fritz-Werner GmbH.«

In der Villa, in Geisenheim-Johannisberg, Schloßheide 35, wird uns wieder Wein angeboten; ein Saar-Ruwer. Leinhäuser ist begeistert. »Den trinken Königshäuser.«

Nachdem wir 10 Minuten auf Manfred Leder gewartet haben, kommt er freudestrahlend auf Leinhäuser zu. Mich stellt Leinhäuser, wie abgesprochen, als seinen Berater in Transportfragen vor. Ich setze mich in den tiefen Polstersessel und höre zu.

Leder schlägt ein dickes Notizbuch auf. »Bevor die anderen kommen, sollten wir uns darüber unterhalten, was wir ihnen sagen. Der eine Iraner ist der Beschaffungschef aus dem Pastaran-Ministerium, Said Baradaran, der andere ein Dolmetscher aus der bundesdeutschen Botschaft in Teheran.«

»Ihr Erscheinen wird sich noch ein wenig verzögern«, erklärt Leder die Verzögerung, »weil sie gerade eine Führung durch die Fritz-Werner GmbH machen.«

Für Manfred Leder Gelegenheit, noch schnell ein anderes Geschäft zu besprechen. Es geht um eine Munitionsabfüllanlage für Saudi-Arabien. Man einigt sich, die entsprechenden Unterlagen so schnell wie möglich an die Fritz-Werner GmbH zu schicken.

Dann wird das Iran-Geschäft besprochen. »Die wollen«, sagt Leder, »ihre nicht funktionierenden TOW-Raketen, die noch aus den Schah-Zeiten stammen, reparieren lassen. 10.000 Stück.« Leinhäuser berichtet, daß er zwei israelische Ingenieure an der Hand hat, die die Raketen auf einem Prüfstand testen können. »Oh, die wollen keine Israelis«, wendet Leder ein.

Und er fragt, was denn die Reparatur kosten würde. »Ich nehme an«, sagt Leinhäuser, »daß nur die Thermobatterien kaputt sind. Aber so um die 180 Dollar kostet schon die Reparatur pro Stück. Doch wir unterbreiten ein anderes Angebot. Die geben uns die Raketen, und wir geben ihnen funktionstüchtige TOW-Raketen zurück, und zwar zu einem Einheitspreis von 3800 Dollar pro Stück.«

Leder ist beeindruckt. Woher kommen denn die neuen Raketen, will er von Leinhäuser wissen. »Die Israelis haben einen alten Bestand von 30.000 Stück, mit denen sie nichts mehr anfangen können«, beantwortet Leinhäuser die Frage.

»Sie müssen wissen«, erzählt Leder, »daß es sich bei den Iranern um hochkarätige Leute handelt.« Inzwischen ist eine halbe Stunde vergangen. Der Besuch der Iraner bei der Fritz-Werner GmbH scheint noch nicht abgeschlossen, denn Leder ruft im Werk an und fragt nach, wann sie zu ihm kommen werden.

Derweil diskutieren Leder und Steinhäuser darüber, wie man das Geschäft mit den TOW-Raketen über die Bühne bekommt, ohne daß die Rolle der Israelis zu deutlich wird. »Das beste wird sein«, so Leinhäuser, »die Iraner liefern uns erst einmal 50 TOW-Raketen. Die werden wir umtauschen und die entsprechenden Nummern entfernen. Die funktionsfähigen Raketen werden wir dann den Iranern übergeben.«

»Aber«, so Leinhäuser, »das geht nicht über einen ›Letter of Credit‹. Da haben wir schlechte Erfahrungen gemacht. Wir hinterlegen vielmehr bei der Melli-Bank in London den Gegenwert für die 50 TOW-Raketen und erhalten gleichzeitig von der iranischen Regierung bei einer Bank in Luxemburg einen Scheck, der dann fällig wird, wenn die funktionstüchtigen Raketen abgeliefert sind.«

Schließlich, es ist 17 Uhr geworden, kommen der Pastaran-Beschaffungschef, Baradaran, und der Dolmetscher. Leder hatte uns vorher schon aufgeklärt, daß man den Pastaran-Leuten nicht mehr ansieht, wo sie herkommen. »Alle sind gut gekleidet und nicht mehr in den grünen Parkas.« Baradaran trägt Anzug mit Weste.

Kurz darauf klingelt es erneut. Es ist Bernhard Schlüter, Geschäftsführer der Elbos GmbH, die elektronisches Material für die Bundeswehr liefert und Zulieferer für die Fritz-Werner GmbH sei, erzählt Leinhäuser mir. Er sei derjenige, der das Geschäft in der Schweiz eingefädelt habe. Zuerst aber eine formelle Begrüßung. »Ich freue mich, Herr Leinhäuser, sie endlich kennenzulernen. Ich habe schon viel über sie gehört, und es ist mir eine Ehre, Sie endlich persönlich kennenzulernen.«

Leinhäuser, die Weinflasche hat er inzwischen leergetrunken, erwidert die Freundlichkeit eher zurückhaltend.

»Was sind die Tagesordnungspunkte?« kommt dann Schlüter gleich zur Sache.

»Einmal die Reparatur der TOW-Raketen«, sagt Leder. Leinhäuser bringt seinen zuvor diskutierten Vorschlag ein. Der Pastaran-Beschaffungschef Baradaran nickt und wird gleich hellwach, als man auf die Israelis zu sprechen kommt. »Wir wollen mit offenen Karten spielen«, wirft Schlüter ein. »Es gibt keine anderen Elektronikingenieure, die das reparieren können, als die Israelis. Und wenn am 24. August ihr Staatssekretär nach Paris kommt, um das Geschäft vertraglich abzuschließen, muß ja nicht erwähnt werden, daß es sich um Israelis handelt.« Der Pastaran-Mann windet sich. Ihm ist die Israel-Connection offensichtlich unangenehm. »Muß das sein?« bohrt er immer wieder. »Es muß sein«, erhält er lapidar als Antwort.

»Sie wissen ja, wie man im Ausland über die Waffen spricht, die von Israel in den Iran geliefert werden. Wir wollen damit nichts zu tun haben.«

»Aber Sie wissen doch«, lacht Leinhäuser, »daß Ihr Parlamentschef beste Geschäftsbeziehungen mit den Israelis unterhält.« Die Pastaran-Leute nicken. »Das ist eine höhere politische Ebene.«

Erst als sie sich mehrmals versichern lassen, daß die Beteiligung der Israelis nirgendwo bekannt würde, ist Baradaran mit dem Vorschlag einverstanden.

Dann fragt er jedoch nach, warum man die Reparatur nicht im Iran durchführen könne. »Da kriegen Sie keinen hin«, wird er sofort korrigiert.

»Außerdem«, so Leder, »ist das doch ein faires Angebot. Sie zahlen pro Rakete 3800 Dollar. Dafür erhalten sie ein funktionierendes System. Für Herrn Leinhäuser kann das ein Verlustgeschäft sein. Vielleicht ist überhaupt nichts mehr zu reparieren, oder die Reparatur wird viel teurer.«

Was die Iraner nicht wissen können, ist der Preis, den die Gruppe für die Rakete bezahlt: 1800 Dollar pro Stück. Endlich ist der Pastaran-Mann einverstanden. Alle schauen sich zufrieden an.

Punkt 2 der Tagesordnung ist die Beschaffung von weiteren 2500 TOW-Raketen, modernste Version.

Schlüter zieht ein Bündel von Telegrammen aus seiner Aktentasche. »Unser Angebot war 17.500 Dollar pro Rakete.«

Leinhäuser korrigiert ihn. »Das ist unrealistisch. 13.500 Dollar ist ein realistischer Preis.«

»Aber unsere Gewinnspanne«, fragt Schlüter, »ist die darin enthalten?«

Leinhäuser nickt, und der Pastaran-Beschaffungschef notiert.

Punkt 3 der Beschaffungswünsche und des Angebots sind Flügel für F-5-Kampfflugzeuge.

»Kein Problem, die können Sie jederzeit haben«, sagt Leinhäuser.

Schließlich möchte der Pastaran-Mann wissen, ob man Hawk-Raketenbatterien liefern könne. Leinhäuser stutzt. »Wissen Sie, wie teuer die sind? Eine Batterie kostet 25 Millionen Dollar?«

Der Punkt wird nicht weiter behandelt.

Irgendwie kommt das Gespräch darauf, daß ja erst vor kurzem 1500 TOW-Raketen an den Iran geliefert wurden, vor 7 Wochen. Baradaran bezweifelt es. »Davon wissen wir nichts. An wen gingen die denn?«

»An Euer Militär«, antwortet Leinhäuser. Doch mehr sagt er nicht, obwohl der Pastaran-Mann die Namen derjenigen wissen will, die die Raketen bestellt haben.

Baradaran erzählt nun, daß sie die Luftwaffe übernehmen wollen, weil sie den Militärs nicht trauen. Und er fragt auch gleich nach Ersatzteilen für ihre Kampfflugzeuge.

Auch hier bietet man Material an. In Äthiopien würden noch Kisten von Ersatzteilen lagern, originalverpackt. Aber, so Leinhäuser, vor kurzem waren Iraner bei mir und wollten das Material aufkaufen.

»Wir haben alles notiert, computermäßig alle Ersatzteile erfaßt und Euren Leuten gegeben. Aber die haben sich nicht mehr gerührt.«

Baradaran meinte dazu: »Jetzt kommen ja hochkarätige und verantwortliche Leute zu den nächsten Besprechungen nach Paris. Dann ist gewährleistet, daß die Geschäfte für beide Seiten erfolgreich abgeschlossen werden.«

Die Lieferung von Gasmasken der Firma Dreagger wird als Nebengeschäft nur kurz gestreift.

Nach den für alle Seiten zufriedenstellenden zweistündigen Geschäftsbesprechungen lädt Manfred Leder noch zum Abendessen in das Restaurant »Die Schmiede« ein.

Schlüter kann leider nicht daran teilnehmen. Er erwartet einen Geschäftspartner aus Tunesien. Doch er will sich kurz privat mit Leinhäuser unterhalten. Die Iraner sind inzwischen schon in die »Schmiede« gefahren.

»Das klappt ja ganz gut«, meint Schlüter. »Wir müssen aber noch über die Kommission reden.«

Und Schlüter, der inzwischen Leinhäuser das Du angeboten hat, »ich habe Sie Herr Günther genannt, nennen Sie mich Bernhard«, rechnet auf, wer alles an dem Geschäft beteiligt ist: ein Fabrikant aus der Schweiz, Herr Träger, die Leute aus der Fritz-Werner GmbH und er.

Leinhäuser bietet ihm 650 Dollar Provision pro verkaufte Rakete an. »Aber Sie müssen unter sich ausmachen, wie Sie das verteilen.« Schlüter ist einverstanden.

Dann lädt er Leinhäuser auf sein Schloß bei Boppard ein. »Ich habe dort ehemalige Fliegerkameraden, die würden Sie auch gerne kennenlernen.«

Im Restaurant Schmiede ist auch Leder aufgeregt. Ihn faszinieren die zu erwartenden Gewinne. »Hoffentlich hören die nicht mit dem Krieg auf«, sagt er für jeden, auch die Iraner hörbar.

Alle lachen, selbst die Iraner. »Die brauchen ja jetzt alles ganz dringend«, meint Leder weiter. »Das hilft uns sicher bei allen Geschäftsabschlüssen. Denn Geld spielt bei den Iranern keine Rolle.«

Man prostet sich gemeinsam zu. Die Geschäftsführung der Fritz-Werner bestreitet übrigens, daß ihr Mitarbeiter Leder im Namen der Firma verhandelt hat.

IRAN-KOMMISSIONSGESCHÄFTE — DIE DEUTSCHE CONNECTION

Die »Industrieberatungen Beermann, Große-Benne« spielt bislang eine kaum beachtete Rolle im internationalen Waffenhandel, insbesondere mit dem Iran. Eigentlich ist es unverständlich. Während das Bundeskriminalamt damit auftrumpft, jeden illegalen Waffenhandel, insbesondere von kleinen Geschäftsleuten, erfolgreich zu unterbinden, genießen diese Unternehmer, scheint es, allerhöchste Protektion. Schon 1978 gelang es ihnen, Rüstungsgüter auf verschlungenen Wegen in jene Gebiete zu befördern, die nach deutschen Gesetzen fern der Legalität lagen.

Damals, 1978, erhielt die in London ansässige Firma Corintra aus Libyen eine Anfrage über die Lieferung von Zünd- und Sprengkörpern in Höhe von 160 Millionen Mark. Der Firmeninhaber von Corintra setzte sich daraufhin mit Paul Beermann in Verbindung, um den Auftrag abzuwickeln. Beermann wiederum kontaktierte die Firma Diehl-Wehrtechnik in Röthenbach. Diehl erklärte sich nach Aussage von Beermann einverstanden, über die belgische Firma PRB den Libyen-Auftrag abzuwickeln.

Beermann in einem Tonbandprotokoll: »Dies geschah folgendermaßen. Die Firma Corintra erteilte nach Rücksprache mit der Firma Diehl der Firma PRB in Brüssel den Auftrag über die Lieferung von Zünd- und Sprengmitteln. Die Firma Diehl-Wehrtechnik war zuständig für die nicht gefüllten Schneidladungen und Granaten, während die Firma PRB die Füllung mit dem militärischen Sprengstoff RDX, d.h. einer Zusammensetzung aus 60 % TNT, 39 % Hexogen und 1 % Montanwachs, durchführte. Gefüllt wurden die Geräte in Balen, dem Sitz der Firma PRB. Die Verschiffung der Geräte erfolgte von Zeebrügge nach Libyen.«

Aus schriftlichen Unterlagen geht hervor, daß Beermann, Große-Benne 200.000 DM Provision erhalten sollten. »Das gesamte Geschäft«, so Beermann in dem Gespräch mit dem Autor, »wurde unter sämtlichen Beteiligten mit höchster Vertraulichkeit abgewickelt.«

Beermann weiter: »Nach Angaben von zwei Diehl-Prokuristen war das Geschäft trotz der bezahlten Provision sehr lukrativ.«

Das war das erste, nachweisbare, illegale Waffengeschäft. Denn eine Ausfuhrgenehmigung hätte die Firma Diehl so ohne weiteres nicht erhalten.

1983 lieferte Beermann »Milchkannen« nach Saudi-Arabien. Das war jedenfalls die offizielle Deklaration. In Wirklichkeit bestand die Lieferung aus militärischen Gütern: Schneidladungen und Sprengkörper. Schneidladungen sind hochexplosive Trichterladungen, die besonders zum Zerstören von Brücken eingesetzt werden. Lieferant war diesmal die Firma »Siegfried Lohmann, Automatendrehteile und Metallwarenfabrik« in Menden. Und wieder wurde die belgische Gesellschaft »PRB« als Relaisstation eingeschaltet. Nicht nur für dieses Geschäft zeigte sich die Firma Lohmann dankbar, indem sie Provision in Höhe von DM 230.000 an den Geschäftsmann Beermann auszahlte. Die Verbindungen reichten später auch noch bis in höchste Spitzen der Bundeswehr hinein. Das mußte natürlich vergütet werden.

Am 11. September 1986 schickte die Firma Lohmann ein Schreiben an Beermann folgenden Inhalts:

»… durch Ihre Vermittlung erhielten wir eine Anfrage vom Bundesamt für Wehrtechnik und Beschaffung, Aktenzeichen WM IV 1-W/418/F0055/F1024, über Lieferung von 2,5 Mio Handgranatenzünder DM 82 A1 B1 für die Jahre 87 bis 89. Das Gesamtvolumen des Auftrages beträgt ca. 30 Mio DM. Herr Beermann bekommt von uns nach Auftragsabschluß eine Kommission von 6 %.«

Wer sind diese deutschen Unternehmen, die bislang so ungehindert illegale Waffengeschäfte vom Boden der Bundesrepublik aus organisieren?

Paul Beermann, 62 Jahre alt, hat nichts anderes gelernt, als im Rüstungsgeschäft sein Geld zu verdienen, erzählt er heute treuherzig. Seit Gründung der Bundeswehr arbeitete er in Rüstungsbetrieben. Zuletzt als Leiter des Konstruktionsbüros der Rüstungsfirma Rinker. Am 1. November 1978 gründete er in Menden eine Industrieberatungsfirma. Sein Partner Wilhelm Große-Benne, am 8. Oktober 1934 geboren, hat nach eigenen Angaben seit »1956 als Konstrukteur für die Bundeswehr und viele NATO-Staaten Patente« entwickelt.

Große-Benne begann seine Laufbahn als technischer Zeichner, wurde danach Diplom-Ingenieur. Später machte er sich selbständig, meldete verschiedene Patente an und galt bald als erfolgreicher Geschäftsmann. Anfang 1980 »kam Herr Große-Benne zu Herrn Beermann und ist in die Firma eingetreten. Der Name der Firma lautete dann: Industrieberatungen Beermann, Große-Benne«, erinnert sich die ehemalige Sekretärin der beiden Geschäftsleute.

Von 1972 bis Anfang der 80er Jahre galt Große-Benne als ein angesehener Bürger seiner Heimatstadt, war Vorsitzender des »Stadt-Sportverbandes« in Menden.

»Von ihm erzählen sich vor allem die Mendener Sportler die tollsten Geschichten. Auf Besuch in der Heimatstadt, was nur noch selten vorkommt, ließ er am Bierstand des Stadt-Sportverbandes, SV, die Scheine fliegen. ›Irgendwann kaufe er den Handballern eine Bundesligamannschaft zusammen‹, verkündet der ehemalige Bauzeichner der Firma Baufa.« (Mendener Zeitung, 11. Januar 1988)

Die offizielle Geschäftstätigkeit dieses smarten Managers lautet bis zum heutigen Tag: Grundlagenforschung, Entwicklung und Herstellung von Pionier-Zünd- und Sprengstoffmitteln für die Bundeswehr und NATO-Staaten.

Große-Benne selbst über seine Tätigkeit: »Auch heute noch fertigen deutsche Firmen nach von mir entwickelten Patenten Geräte für die Bundeswehr und für NATO-Staaten.« In einer Handelsauskunft über Große-Benne ist zu lesen:

»3 Beschäftigte sowie freie Mitarbeiter in Bonn, Brüssel, Menden u.a.. Immobilien: Eigentum des Inhaber-, Wohn- und Betriebsanwesens, Ulmenstraße 8a, Fürstenfeldbruck, Verkehrswert 600.000 DM, Belastung nicht bekannt. Aktiva: Betriebs- und Geschäftseinrichtung ca. DM 300.000, Passiva: Lieferantenverbindlichkeiten normalen Umfangs.«

Seit 1981 unterhalten beide Unternehmer, wohl als Dank für die bislang geleistete erfolgreiche Maklertätigkeit, die Generalvertretung der belgischen Rüstungsschmiede PRB (»Poudreries Reunies de Belgique«), eines Unternehmens, das von 1982 an im illegalen Waffentransfer mit dem Iran in Europa eine führende Rolle spielt.

1984 übernahm Große-Benne außerdem die Vertretungen der schwedischen Firma Scandinavian-Commodity sowie deren Tochter »Serfina« in der Schweiz. Damit sind einige wichtige Beteiligte im Waffenschmuggelgeschäft mit dem Iran zusammen, einem Geschäft, das erst 1987 auffliegen wird.

Ende 1984 trennte sich Große-Benne von seinem Kompagnon und zog nach Fürstenfeldbruck. Während Paul Beermann durch einen Herzinfarkt von weiteren Geschäftsaktivitäten abgehalten wurde, blieb Große-Benne weiter im lukrativen Deal mit dem Iran.

BELGISCHE RÜSTUNGSSCHMIEDE UND DEUTSCHE WAFFENHÄNDLER

Das Irangeschäft der beiden Unternehmer begann im Sommer 1982. Und zwar in Zusammenhang mit der belgischen Firma PRB, einem Unternehmen, das dem mächtigen belgischen Konzern »Société Générale de Belgique« gehört. Zur Produktionspalette des Unternehmensbereichs »Wehrtechnik« gehören verschiedenste Granaten, Raketen, Gewehre und Mörser sowie Munition diverser Kaliber. In einer Werbebroschüre des Unternehmens heißt es: »PRB ist einer der wenigen integrierten Munitionshersteller in privater Hand. Privates Eigentum garantiert politische und finanzielle Unabhängigkeit.«

Die »PRB« ist ein Unternehmen, mit dem die bundesdeutschen »Industrieberater« schon im Zusammenhang mit illegalen Waffengeschäften nach Libyen und Saudi-Arabien gute Erfahrungen gemacht haben. Außerdem knüpften Große-Benne und Beermann für die PRB bedeutsame Kontakte zum Verteidigungsministerium in Bonn, was selbstredend honoriert wurde. Am 15. Februar 1982 schreibt die Firma »Industrieberatungen Beermann, Große-Benne« an die Firma PRB:

»Betreff: Besuch ihres Herrn Hermansen mit unserem Herrn Beermann am 10.2.82 beim Bundesamt für Wehrtechnik und Beschaffung in Köln.«

»Sehr geehrte Herren, absprachegemäß bestätigen wir Ihnen den Inhalt der in Koblenz geführten Gespräche wie folgt:

1. Besuch bei WM VI 7, Herren Regierungsdirektor Müller und Oberamtsrat Hinnesmann. Herrn Müller wurde zum Eingang der Unterredung die vertragliche Zusammenarbeit zwischen Lohmann, Bergmann, Große-Benne und PRB erklärt...

Herr Müller teilte mit, daß sein Referat grundsätzlich bereit sei, Lohmann, Beermann, Große-Benne und PRB bei allen Entwicklungsvorhaben einzuschalten. Ebenfalls würde er uns auf seinem Gebiet — Pioniersprengmittel und Minenmittel — für Ausschreibungen als Anbieter mit vorschlagen...«

»2. Besuch bei WM I, Herrn Regierungsdirektor Tüffers.

Herr Tüffers begrüßte die Zusammenarbeit und teilte mit, daß er uns von seinem Referat gern an Entwicklungen und Ausschreibungen beteiligen würde. Ebenfalls empfahl Herr Rüffers, daß sich die PRB mit dem ›System der wiederaufnehmbaren Panzerabwehrmine‹, APMS genannt, beschäftigen solle, da dieses Projekt für die Zukunft wichtig sei, einen internationalen Charakter besäße und deshalb trotz des knappen Haushalts eine Beschaffung in Betracht komme...«

»Herr Hermansen teilte nach Beendigung der Gespräche im BWB mit, daß die geführten Gespräche für ihn sehr aufschlußreich und nützlich gewesen wären und die PRB die Vorschläge des BWB aufgreifen würde. Herrn Hermansen wurde ein vertraglicher Aktenvermerk über die Beschaffungsvorhaben und die dafür bereitstehenden Mittel in Form einer Fotokopie übergeben.«

Die beziehungsreichsten Kontakte zwischen Beermann, Große-Benne und der PRB gingen so weit, daß die »Industrieberatungen« auf dem Gelände der Bundeswehr, der Erprobungsstelle 91 in Meppen, Produkte vorführen und ausprobieren konnten. Das entnahm ich einem mir zugespielten Schreiben der Erprobungsstelle 91 der Bundeswehr vom 11. Dezember 1984 an die Industrieberatungen Beermann, Große-Benne. Unter dem Geschäftszeichen 013-45-03-00 wird eine Auftragsabrechnung für die Durchführung von Sprengversuchen auf dem Gelände der Erprobungsstelle 91 erstellt, und zwar in Höhe von DM 32.806,34.

Das war in der Zeit, in der Beermann, Große-Benne und die PRB schon längst tief im Irangeschäft verstrickt waren.

Die Motive für deren Engagement auf dem neuen Absatzmarkt liegen klar auf der Hand. Der Vertrieb der eigenen Patente, wie zum Beispiel »Zerstöreinrichtungen zum geräuschlosen Zerstören von Waffen, Kanonenrohren«, »Wasserdichte Handgranaten«, »Klein-Splitterhandgranaten«, »Tretminen mit Hohlladungseffekten«, »Kugel-Splitter-Handgranaten« etc., bringt nicht genug ein. Clevere Geschäftsleute suchen neue Märkte. Vom Beginn des Golfkrieges an sprudelte gleichermaßen für schräge Unternehmer wie seriöse Großunternehmer, für biedere Händler und gewiefte Geschäftemacher ein unerschöpflicher Quell des Profits. Die beiden Deutschen erkennen das sofort. Sie können dabei mit etwas aufwarten, was ihnen viele Türen öffnet: exzellente Beziehungen zum »Bundesministerium für Verteidigung« sowie zum »Bundesamt für Wehrtechnik und Beschaffung«, BWB, in Koblenz — und natürlich zu bedeutenden Rüstungsbetrieben in der Bundesrepublik und in Europa.

ENDLICH BEGINNT DAS »IRAN-ABENTEUER«

Wie läßt sich nun diese Behauptung dokumentieren? Beermann, Große-Benne und ein Mann namens Üslük erwähnen Iran-Geschäfte erstmals im Sommer 1982. Olaf Üslük ist zu dieser Zeit noch leitender Angestellter des japanischen Konzerns Mitsubishi in Düsseldorf. Am 22. Juli 1982 schließen Große-Benne und Beermann einen Vertrag mit Olaf Üslük, der in Haan wohnt.

In diesem Vertrag wird aufgelistet, wer wofür zuständig ist und welche

Kommissionen kassieren darf. In dem Vertrag wird u.a. festgehalten, daß Üslük für »Marktuntersuchungen, Ausarbeitung von Verträgen, Vermittlung von Schlüsselpersonen und Zusammentragen von wichtigen Informationen mit dem Ziel der Verkaufssteigerung von Produkten, welche von BGB vertreten oder vertrieben werden«, zuständig ist. Ein Vertrag, der für alles gelten kann. Was wirklich darunter zu verstehen ist, läßt sich einem Gespräch entnehmen, das Große-Benne und Olaf Üslük im Sommer 1982 führen. Es geht um Munition der Schweizer Waffenfirma Oerlikon-Bührle.

»Die haben ja nun gesagt«, so Große-Benne, »300.000 Stück Munition haben sie zur Verfügung.«

»Munition?« fragt Üslük.

»Ja. Und die sind ja ruckzuck weg. Da müßte also für die Folge das gleiche mit rein.«

»Ja, genau«, bestätigt Üslük. »Heute gab es also was Neues. Die wollten jetzt weiteres Material.«

(»Die«, das sind die Iraner.)

»Aber da käme noch eine genaue Anfrage. Über Flugzeuge, Hubschrauber und Zubehör plus Munition. Also für diese Oerlikon-Sache. Das haben sie schon erwähnt. Aber unsere Leute haben gesagt, paßt mal auf jetzt. Wir können nicht Gott und die Welt verrückt machen. Wir müssen jetzt mal eine Sache bitte zu Ende führen. Wenn die Anfrage kommt, müssen wir schnellstens anbieten. Weil ich ja, in einem Telex habe ich erwähnt, kleine Mengen Kobra.« Kobra sind Kampfhubschrauber.

»Was ist denn eigentlich mit den anderen Sachen?« fragt Große-Benne.

»Ja«, bedauert Üslük, »die sind nach unseren Informationen noch nicht genehmigt. Und dieser Mansuri, der gehört nicht zu einer Kommission, die zur Zeit in Europa ist. In Europa sind zur Zeit 3 Kommissionen, die mit irgendwelchen Vollmachten ausgestattet sind.« Ein neuer Name taucht auf: Baumann.

Die Schweizer »W. Baumann Association AG« residiert in der Heiligeichstraße 26b in 8630 Tann-Rüti. Große-Benne und Beermann haben diesem Unternehmen am 23. August 1982 ein Angebot über Zünd-

und Sprengmittel unterbreitet. Daher die Verbindungen zu diesem Schweizer Unternehmen.

»Aber der Baumann haut doch auch so auf den Putz«, sagt Große-Benne. Und Üslük antwortet: »Ja deshalb, ich meine, da müssen wir vorsichtig sein. Ich kann nicht ausschließen, daß vielleicht Baumann, daß Mansuri nur ein Hintermann ist, daß wir durch ihn wirklich an eine dieser drei Kommissionen dran gekommen sind, die was zu sagen haben. Das kann sein. Die Namen weiß ich nämlich nicht.«

Daraufhin ruft Große-Benne bei Baumann in der Schweiz an.

»Herr Baumann, eine Frage noch. Wissen Sie den Namen dieser Kommission?«

»Den Namen? Ja natürlich. Moment, ich sage ihnen den Namen gleich. Das ist ein Bevollmächtigter sogar.«

»Ja, wie heißt er denn?« fragt Große-Benne, der den Namen des iranischen Bevollmächtigten vergessen hat.

»Das ist so kompliziert auszusprechen. Also ich buchstabiere: Susan, Elsa, Rudolf, Otto, Ulrich, Susan.

Serous, ja. Und Geschlechtsname: Theodor, Anna, Berta, Anna, Theodor, Anna, Berta, Anna, Ida.

Serous Tabatabai. Also das ist der Hauptname.«

Große-Benne: »Und der kommt aus London? Sehen wir den morgen?«

»Natürlich«, bestätigt Baumann.

EIN KOFFER VOLLER GELD

Am 15. Juli 1982 werden die nächsten Kontakte besprochen. Olaf Üslük unterhält sich am Telefon mit Paul Beermann.

In dem höchst aufschlußreichen Gespräch geht es um hohe Generäle in der Türkei, die bestochen worden sind. Es geht um Iraner, die mit einem Koffer voller Geld nach Ankara kommen werden, um damit Waffen zu bezahlen. Und es geht um zwei bundesdeutsche Unternehmer, die das Geschäft vermitteln wollen, für das der Koffer, voll beladen mit Geld, zur Verfügung stehen soll.

Üslük: »Ich sagte Ihnen ja von meinem Mann da, der mit dem Militäroberkommando gut zusammensteht.

Die Iraner wurden von diesem Mann angesprochen und brauchen folgende Sachen. Könnten Sie mal notieren?«

Beermann: »Auf los geht's los.«

»200 Stück Ersatzmotoren für M 6 Tanks. 7,9 mm Gewehrmunition.«

B: »Wie viel?«

Ü: »Die möchten das am liebsten morgen haben.«

B: »Welche Menge denn?«

Ü: »Immer eine halbe-Million-weise hätten sie es gerne. Dann genauso wieder in Mengen: 60 mm Mörser. Und 81 mm Mörser.«

B: »Was sind das wieder für Mengen?«

Ü: »Wenn es geht, auch halbe Million.

Nur natürlich, ich weiß nicht, ob man so schnell, innerhalb einer Woche, so etwas machen kann.

Dann hätten die gehört, die Oerlikon, die Schweizer, hätten 60 Stück auf Lager. Das sind die Oerlikon-Standard-Flugabwehrkanonen. Die hätten die am Lager und könnten nicht verkaufen. Daran sind die sehr interessiert.«

B: »Und das ist für Iran?«

Ü: »Für den Iran.«

B: »Und das geht über?«

Ü: »Das geht über Heereskommando Türkei.«

Ü: »Jetzt würden die, wenn wir gutes Angebot machen und kurze Lieferzeit, da müßten wir auch sagen, ab wo lieferbereit, die würden selbst ihre 747 rüberschicken und das Zeug beladen und rüber.«

B: »Von der Schweiz kriege ich es ja raus.«

Ü: »Und Geld haben die auch?«

Ü: »Die machen das folgendermaßen. Per Koffer Anzahlung. Ansonsten trauen die niemand. Die sind schon schwer auf die Schnauze gefallen.

Per Koffer Anzahlung und per Koffer über Übernahme.«

B: »Sagenhaft so was.«

Ü: »Da sind ja paar Sachen passiert. Sind ja gebrannte Kinder. LC (Letter of Credit, d. Autor) eröffnet, und die wurden dann zur Zwischenfinanzierung weltweit gebraucht.«

B: »O.k., kann ich im Laufe des morgigen Tages sagen.«

Ü: »Wir müßten dann, es wäre am besten von Ihnen und nicht von PRB direkt, ein Telex schicken und sagen also, Preis und Lieferzeit.

Ich gebe ihnen jetzt die Nummer:

Das ist Türkei, die Nummer ist 22764AYFTTR, Herrn Akalin.

Und können Sie das in Englisch aufsetzen?«

B: »Kein Problem.«

Ü: »Wichtig ist jetzt, die Mengen in der Kürze.

Und dann sollen wir bitte in diesem Telex mit so zwei Sätzen sagen, wir sind noch in der Lage ihnen anzubieten, was weiß ich, gesamte abwehrtechnische Ausrüstung usw. auflisten. Die Kataloge müßten sie soweit diese Woche bekommen. Das alles dann liegt vor. Und dann dieses Telex.

Dann wissen das die Leute. Und wenn jetzt für diese fünf Positionen eine gute Nachricht ist, dann kommt der von dem Oberbefehlshaber der Iraner nach Ankara, die machen dann den Abschluß und lassen uns wissen, 30 Prozent Anzahlung, dann und dann wird jemand kommen und bringen.«

B: »Warum Ankara?«

Ü: »Die machen das ganze Abkommen in Ankara.«

B: »Ach so. Sind das so dicke Freunde?«

Ü: »Die Türkei macht zur Zeit mit beiden Seiten gute Geschäfte. Die haben ungefähr vor einem halben Jahr einen Vertrag abgeschlossen über 500 Millionen Dollar für Lieferung von allgemeinen Waren. Mit Irak machen sie genauso gute Geschäfte.

Deshalb wird das also von Offizier zu Offizier geregelt.

In die Preise schließen sie bitte ein —

8 Prozent. Ja. Und dann eben ab Werk.«

B: »Wie, mit 8 Prozent ist Schluß?«

Ü: »Jawohl, das reicht.«

PRB IN TEHERAN UND DAS KOMMISSIONSDEBAKEL

Soweit dieses Gespräch, das von Paul Beermann mit einem Telefonanrufbeantworter aufgenommen und mir zugespielt wurde.

Das einzige Ziel dieser Geschäftsleute: Provision zu kassieren. Im Oktober 1982 überstürzen sich die Geschäftsaktivitäten. Paul Beermann hält in einem 22 Punkte umfassenden Protokoll fest, was noch alles zu erledigen ist. Was Waffenhändler so alles zu erledigen haben und wen sie dabei kontaktieren — ein aufschlußreiches Dokument. Genannt werden inzwischen schon hinreichend bekannte Firmen: das belgische Unternehmen PRB, der Unternehmer Üslük aus Düsseldorf, die Schweizer Firma Baumann sowie ein österreichischer Waffenhändler namens Pötsch.

»1. PRB Detonatoren 35 mm Oerlikon klären.

 2. Üslük Preis für Lyran 71 mm (erledigt).

 9. Preis GGE M-Gewehre für Üslük.

13. Pötsch am 4.9. durchgegeben 122 130 mm, alter Preis 318 $, neuer Preis ca. 350 bis 360 $.

14. Baumann, Zürich, Steyer-Gewehre aug, 2 kurz, 2 mittel, 2 lang.

16. Pötsch wohnt in Eigersdorf bei Salzburg, hat Einladung geschickt.

20. Herrn Forslund in Bonn besuchen, hat Einladung geschickt. Preise für Bofors-Erzeugnisse, Exportmöglichkeiten.
21. 80.000 Stück 105 mm über BDP-Wehrtechnik Graz.«

Die hier erwähnten Namen und Firmen sind im Irangeschäft aktiv, und alle Punkte werden, fein säuberlich, als erledigt abgehakt.

Bedeutsam ist der Kontakt zu dem im Protokoll erwähnten Forslund, der in Bonn als Repräsentant von Bofors sitzt.

Ein Aktenvermerk vom 30. September 1982 weist schon auf Geschäftsbeziehungen Monate zuvor hin. Danach gibt »Herr Forslund folgende Preise bekannt: 155 mm Sprenggeschosse, Lyran 71 mm und Werfer für Lyran«.

Lyran sind Mörsergeschütze.

Hochkarätig wird das ersehnte Geschäft mit dem Iran jedoch erst, als die »Industrieberatungen Beermann, Groß-Benne« ihren Freund in Brüssel einschalten: Aage Hermansen, den Verkaufsleiter der Firma PRB.

Als Repräsentant eines großen Rüstungsunternehmens ist Hermansen natürlich weitaus eher in der Lage, Geschäfte abzuschließen, als die Vermittler aus der Bundesrepublik, die bislang wie viele andere nicht besonders erfolgreich versuchen, vom Krieg am Golf zu profitieren.

Aage Hermansen, Verkaufsmanager von PRB, ein ehemaliger Major der norwegischen Armee, fliegt Anfang November im Auftrag der PRB nach Teheran, um Waffen und Munition an die Ayatollahs zu verkaufen. In seinem Hotel erhält er abends, nachdem die Verhandlungen mit dem Iranischen Verteidigungsministerium schon abgeschlossen sind, einen Anruf aus der Bundesrepublik, von Große-Benne: »Soweit ist alles okay?« fragt Große-Benne.

»Ja, ja«, antwortet Hermansen von seinem Hotel in Teheran aus.

»In der Höhe, wie es vor drei Tagen noch war? Wann kommst Du zurück?«

»Am Donnerstag.«

»Mit der Sache Bofors, geht das auch klar?«

»Jawohl.«

»Dann wünsche ich Ihnen viel Erfolg und einen schönen Abend noch.«

Noch weiß Hermansen nicht, daß sich danach ein erbitterter Streit

54

um Provisionen entwickeln wird. Denn sollte das Geschäft zustande kommen, so hatten die deutschen Vermittler gefordert, wären acht Prozent Provision vom Gesamtwert des Vertrages, in Höhe von 133 Millionen Dollar, fällig gewesen.

Sofort nach diesem Telefongespräch informiert Große-Benne seinen Geschäftspartner Üslük.

»Ich habe mit ihm gesprochen, und ich wollte ihn mit den ganzen Fragen löchern. Aber da sagt er, nicht am Telefon. Ich habe ihm also gesagt, war denn der Anruf da? Ja, er hätte mit Herrn Cornut alles besprochen (Pierre Cornut ist der Verkaufsdirektor von PRB, d. Autor). Er müßte noch einiges kalkulieren und wartet auf seinen Anruf. Morgen um 11 Uhr wäre die Abschlußbesprechung, und dann würden sämtliche Verträge unterzeichnet. Ich habe ihn nochmals gefragt, ist denn alles so geblieben, wie in der bekannten Form vor drei Tagen gemeinsam besprochen. Ja, alles so geblieben. Dann habe ich ihn nochmals gefragt, wegen Bofors. (Bofors ist die schwedische Rüstungsschmiede, deren Irangeschäft wenig später auffliegt und sich zu einem internationalen Skandal ausweiten wird, d. Autor.) Da hat er gesagt, daß wir dafür gesorgt hätten, daß die Unterlagen nach Istanbul kommen.«

»Klingt alles gut«, beendet Üslük das Gespräch, und Große-Benne bestätigt: »Klingt gut, so als Anfang.«

Der Vertrag wurde tatsächlich am 23. November 1982 in Teheran abgeschlossen. Er beläuft sich auf 133 Millionen Dollar. Dafür soll die PRB u.a. liefern:

100.000 Granaten 105 mm, 100.000 Granaten 106 mm, 150.000 Granaten 155 mm und 400.000 kg Treibladungspulver für Raketengeschosse.

Unterzeichner des Millionengeschäfts sind das Iranische Verteidigungsministerium auf der einen Seite und das türkische Unternehmen »Özak Makina-Metal Ticaret« aus Istanbul auf der anderen Seite. Gegengezeichnet wurde der Vertrag außerdem von Aage Hermansen, der im Auftrag der PRB alle Verhandlungen geführt hat. Warum hat die PRB nicht offiziell als Vertragspartner ihre Unterschrift geleistet? Offiziell dürfen belgische Unternehmen keine Rüstungsgüter in den Iran liefern. Daher wählte die Gruppe aus der Bundesrepublik, in Zusammenarbeit mit der PRB, das Export-Importunternehmen Özak

Makina in Istanbul aus, und zwar zu dem einzigen Zweck, daß der Vertrag zwar auf das türkische Unternehmen ausgeschrieben, aber sofort an die PRB weiterverkauft wird. Offiziell ist dann nicht die belgische PRB der Vertragspartner, sondern ein kleines türkisches Export-Importunternehmen im Istanbuler Stadtteil Sisli. Solche Verträge werden in dieser Branche wie ein Wechsel weiterübertragen — in diesem Fall an die PRB. Eine der üblichen Vorgehensweisen im illegalen Rüstungsgeschäft.

Angesichts der jetzt geknüpften Kontakte zum Iranischen Verteidigungsministerium ruft Paul Beermann das schwedische Unternehmen Bofors an und beschwert sich darüber, daß bislang noch keine Angebote für den Iran gemacht wurden. Denn bis zu diesem Zeitpunkt gibt es nur einen Kontakt zwischen Bofors und dem Iran — über den neuen Verkaufsleiter Mats Lundberg. Ein Geschäftsabschluß ist zu diesem Zeitpunkt gerade getätigt worden, wieder durch ein deutsches Unternehmen, die WNC-Nitrochemie.

»Wir haben für 200 Millionen Dollar Abschlüsse gemacht«, trumpft Beermann auf. »Man will von Ihnen 180 Einheiten haben.« Gemeint sind Raketenwerfer. »Was nützt mir das alles«, beschwert sich Beermann bei dem Repräsentanten von Bofors, einem Herrn Egbörn, »wenn Sie sich überhaupt nicht äußern. Wenn wir jetzt von Ihnen was gehabt hätten, drüben, hätten wir den Auftrag schon in der Tasche. Dann hätten wir abgeschlossen.«

Egbörn von Bofors wendet ein, daß »die Probleme hier mit der Regierung in Schweden vorhanden sind, die haben ja ihre Bestimmungen«.

Beermann: »Um Gottes willen. Die haben wir in Deutschland auch. Da müssen wir das über Spanien oder anderswo machen.«

Schließlich einigt man sich, das Geschäft über Brescia zu machen, gemeint ist damit die italienische Firma Valsella.

Inzwischen ist Hermansen wieder aus Teheran zurückgekommen und sitzt in seinem Büro in Brüssel. Zuerst erhält er einen Anruf von Paul Beermann.

»Sind Sie wieder gut gelandet?«

»Ja, ja.«

»Da sind aber alle Leute froh, daß Sie wieder da sind.«

»Kein Problem.«

Ein Problem gab es für Hermansen trotzdem.

»Das Problem waren alle diese Telefongespräche. Verstehen Sie. Wir sind in einem Land, wo alles kontrolliert wird. Das habe ich Herrn Große-Benne gesagt: ›Ich möchte nicht gerne, daß Sie hier anrufen.‹ Alles ist kontrolliert. Alle Telefongespräche werden abgehört im Zimmer. Und darum habe ich Herrn Große-Benne gefragt, warum rufen Sie so viel an?«

Neugierig fragt schließlich Beermann, was im einzelnen abgeschlossen wurde.

»155, 105, 106 Haubitzen, Ladungen und Zünder.«

»Und das Ganze ist 134 Millionen Dollar?« fragt Beermann.

»133 Millionen«, korrigiert ihn Hermansen.

Und dann kommt das erste Mal die Provision zur Sprache, die sowohl Hermansen als auch Große-Benne, Beermann und Üslük abkassieren wollen. »Die Provision ist ja nur vier Prozent.«

»Im ganzen?« fragt Beermann verwundert.

»Jawohl, im ganzen, zwei Prozent für Altiok (der iranische Repräsentant, d. Autor), ein Prozent für die Türkei und ein Prozent hier.«

»Ein Prozent für uns? Da müssen wir mal drüber sprechen.«

Doch Geschäftsmann Hermansen will nicht mehr.

Daraufhin wird er von Große-Benne, im Auftrag der deutschen Gruppe, bestürmt, die in Teheran vereinbarte Vermittlungsprovision von vier Prozent rückgängig zu machen. Schließlich habe man mit acht Prozent Provision gerechnet.

»Nee, nee«, sagt Große-Benne zu dem Provisionsvorschlag, »Ein % für alle übrigen ist dann wieder zu wenig.«

Doch Freund Hermansen kann oder will von den vier Prozent Provision nicht herunter, da er sie in Teheran fest vereinbart habe.

Große-Benne daraufhin: »Meine persönliche Meinung ist, daß man irgendwie versuchen müßte, oder sagen wir mal im Hinblick auf alle, da bist Du ja genausogut beteiligt, daß man da versuchen sollte, das noch ein bißchen positiver zu gestalten.«

»Aber«, so Hermansen, »da gibt es keine Möglichkeit.«

Große-Benne will nicht nachgeben: »Wenn man mal jetzt nachrechnet, nicht, dieses eine Prozent. Was da jetzt übrigbleibt für alle Beteiligten. Da sind ja drin Üslük, Herr Oles, Herr Beermann, Du und ich. Und das sind fünf Personen. Das wären also für jeden 0,2 Prozent, und das ist grob über den Daumen geschlagen. Dann sind das also ungefähr 700.000 DM. Ich meine, das ist auch ganz schön. Aber ursprünglich waren das ja mal für jeden dreieinhalb Millionen.«

Große-Benne, verständlicherweise verstimmt, beschwert sich bei seinem Kompagnon Üslük.

»Also, ich muß Ihnen sagen, ehrlich sagen, Herr Üslük, also der Hermansen, der ist entweder bescheuert, oder der hat einen zweiten Weg oder was immer. Denn ich verzichte doch nicht freiwillig auf Dreiviertel meiner Provision.«

»Das ist der bescheuertste Mensch, der mir über den Weg gelaufen ist«, bestätigt ihn Üslük. Und weiter: »Mein Gott noch, also was haben wir mit dem Kerl Probleme. Und was das uns an Geld kostet!«

Der Betrag von 133 Millionen Dollar ist für alle zu faszinierend.

»Da sind doch noch ein paar Prozent locker drinne«, hofft Üslük.

Große-Benne: »Das ist doch logisch.«

Als Üslük meint, daß man mit so einer Summe jonglieren kann, klagt Große-Benne nochmal das Unternehmerleid: »Ich kann das ehrlich nicht begreifen, zumal nach dem Gespräch, wo wir alle zusammen da im Hilton saßen.«

Wenig später ruft wieder Paul Beermann bei Hermansen in Brüssel an.

»Herr Hermansen, kurz gesagt folgendes. Wir müssen auf jeden Fall erreichen, vier Prozent ist zu wenig. Wir müssen auf fünf Prozent kommen.«

»Nein, Herr Beermann, das geht nicht.« Hermansen bleibt stur. Denn »ich habe so niedrige Preise für die PRB«.

Auch auf das weitere Trommelfeuer von Beermann geht Hermansen nicht mehr ein. Vier Prozent Vermittlungsprovision kann für alle bezahlt werden — nicht mehr und nicht weniger.

»Ja, Herr Hermansen«, wendet schließlich Beermann ein, »wie hoch schätzen Sie denn unser Risiko hier ein, daß wir als Mittelmann das machen? Hier in Deutschland ist das verboten. Sie wissen das doch genau. Das ist doch ein Spannungsland. Ja, und wir machen hier alles weiter. Wir erarbeiten Angebote, das ist für uns auch ein Risiko.«

Es nutzt nichts.

Am 13. Dezember 1982 schreibt die Firma PRB, vertraulich, an die Industrieberatungen Beermann, Große-Benne.

»Betreff: Auftrag von Özak Makina-Metal Ticaret über Lieferung verschiedener Munitionstypen.

Sehr geehrte Herren,

wir beziehen uns auf die Besprechung in unserer Hauptverwaltung am 1. und 2. Dezember 1982. Wir bestätigen, daß eine Kommission von 4,5 Prozent, entsprechend 6.009.495.90 US-Dollar im Auftragspreis von 133 Millionen US-Dollar enthalten ist. Wie vereinbart wird die Kommission direkt wie folgt bezahlt:

845.000 Dollar an Sie,

5.164.495,90 US-Dollar an Özak Makina-Metal Ticaret.

Wir bitten Sie, die beiliegende Kopie dieses Schreibens zum Zeichen ihres Einverständnisses mit den erwähnten Zahlungsterminen zu unterzeichnen. Mit freundlichen Grüßen A.A. Hermansen, P. Cornut, Verkaufsdirektor.«

Noch ist es jedoch nicht zum Abschluß gekommen, und die Vermittler beschweren sich im neuen Jahr bei der PRB über die lange Wartezeit.

Als Antwort erhalten die Deutschen ein böses Telegramm aus Brüssel, Absender PRB: »Bitte, seien Sie sich bewußt, daß der schwierige Auftrag zwischen Özak und PRB existiert und daß jede Äußerung über den Auftrag von Özak kommen sollte. Wir handeln mit empfindlichem Material, und Diskussion mit Ihrem Vermittler über Telefon kann nicht geduldet werden.« (Telex vom 29. März 1983)

Und wenig später, am 31. Mai 1983, annulliert PRB die Kommissionsabsprache, weil der Vertrag nicht zustande gekommen sei. Die Enttäuschung ist riesengroß.

Erst vier Jahre später, 1987, erfahren die gehörnten deutschen Waffenhändler, daß PRB den Vertrag mit dem Iran doch erfüllt hat, und zwar über die Firma »Meinall Company« in Hongkong. Der iranische Vertreter, Sabit Altiok, der ebenfalls auf seine Provision verzichten muß, schreibt deshalb verbittert an die Firma PRB:

»Sie haben die Firma Özak nur durch eine andere ausländische Gesellschaft ersetzt und die Waren in deren Namen geliefert. Ich bestehe auf die 1 Prozent Kommission.«

Doch die Provision, über die so lange gestritten wurde, hat die Firma PRB eingespart; knapp 6 Millionen Dollar. Die Wut über das vermieste Geschäft ist groß, aber vergeblich.

In der Zwischenzeit entwickeln sich neue Geschäfte mit dem Iran. Aage Hermansen, Verkaufsleiter der PRB, mischt kräftig mit.

Da schreibt er zwei Briefe an das belgische Unternehmen ASCO in Zaventem, zu Händen Christian Tricot. Einen am 14. März 1984.

»Betrifft: Angebot für die Lieferung des Panzers TR 580. Entsprechend unseres Telefongespräches kann ich ihnen folgendes Angebot im Auftrag der Coma AG, Schweiz unterbreiten:

Lieferung von 60 Panzern TR 580, entsprechend der beiliegenden Spezifikation. Die Panzer sind brandneu.

Einheitspreis: 440.000 Dollar. Die Panzer können vor Verschiffung inspiziert werden...« »Endverbraucherbescheinigung ist nicht notwendig — aber das Bestimmungsland muß dem Lieferanten genannt werden... Das Angebot gilt bis zum 30. April 1984.«

In einem weiteren Schreiben bietet er der ASCO verschiedene Arten von Munition an. »In bezug auf mein Angebot vom 14. März 1984, im Auftrag der Coma AG, Schweiz, bin ich nun in der Lage, ihnen noch zusätzliche Angebote zu unterbreiten:

1. 11 Millionen Patronen 7,62 mm für das Siemonoff-Gewehr.
2. 3 Millionen Patronen 14,5 mm
3. 2 Millionen 14,5 mm.«

Auch hier war das Angebot auf den 30. April 1984 beschränkt.

ASCO ist ein bedeutendes belgisches Unternehmen. Seine Aktivitäten sind weit gestreut. Es gibt einen Bereich Immobilien, ein Unternehmen, das für die Luftfahrt produziert, und verschiedene Filialen, unter anderem in Malta und in Singapur. Zwei Länder, die als gute Adressen für Waffenlieferungen in den Iran gelten. Schon 1983 hatte dieses Unternehmen ausgezeichnete Kontakte nach dort, und zwar zu einem Medhi Kashani, einem iranischen Käufer. Kashani ist der offizielle Repräsentant der Teheraner Machthaber, mit Sitz im Ministerium für Erdöl in der Avenue Taleghani.

Ob aus dem Angebot des PRB-Repräsentanten an ASCO etwas geworden ist, das geht aus dem vorliegenden Schriftwechsel nicht hervor.

Auch nicht aus anderen Schreiben, zum Beispiel der Industrieberatungen Beermann, Große-Benne an die Özak Makina, datiert vom 14. Januar 1983.

In diesem Schreiben unterbreitet Paul Beermann dem »sehr geehrten Herrn Akalin« ein Angebot über 100 Geschütze mit Munition.

MAMMUTANFRAGE DEUTSCHER WAFFENHÄNDLER

Der richtige Durchbruch im Iran-Geschäft beginnt erst Ende 1983. Am 21. Dezember 1983 schicken die Industrieberatungen Beermann, Große-Benne eine Liste an Olaf Üslük, Glückstraße 20 in 5676 Haan.

In den Hinweisen zur Liste heißt es:

»1. Unter Punkt 1—13 dieser Liste stehen ab Lager lieferbare oder schnell lieferbare Geräte.

2. Die angegebenen Preise sind Richtpreise, über die man diskutieren kann.

3. Weitere und genauere Informationen beim nächsten Zusammentreffen.

4. Selbstverständlich können, soweit das von hier aus zu beurteilen ist, auch Geräte besorgt werden, die nicht in dieser Liste erfaßt sind.«

Und das ist die Liste:

»32 Millionen Stück   7,62 mm Munition
4 Millionen Stück   7,62 mm Plastik-Übungsmunition
266.000 Stück   7,62 mm 39, Kalaschnikow neu,
100 Stück   Ersatzmotoren für M 48 A 5 oder AWDS 1790-2A (Stückpreis 175.000 Dollar);
TOW BGB-71 B, Panzerabwehrraketen (Stück 8800 Dollar);
Bekannte Angelegenheit Bofors:

ca. 60 Stück	Bofors L 79/40, einschließlich Ersatzrohr und Stromaggregat (250.000 Dollar);
200.000 Stück	40 mm Geschosse mit neustem Annäherungszünder
20 Stück	neues Feuerleitsystem
100 Stück	neues Feuerleitsystem
100 Stück	SAM 7 (Boden, Luft), direkt vom Lager (Stück 45.000 US-$) 106 mm HEAT rückstoßfreie Munition, 10.000 pro Monat. Artillerie-Mörser-Munition in allen Abmessungen und Stückzahlen, außerdem Brand-, Nebel- und Löschmunition in allen Abmessungen; Gewehrgranaten und Ambulanzen.«

In einer »eidesstattlichen Erklärung und in Kenntnis der Strafbarkeit einer falschen eidesstattlichen Erklärung« offenbart sich Beermann so:

»Ich und mein Geschäftspartner Große-Benne haben am 21.12.1983 an Olaf Üslük, Glückstraße 20, 5676 Haan, eine Aufstellung geschickt. In dieser Aufstellung, die aus 20 Positionen besteht, geht es um die Vermittlung von Waffen und Munition für den Iran. Unter anderem ist auf Position 1 vermerkt: 32 Millionen Stück 7,26 mm Munition… auf Position 10 100 Stück SAM 7 (Boden, Luft); auf Position 15 Artillerie-Mörser-Munition in allen Abmessungen und Stückzahlen… Wir haben diese Bestellung von Karl Erik Schmitz, von Scandinavian-Commodity in Malmö erhalten und sollten uns darum bemühen, für die geforderten Rüstungsgüter, die alle für den Iran bestimmt waren, Produzenten, bzw. Verkäufer zu finden.«

Ein gewaltiges Angebot. Es kommt dadurch zustande, daß ein neuer potenter Waffenhändler in die Szene eindringt: der von Beermann erwähnte Karl Erik Schmitz, Inhaber der Firma »Scandinavian-Commodity« in Malmö.

DER NEUTRALE SCHWEDE KOMMT INS GESCHÄFT

Karl Erik Schmitz wurde am 27. Januar 1935 in einem kleinen Dorf im Süden Schwedens, in Hölleviksnäs geboren. Als Unternehmer betreibt er verschiedene Gesellschaften, zum Beispiel die Cekado AB, die Scandinavian-Commodity und die Scandinavian Fertilizers. Seine Iran-Aktivitäten begannen schon vor fünfzehn Jahren. Zu Beginn der siebziger Jahre war er einer der führenden Zuckerhändler der Welt. Er nahm enorme Risiken auf dem Londoner Zuckermarkt auf sich — wegen der weltweit instabilen Zuckerpreise – und war während einiger Phasen in dieser Zeit mehr oder weniger ruiniert. Er kaufte und verkaufte auch Öl, chemische Produkte und andere Rohstoffe, einiges davon auf dem iranischen Markt. Während der achtziger Jahre war er einer der führenden Vertreter des Iran für verschiedene schwedische Exportfirmen, zum Beispiel ESAB, Sandvik, Boliden und Fermenta. Es gibt keine Hinweise darauf, daß er im Waffengeschäft vor dem Jahre 1983 tätig war. Aber er unterstützte den Iran schon immer, zum Beispiel mit basischemischen Produkten für die Produktion von Pulver und Sprengstoffen. Er kaufte es bei einem schwedischen Staatsunternehmen, der »överstryrelsen för ekonomiskt försvar«. Das ist eine Organisation, die verantwortlich dafür ist, daß sich Schweden im Verteidigungsfall wirtschaftlich behaupten kann, dadurch, daß beispielsweise Öl und chemische Produkte in Friedenszeiten eingelagert werden.

1983 kam Schmitz auf den Geschmack, im Waffengeschäft seinen Reibach zu machen. Er unterzeichnete einen militärischen Kontrakt mit Südafrika, im Auftrag der Iraner:

4000 Tonnen M1 Pulver für 155 mm Howitzer, 700 Tonnen M1 Pulverladungen für 105 mm Granaten und 20.000 Tonnen Ammoniumnitrat. Die Menge reicht für den Abschuß von knapp 850.000 Granaten 155 mm. Dann kam es jedoch zu einem plötzlichen Ende des Geschäfts. Im September 1984 erklärten die Südafrikaner, daß sie nicht mehr liefern könnten. Bis zu diesem Zeitpunkt hatten sie jedoch schon 3000

Tonnen Pulver in den Iran verschifft sowie den größten Teil der 20.000 Tonnen Chemikalien. Jetzt galt es, Auswege zu suchen. Für Waffengeschäfte verlangte der Iran prinzipiell einen sogenannten Performance-Bond. Das ist ein Garantiebetrag, der zwischen 15 und 20 Prozent des Warenwertes liegt und vom Verkäufer als Bankgarantie aufgebracht werden muß. Iran will so sicherstellen, daß es auch zu einem Geschäftsabschluß kommt. Die südafrikanische Regierung hatte nun bei der »Kreditbanken« in Luxembourg diesen Performance-Bond eröffnet und mußte befürchten, daß der Betrag verfallen würde. Es war daher für Südafrika von größtem Interesse, daß Schmitz erfolgreich dabei war, die weiteren Lieferungen durch andere, europäische Pulverproduzenten durchführen zu lassen. Und Schmitz bemühte sich daher, bei den führenden europäischen Pulverproduzenten, insbesondere bei dem schwedischen Konzern Bofors in Karlskoga, Ersatzproduzenten zu finden. Ansonsten wären Millionen von Dollar aus dem Performance-Bond verfallen.

DER ZOLL ERMITTELT
UND DECKT AUF

Drei Jahre ermittelte der schwedische Zoll gegen das Unternehmen »Scandinavian-Commodity« (Karl Erik Schmitz) und Bofors, jene zwei schwedischen Unternehmen, die seit 1982 illegale Munitions- und Waffengeschäfte mit dem Iran tätigten. Die Fahndungsergebnisse des Zolls füllen über 8000 Seiten. Darin wird im Detail beschrieben und belegt, wie seit 1981 Munition und Sprengstoff in Milliarden-Dollar-Höhe an den Iran verkauft wurden. Nicht nur Bofors und Scancom als Vermittler belieferten demnach den Iran. Auch Waffenfabrikanten in Großbritannien, Holland, Belgien, der Bundesrepublik Deutschland, Österreich, Frankreich und Italien verdienten kräftig mit. Ausgelöst wurden die Untersuchungen eher durch einen Zufall.

Am 17. März 1984 und am 20. April 1984 kommen beim Hauptzollamt Passau je drei Waggonladungen mit 80 Tonnen Sprengstoff aus Schweden an. Bestimmt ist die explosive Ladung für die österreichische Firma »Armaturen GmbH« in Rüstorf bei Schwanenstadt.

Weitergeleitet werden sie aber nicht. Eine Spedition in Passau stellt neue Frachtpapiere aus, und danach rollt der Sprengstoff nach Stade an der Elbe. In Stade wird der Sprengstoff auf die Motorschiffe »Anneliese Oltmann« bzw. »Nikiforos« verladen und kommt dann über Syrien im Iran an. Die offensichtliche falsche Deklaration fällt dem deutschen Zoll auf. Er informiert am 20. August 1984 die schwedischen Behörden. Und die eilen zu dem Unternehmen Bofors in Karlskoga, der bedeutsamsten Rüstungsschmiede des Landes, beschlagnahmen alle was sie in die Hände bekommen können, und machen sich dann zwei Jahre lang an die Auswertung der beschlagnahmten Dokumente.

Dabei war das illegale Geschäft der österreichischen Firma »Armaturen GmbH« eher ein unbedeutendes, selbst im Vergleich zu den danach bekanntgewordenen Geschäften anderer österreichischer Unternehmen.

Im Zentrum der illegalen Waffengeschäfte jedenfalls sieht der schwedische Zoll den bereits erwähnten Karl Erik Schmitz, seine schwedische Firma Scandinavian-Commodity und seine im schweizerischen Fribourg ansässige Firma »Serfina AG«.

Allein Karl Erik Schmitz soll — so die schwedische Zollfahndung — Sprengstoff und Munition im Wert von rund 600 Millionen Dollar nach Teheran verkauft haben. Karl Erik Schmitz macht aus diesen Waffengeschäften überhaupt kein Geheimnis. »Das war ein ganz legaler Handel«, sagt er dem Genfer Journalisten Frank Garbely. »Wir kauften Kriegsmaterial, das versehen mit ordentlichen Exportbewilligungen nach Italien und Jugoslawien geliefert wurde. Niemand verlangte von uns Endverbraucherbescheinigungen. Wir durften diese Waffen also guten Gewissens an den Iran vermitteln.«

Der Wirbel, der nach den Entdeckungen des Milliardendeals entstand, ist ihm vollkommen unverständlich. »Natürlich wußten alle übrigen Waffenfabrikanten, daß die explosiven Lieferungen in den Iran gingen. Das konnte auch den diversen Handelsministerien nicht entgehen, die die Exportbewilligungen unterschrieben hatten. Sie hätten sonst annehmen müssen, da rüsten NATO-Partner für den dritten Weltkrieg auf.«

Jeder wußte Bescheid! Und das waren viele.

Darauf legt Karl Erik Schmitz besonderen Wert, auch im Gespräch mit dem Autor. »Jeder wußte Bescheid«, ist eine Feststellung, die einen zentralen Stellenwert in der Beweisführung um die Beteiligung auch bundesdeutscher namhafter Rüstungsproduzenten hat.

»Die Behörden«, erzählt mir Schmitz am Telefon in etwas gebrochenem Deutsch selbstsicher, »und die Produzenten. Sie müssen doch verstehen, wenn es fünfzig Produzenten gibt, die sind ja nicht Schwindler. Ich sehe das doch hier in Schweden, und wir sehen das in Frankreich oder in Holland oder der Bundesrepublik. Die gehen ja Hand in Hand — die Behörden und die Produzenten. Die Behörden sind ja da, um den Export zu überblicken. Und die müssen doch verstehen, daß diese Produkte nur in Länder gehen können, die sich in einer Kriegssituation befinden. Wenn die Behörden keinen Beweis verlangen, daß die Produkte in dem Zwischenland bleiben, dann haben die schon anerkannt, daß dieses Land machen darf, was es will. Das ist doch klar.«

So unschuldig Schmitz in Gesprächen mit Journalisten tut, so eindeutig ist die Zielsetzung seiner illegalen Geschäfte, die er selbst in Telegrammen beschreibt. Nachdem die Iran-Affäre in Schweden bekannt und öffentlich diskutiert wurde, schickte er am 19. August 1985 ein Telegramm nach Teheran. Und zwar an die »National Defence Industries Organization«, die offizielle Waffenbeschaffungsorganisation der Ayatollahs.

»Wir beziehen uns auf Ihr früheres Telex und müssen Sie informieren, daß wir von nun an alle bestehenden Gesetze und Bestimmungen brechen müssen, um es zu ermöglichen, die Waren an ihre Organisation zu liefern. Trotzdem werden die Quantitäten mit unserem Augustschiff verladen werden. Wir bedauern die Verspätung. Aber bitte verstehen Sie unsere Probleme, und seien Sie versichert, daß wir alles tun werden, um die Waren an Ihre Organisation zu liefern.«

Von Anfang an war es nicht ganz einfach, die strengen schwedischen Devisen-Restriktionen und Waffenexportbeschränkungen zu durchbrechen. Kanäle zum Durchbrechen dieser Beschränkungen mußten gefunden werden, Schlupfwinkel.

»Die Lieferanten«, so Karl Erik Schmitz während eines Verhörs durch die schwedischen Zollbehörden, »unserer Produkte sind ausländische. Aber es wurden auch Verhandlungen über Lieferungen von Bofors geführt, die jedoch noch keines der Produkte, die diese Bestellung umfaßt, geliefert haben. Unsere Tätigkeit läuft im Prinzip darauf hinaus, daß wir von Ländern, die dazu bereit sind, Iran als Endverbraucher zu akzeptieren, Angebote erhalten, und diese sind nicht immer ganz die Hersteller dieser Produkte. Sie sind aber dazu bereit, sie einzukaufen, um ihre eigenen Verträge mit uns zu komplettieren. Die Lieferung dieser Produkte ging dann größtenteils von westeuropäischen Lieferanten aus, die das Land als Käufer akzeptieren. Wir spielen also eine vermittelnde Rolle hier bei diesen Geschäften. Wir machen die Abschlüsse zusammen mit einem Unternehmen in der Schweiz, das Serfina heißt und iranische Interessen hat. Und im Zusammenhang mit den Geschäften wird eine bedeutende Finanzierung benötigt. Diese Finanzierung wird von dem schweizerischen Unternehmen zustande gebracht.«

Das Unternehmen »Serfina« wird später bei den weiteren Recherchen erneut auftauchen. Diesmal im Zusammenhang mit dem bereits erwähnten Große-Benne, der, so sagt er bei jeder Gelegenheit, weder mittelbar noch unmittelbar Geschäfte mit dem Iran vermittelt habe.

Für die finanziellen Transaktionen des Iran-Handels verbündet sich Schmitz mit dem Schweizer Finanzexperten Max Beutler, mit dem er schon seit 1980 zusammengearbeitet hatte. Damals gründeten sie die »Scansugar-Trading SA«, die zwei Jahre später den Namen ändert und neu »Scancom SA« heißt. 1982 entstand, ebenfalls in Fribourg, die »Serfina SA«, eine Finanzgesellschaft, die für den Iran-Handel eine zentrale Rolle übernehmen wird. Genauso verschlungen und kaum nachprüfbar, wie die Munitions-Schmuggelroute verläuft, müssen ja auch die finanziellen Transaktionen durchgeführt werden: sowohl, was die Bankgarantien betrifft, wie den Rückfluß der Millionensummen, die der Iran für die Lieferung der Waffen zahlt, und die Bezahlung der Kommissionen an die Vermittler.

Nach den schwedischen Zollermittlungen läßt sich die Arbeitsteilung zwischen der Schmitz-Firma Scancom in Schweden und seinen Fribourger Gesellschaften auf eine kurze Formel bringen. Die schwedische Scancom besorgt die Waren, die Fribourger Firmen verwalten die Finanzen. Teheran bezahlt Munition und Waffen über die Melli-Bank in London oder Düsseldorf. Von dort fließen die Gelder auf Schmitz-Konten bei der Londoner Arbuthnot Bank oder die südafrikanische »Kredit-Banken« in Luxembourg. Mehrfach bezahlte der Iran auch direkt über Schweizer Banken. In einem internen Schreiben an seinen Partner Max Beutler, der in Fribourg in der Chemin-Ritterstraße eine prächtige Villa als Büro ausgebaut hat, präzisiert Schmitz die Rolle der Finanzgesellschaft Serfina. Es datiert vom 15. April 1985: »Scandinavian-Commodity hat mehrere Kontrakte im Iran abgeschlossen, und zwar im Totalwert von etwa 150 Millionen US-Dollar für Lieferungen während 1985/86. Akkreditive für diese Kontrakte sind bereits bei Bank Melli in London erstellt worden. Gegen die Kontrakte müssen jedoch sogenannte Performance-Garantien erstellt werden. Diese Garantien wollten wir ja über Schweizerische Banken erstellen, aber wie Sie wissen, war das ja nicht möglich. Dagegen haben wir die Garantien jetzt in England erstellen können, und damit ist es auch möglich geworden, die Akkreditive kooperativ zu bekommen. Die Lieferungen gegen unsere Kontrakte werden jetzt anfangen, und die ersten Verschiffungen werden Anfang Mai stattfinden. Die Dokumente werden von Malmö ausgestellt und werden direkt in London bei Bank Melli präsentiert. Dort geben wir die Instruktionen, die Lieferanten zu bezahlen und den Restbetrag an Serfina transferieren zu lassen. Nach Eingang dieser Beträge werden an Serfina Zahlungsinstruktionen gegeben für Fracht und Nebenkosten. Die Vereinbarung, welche getroffen ist, ist danach, 50 % des Überschusses soll von Serfina zurückgehalten werden und 50 % an Scandinavian Commodity AB remittiert werden. Die Fakturen, welche von Scandinavian Commodity ausgestellt sind, werden nicht bei uns gebucht, sondern nur der Überschuß, der aus jedem Schiff von Serfina an uns abgerechnet wird.«

Serfina wurde in dieser Zeit die Muttergesellschaft eines iranischen Unternehmens, der Incotra. Es gehört dem iranischen Kaufmann Kaikhosravi, der auch über ein Büro in Köln verfügt.

Eine verschachtelte Angelegenheit, die aber Sinn macht, da Kaikhosravi in Teheran über beste Beziehungen zum Militär verfügt. Schmitz: »Schwedische Unternehmen wollen ja nicht ein schwedisches Unternehmen haben, das sie im Iran vertritt, sondern ein repräsentatives iranisches Unternehmen, und das ist die Vertretung Incotra im Iran. Das ist Kaikhosravis Unternehmen. Aber alle Provisionen werden über eine Interessengesellschaft in der Schweiz abgerechnet.«

Schmitz, der in Fribourg, dem Sitz der Serfina, eine Zweitwohnung unterhält, führt auch aus, wie Serfina aufgebaut ist: »Ein Grundkapital über 100.000 sfr, das bezahlt wurde aus ersten Geschäften, deren Gewinne einbezahlt wurden. Das sind Kaikhosravis Interessen in Serfina, die er hat, und wir, Scandinavian-Commodity, hier. Der ganze Vertrag baut auf eine Rechenschaftslegung zwischen den Gesellschaften. Er besitzt dies, und wir besitzen das. Wir sind nicht in die Eigentumsverhältnisse der Serfina selbst involviert, aber die Gesellschaft wurde gegründet, weil er hier nicht bei uns in Schweden einsteigen und 50 % des Grundkapitals erwerben konnte. Deshalb gründete er ein eigenes Unternehmen, und so haben zwei Gesellschaften ihre Tätigkeit verbunden. Dies hat sich zur Gründung von Incotra weiterentwickelt, dadurch, daß Serfina das Kapital eingezahlt hat, und zu gewissen Zusammenarbeitsverträgen zwischen den Gesellschaften geführt.«

PHANTASTISCHE GESCHÄFTSPERSPEKTIVEN

Wieder tritt die bundesdeutsche Connection in Kraft. Es dreht sich um die »Industrieberatungen« der Herren Große-Benne und Beermann. Sie wurden durch den gut aufgebauten geschmierten Kontakt mit der PRB auf das Unternehmen Scandinavian-Commodity und Karl Erik Schmitz aufmerksam gemacht. Verständlich, daß die deutschen Unternehmer die phantastischen Geschäftsaussichten nicht ablehnen.

Mitte 1983 stellte Aage Hermansen von PRB in Brüssel seinen deutschen Repräsentanten dem Schweden Karl Erik Schmitz vor, der gerade in Brüssel Produzenten für den Iran suchte, die PRB.

»Schmitz«, so erinnert sich Beermann, »hat seinen Firmensitz in Malmö und seit längerem Geschäfte mit dem Iran in bezug auf Lieferung von Fleischwaren getätigt. Wegen der pünklichen Abwicklung der Geschäfte des Schmitz an den Iran wurde Schmitz von iranischer Seite aufgefordert, entsprechende Firmen zu suchen, speziell deutsche Firmen, die die vom Iran gewünschten Geräte zur Führung bzw. Fortführung des Golfkrieges liefern können.« Weshalb jedoch hatte Karl Erik Schmitz ein solch großes Vertrauen zu den deutschen Maklern?

»Zu mir?« fragt Beermann erstaunt zurück. »Weshalb sollte er es nicht haben? Ich war ein bekannter Mann auf dem Gebiet. Schmitz hat sich bei Bofors und anderen Firmen erkundigt. Und ich galt in dieser Branche durchaus als sehr seriös. Ich habe ja früher in der Hauptsache mit der Bundeswehr gearbeitet.«

Zu Große-Benne und den Geschäftsverbindungen mit der Scancom sagt Schmitz selbst:

»Große-Benne ist technisch informiert, was Deutschland herstellt. Und er kann uns behilflich sein und sagen, also dieser Produzent macht diese Waren, und dieser Produzent stellt diese Waren her. Er ist ein technischer Berater, und dafür kriegt er einen gewissen Ersatz, wenn er uns behilflich ist.«

Paul Beermann ist eine sprudelnde Quelle, was diese Geschäfte und

»Beraterdienste« angeht. Und zwar deshalb, weil er der festen Überzeugung ist, daß er von seinen Geschäftspartnern übers Ohr gehauen wurde. Er will sich rächen und hat keine Bedenken, seine ehemaligen Partner mit ins Verderben zu reißen. Alles, was er enthüllt, ist ein Verbrechen nach dem Kriegswaffenkontrollgesetz. Wobei sich Beermann sagt, daß er, als 62jähriger Mann mit einem Herzinfarkt und todkrank, nicht mehr damit rechnen muß, seine eventuelle Gefängnisstrafe antreten zu müssen. Sein Haß auf jene, mit denen er einst Geschäfte machte und die ihn nicht mehr am lukrativen Deal beteiligen, ist so groß, daß er auspackt und vieles von dem bestätigt, was aus Quellen schwedischer Behörden bekanntgeworden ist.

Eine erste Geschäftsbesprechung zwischen Karl Erik Schmitz und den deutschen Maklern fand zwischen dem 16. Januar und 18. Januar 1984 im noblen St. Gotthard Hotel in Zürich statt. Bei dieser Gelegenheit, so Beermann, legte Schmitz eine Liste jener militärischen Güter vor, die der Iran angefordert hatte. Die anwesenden deutschen Makler Beermann und Große-Benne sollten ihm ja bei der Vermittlung der Dreiecksgeschäfte helfen.

»Darf ich mal kurz unterbrechen«, frage ich Beermann. »Der Schmitz hat bei diesem Treffen im Hotelzimmer also Ihnen und Große-Benne gesagt, daß der Iran diese Produkte wünscht, und das waren Kriegsprodukte?«

B: »Ja.«

»Was denn für welche?«

B: »Das waren Granaten 120 mm, 155 mm; Zünder für Granaten von 120 bis 203 mm; Mörsermunition 60 mm und 81 mm; Starterbatterien; Zündelemente; Verzögerungszündelemente; Detonatoren; Anzündverstärker usw. Wegen dieser eben aufgeführten Geräte wurden Lieferanten gesucht.«

Aufgrund der neuen Geschäftsanbahnung wirbelt bei den »Industrieberatungen Beermann, Große-Benne« alles durcheinander. Die eingehenden Angebote müssen weitergeleitet werden, neue Lieferanten aufgesucht, Preise vereinbart werden — der Iran drängt. Und natürlich faszinieren die Provisionen und Kommissionen, die jeder erhofft.

Aus einer Tagebuchaufzeichnung der »Industrieberatungen« vom 28. April 1984, Iran-Verbindungen betreffend:

»Zünder: Degen anrufen. Zusätzlich zu den angebotenen 1 Million Stück anbieten: M 557 800.000 Stück und M 572 600.000 Stück.
Schmitz will von Degen am Mittwoch, 2.5.84, ein Telexangebot. Wichtig — die ganze Menge muß in 20 Monaten geliefert werden, wenn möglich früher.
Schmitz ist am Freitag, 4. Mai 84, oder Samstag, 5. Mai 84, beim Kunden. Von dort erhalten wir den akzeptierten Preis. Dieser muß von Degen schnellstens angenommen werden.
Diehl: Angebot per Telex sollte Freitag, 27. April 82, in Menden sein, evtl. Kuphal oder Janson.
Degen: sprechen, vorbereiten mit Unterlieferanten.
Schmitz: Montag anrufen, was ist mit den anderen angebotenen Zündern.
155 mm Geschosse: 180.000 Hirtenberger, Herr Sauer.
320.000 IMI Herr Manel, Gourary.
Sauer von Hirtenberger sendet an uns Kommissionsbestätigung und Vertrag.«
Paul Beermann erzählt, wie es zu weiteren Treffen mit Karl Erik Schmitz kam:
»Das war in Paris 1984. Anwesend waren die Herren Schmitz, Große-Benne, ich, Hermansen von PRB und ein Generaldirektor, Herr Smith von Armscor.«
»Armscor« ist das staatliche südafrikanische Rüstungsunternehmen.
»Es wurde über Lieferung von Munition gesprochen. Schmitz teilte uns mit, daß er einen großen Auftrag vom Iran über insgesamt 600.000 Einheiten Munition an die südafrikanische Regierung komplett weitergegeben hat. Technisch wurde der Auftrag von der südafrikanischen Firma durchgeführt. Schmitz hat in diesem Fall für die Weitergabe des Auftrages eine entsprechende Vermittlerprovision erhalten. Die Lieferung von Mörsermunition war etwas schwierig, weil die von Teheran geforderte Qualität nicht erfüllt werden konnte. Schmitz, Mats Lundberg von Bofors, Große-Benne waren in Pakistan und haben sich über Fertigungsmöglichkeiten für Mörsermunition für den Iran informiert. Der Auftrag konnte nicht plaziert werden — wegen der Qualitätsfragen. Herr Schmitz ist meines Wissens nach häufiger in Südafrika gewesen. Die Verschiffung der Munition erfolgte von Südafrika aus.

Ich kriegte dann, nach diesem Gespräch in Paris, von Schmitz haufen-weise Fernschreiben, jeden Tag, weiß Gott, das konnten Sie arbeits-mäßig gar nicht verkraften. Das wurde dann an befreundete Firmen weitergegeben, nach Frankreich oder an die PRB Brüssel usw. Oder an die Firma ›Junghans‹ in Venedig. In diesem Fall forderte der Iran, über die Scandinavian-Commodity, Artilleriezünder.«

Die Firma »Junghans« in Venedig ist ein Tochterunternehmen der Diehl-Gruppe in Nürnberg. Von der Firma Diehl in Röthenbach gin-gen dazu am 10. Mai 1984 »Broschüren« mit dem »DHL-Worldwide Courier« an die Scandinavian-Commodity ab, um dem Iran-Vermittler Schmitz zu zeigen, welche prächtigen Angebote das Unternehmen un-terbreiten kann, natürlich über das italienische Tochterunternehmen. Geliefert wurden schließlich die vom Iran geforderten Artilleriezünder BDN 557, und zwar, so Beermann, »über eine Stückzahl, ich sagte ja schon, 600.000. Die Einzelkommission betrug 3,07 DM und die Ge-samtkommission 1.842.000 Mark.«

Zwar gab es bekanntlich seit 1983 Verbindungen zur Scandinavian-Commodity. Doch erst als sich Beermann und Große-Benne mit Karl Erik Schmitz am 20. Juni 1984 in Malmö treffen, kommt alles richtig ins Rollen.

»Am 20.6.1984«, so Beermann, »fand im Büro der Firma Scandina-vian-Commodity eine Unterredung statt, Dauer einen Tag. Anwe-sende: Schmitz, Große-Benne und ich. An diesem Tag wurden die Aufträge von Rüstungsgütern, laut Aufstellung und vorliegenden Fernschreiben, an die einzelnen Firmen weitergegeben.«

Es handelte sich dabei im wesentlichen um:

1. 150.000 Detonatoren DM 1058 an die Dynamit-Nobel Troisdorf
2. 12.000 Tonnen Pulver an Schou-Kjeldsen
3. 100.000 Batterien Typ 21 PAB an Firma Silberkraft, Duisburg
4. 900.000 Zünder an die Schweizer Firma Degen.

Tatsächlich gingen am 20. Juni 1984 nachmittags, nach erfolgreichen Verhandlungen im Büro der Scandinavian-Commodity, mehrere Fern-schreiben von Malmö aus an verschiedene Firmen.

Zum Beispiel in der neutralen Schweiz an die Firma »Degen+Co, Apparate- und Instrumentenbau«, in Niederdorf.

»Wir bestätigen unseren Auftrag, der auf ihrem Angebot beruht:

600.000 Einheiten Fuzes pd. m. 557
300.000 Einheiten Fuzes pd. m. 572«

Am 4. September 1984 schickte die Firma Degen in der Schweiz die Auftragsbestätigung an Scancom, mit Kopie an Beermann. Auch die Provision wurde erwähnt.

»Wir bestätigen, daß Sie aus dem obigen Auftrag eine Provision von US-$ 1.382.250 Dollar erhalten. Die Zahlungen erfolgen innerhalb von 2 Wochen nach Zahlungseingang der jeweils fakturierten Summen. Die Firma Degen+Co erstellt für die Kommission eine Bankgarantie.«

Heiß laufen Fernschreiber im Juli und August 1984 zwischen Scandinavian-Commodity und Industrieberatungen Beermann, Große-Benne. 31. Juli 1984. Große-Benne, der inzwischen ein eigenes Büro in Fürstenfeldbruck unterhält, telext an Scandinavian-Commodity.

»Ihre Anfrage aus Telex-Nr. 281/84 vom 24.7.1984

Ihre Anfrage hatten wir an mehrere Firmen sofort weitergeleitet, wie wir ihnen bereits mitteilten. Sie erhalten die gewünschten Angebote wie folgt: Zu allen Positionen benötigen die Lieferanten Endverbraucherbescheinigungen. Wir können dies bei unserem Treffen in dieser Woche besprechen.

Item No 1 Treibladungspulver M 181 für Mörser 60 mm — 1 Mil. Stück.

Item No 3 Treibladungszusätze M5A2 mit Zünder M 32 für 60 mm Mörser — 1 Million Stück.

Item No 2 Zünder für Mörser 60 mm — 1 Million Stück. Dieser Zünder wird in Fernost hergestellt. Er hat eine sehr hohe Versagerquote. Bei einem Vergleichsschießen in Thailand zusammen mit dem deutschen Zünder der Firma Diehl-Nürnberg traten beim M525 über 400/0 Versager auf. Die deutsche alternative Ausführung wird von Junghans-Venedig geliefert und heißt...«. Es folgt die deutsche Markenbezeichnung. »Geben Sie uns bitte Nachricht, ob die Angebote für Sie von Interesse sind, damit wir dann alle notwendigen Schritte veranlassen können.«

Ein Telex in dieser Phase hektischer Geschäftsanbahnungen trifft auch bei der Firma Dynamit-Nobel in Troisdorf ein: Es datiert ebenfalls vom 20. Juni 1984 und ist ein weiteres Resultat der Besprechung in Malmö.

»Wir bestätigen unseren Auftrag.

Qualität: Detonatoren DM 1058

Quantität: 150.000 Stück.

Preis: 14,60 DM pro Einheit, ab Fabrik Troisdorf.

Der Käufer hat eine Option für eine weitere Lieferung von 350.000 Einheiten zu den gleichen Bedingungen.«

Zum ersten Mal wird jetzt, neben Diehl, ein bedeutendes deutsches Unternehmen erwähnt, die Dynamit-Nobel AG in Troisdorf.

DYNAMIT-NOBEL AG UND DER IRAN: ein Fallbeispiel

Dynamit-Nobel AG gehörte bis Ende 1987 zu 98 % der Flick-Industrieverwaltungsgesellschaft, einem Unternehmen, das sich um die Pflege der politischen Landschaft verdient gemacht hat. Im Bereich Sprengmittel und Munition machte Dynamit-Nobel 1986, laut Geschäftsbericht, einen Weltumsatz von 746 Millionen DM. Ein Unternehmen mit großer Tradition. Und ein Unternehmen, das 1984 und 1985 Millionengeschäfte mit dem Iran getätigt haben muß. Das geht nicht nur aus den in Schweden beschlagnahmten Zollunterlagen hervor, sondern auch aus Aussagen betroffener Geschäftsteilnehmer.

Offiziell bestreitet die Firma, Kenntnis davon zu haben, daß die von der DNAG gelieferten »Zündhütchen« an den Iran gegangen sind. Zündhütchen und Detonatoren sind die Bestandteile einer Zündkette bei Granaten, Minen und anderen Vernichtungswaffen, die den Sprengstoff zur Explosion bringen. Merkwürdigerweise fallen diese militärischen Produkte nicht unter das Kriegswaffenkontrollgesetz. Außerdem habe man, so argumentiert das Unternehmen, das ein wichtiger Lieferant für die Bundeswehr ist, ja nur an eine belgische

Firma, die PRB, geliefert. In einer Presseinformation der Dynamit-Nobel AG vom 8. Januar 1988, nach einem Filmbericht im ZDF (»Hochexplosiv«), in dem ein Teil des Geschäftes mit dem Iran geschildert wurde, läßt das Unternehmen verlauten:

»Hierzu ist klarzustellen, daß derartige Teile (Zündhütchen und Zündelemente) zwar nicht zu den Kriegswaffen gehören, ihre Lieferung jedoch dem Außenwirtschaftsgesetz unterliegt. Das bedeutet, daß für jede einzelne Lieferung eine Genehmigung der zuständigen deutschen Bundesbehörde vorliegen muß. Im Einklang mit den gesetzlichen Bestimmungen beliefert Dynamit-Nobel etwa 40 Weiterverarbeiter in Europa. Dabei handelt es sich ausschließlich um renommierte Unternehmen, mit denen Dynamit-Nobel seit langem in Geschäftsbeziehung steht. Für Dynamit-Nobel bestand und besteht kein Anlaß zu der Annahme, daß diese Firmen unter Verletzung ihrer jeweiligen landesspezifischen außenwirtschaftlichen Bestimmungen in das Krisengebiet im Mittleren Osten liefern.«

Doch der Mann, der das Geschäft miteingefädelt hat, Paul Beermann, sieht das anders.

»Die Aufträge konnten ordnungsgemäß erteilt werden, weil die entsprechenden Vorverhandlungen zuvor von mir und Große-Benne u.a. mit der Dynamit-Nobel in Troisdorf geführt wurden.« Zum Beispiel der Auftrag der Firma Scandinavian-Commodity an die Firma DNAG über die Lieferung von 150.000 Detonatoren DN 1058, mit einer Option auf weitere 350.000. Paul Beermann: »Dieser Auftrag konnte am 20.6. erteilt werden, weil wir mit Herrn Meyer, Leiter Sprengstoffverkauf Dynamit, in Troisdorf persönlich über die Preise und Kommissionen verhandelt hatten. Ein weiteres Gespräch mit Herrn Meyer und Herrn Brotesser, Mitarbeiter von Herrn Meyer, fand zwischen Große-Benne, mir und den beiden Herren der Dynamit ebenfalls in Troisdorf statt. Anschließend verhandelte Schmitz persönlich in Troisdorf, ohne Anwesenheit von mir und Große-Benne. Bei diesem Gespräch zwischen Schmitz und Meyer von Dynamit-Nobel ist es in der Hauptsache um kaufmännische Konditionen gegangen, denn Herr Meyer hatte mir mitgeteilt, daß die Dynamit AG nicht gewillt sei, eine Performance-Garantie von 10 % zu stellen. Dynamit bestand auf den üblichen Geschäftsbedingungen des Hauses DNAG«.

»Wußten denn Herr Meyer oder Herr Brotesser von Dynamit-Nobel, daß die Produkte für den Iran bestimmt waren?« will ich von Beermann wissen.

»Ja, das kommt jetzt. Ich und Große-Benne haben in dem Gespräch mit Herrn Meyer ausdrücklich darauf hingewiesen, daß es sich um eine Lieferung in den Iran handelte, überhaupt, daß Schmitz nur für den Iran liefere und für kein anderes kriegführendes Land. Obwohl es sich bei den Detonatoren um Kriegswaffen handelt, brauchte die Dynamit kein Enduser-Zertifikat. In der Praxis sah das z.B. so aus: Schmitz erteilte Auftrag an PRB, PRB erteilte Auftrag an DNAG, DNAG fertigte und lieferte alles an PRB, die Verschiffung erfolgte dann von Zeebrügge. Oder Schmitz erteilte Auftrag an PRB, PRB erteilte Auftrag an Bofors, Bofors erteilte Auftrag an DNAG, DNAG lieferte nach Schweden aus, Verschiffung erfolgte von Schweden.«

In einer eidesstattlichen Versicherung hält der an dem Geschäft beteiligter Zeuge, Paul Beermann, dagegen. Er habe im Auftrag des Zwischenhändlers Schmitz aus Malmö den Preis und die Lieferzeiten für Detonatoren mit Herrn Meyer, Leiter Zündmittelverkauf von Dynamit-Nobel in Troisdorf, ausgehandelt. »Herr Meyer wurde von mir ausdrücklich darauf aufmerksam gemacht, daß der Endempfänger der Iran sei. Mir ist weiterhin bekannt, daß Herr Karl Erik Schmitz mit Herrn Meyer von Dynamit-Nobel persönlich in Troisdorf die Konditionen für den Auftrag ausgehandelt hat.«

Nach dem Auftrag aus Malmö und einer Auftragsbestätigung von Dynamit-Nobel AG schickt Paul Beermann am 12. Juli 1984 ein Telex an die Abteilung Zünd- und Sprengmittelverkauf, zu Händen Herrn Dörr. »Wir beziehen uns auf die verschiedenen Gespräche mit Ihren Herren Brotesser und Meyer wegen der Lieferung von Detonatoren DM 1058. Mit Ihrem Telex 303384 vom 5.7.84 erklärten Sie uns, daß von Ihnen einige Punkte des Auftrages nicht akzeptiert werden könnten. Wir würden es für zweckmäßig halten, wenn Anfang nächster Woche Herr Schmitz von Scandinavian-Commodity und einer unserer Herren Sie in Troisdorf aufsuchen würden, um an Ort und Stelle alles Notwendige zu klären. Würde Ihnen ein Besuch am 17. oder 18.7.84 passen?«

EIN SÜDAFRIKANISCHES UNTER-
NEHMEN ALS TARNADRESSE

Der Manager aus Malmö dürfte in Troisdorf aufmerksame Zuhörer gefunden haben. Den Iran zu beliefern, erfordert höchste Präzision bei der Planung der Umwege. Und ein so angesehenes Unternehmen wie die Dynamit-Nobel AG will nicht den Schatten eines Verdachts erwecken, daß bestehende Exportbeschränkungen umgangen werden.

Scheinbare Irrwege: Das iranische Verteidigungsministerium ist von den Qualitätsdetonatoren aus Troisdorf überzeugt. Bestellt wird aber nicht in der Bundesrepublik, sondern bei Karl Erik Schmitz in Malmö. Der schaltet als Unternehmen, das diese Produkte auf dem Papier bestellt, eine griechische Zwischenfirma ein: Elviemek.

Gleichzeitig plaziert er den Auftrag bei dem belgischen Rüstungsunternehmen PRB mit der Auflage, daß dieses die Bestellung an Dynamit-Nobel weitergibt. Oder, als Alternative, wird Bofors den Auftrag an Dynamit-Nobel weitergeben.

Damit sind die ersten falschen Fährten für eventuelle kritische Nachfragen durch Behörden gelegt.

Dynamit-Nobel liefert nun die Detonatoren mit einer leicht zu erhaltenen Ausfuhrerklärung nach Belgien oder Schweden. Und von dort aus wird das Ganze »offiziell« nach Griechenland verschifft.

In Wirklichkeit gehen die Ladungen jedoch direkt in den Iran. Jedes der beteiligten Unternehmen kann den Behörden vorgaukeln, alles hätte seine Ordnung. Von den gemeinsamen Absprachen werden diese sowieso nie etwas erfahren.

Und die sahen im einzelnen so aus:

Am 20. Juli 1984 bestätigt Große-Benne in einem Telex an Scancom die Verhandlung:

»1. Dynamit-Nobel bekommt eine Anfrage der Firma Elviemek SA-Hellenic Explosives and Ammunition Industry. Mit Herrn Meyer wurde bereits alles besprochen. Es ist alles o.k.

2. Ebenso wurde mit Herrn Ebert, Silberkraft, alles besprochen.
3. Mündlich liegt die Bestätigung über die Kosten für das Enduser-Zertifikat vor. Man ist bereit, für 2,75 % und für 0,75 % zu liefern. Übergabe entweder im Ministerium oder, falls die Flugkosten eingespart werden sollen, in einer Botschaft in einem europäischen Land.«

Das in dem Telex erwähnte griechische Unternehmen »Elviemek« in der Athener Kifissias Avenue 32 spielt im Iran-Deal eine bedeutsame Rolle. Dabei ist das Athener Büro eher unscheinbar. Auf den Sesseln des Aufsichtsrats wechselten sich in den letzten Jahren Südafrikaner (Xenopoulos Takes) und Chilenen (Jorge Burr) ab. Im Mai 1987 erschütterte eine Explosion das Werk. Es wurde fast total zerstört. Die griechische Polizei verhängte eine Nachrichtensperre. Aber die einheimische Presse stellte bald die These auf, daß die Explosion ein Werk iranischer Agenten gewesen sei. Weitere Merkwürdigkeiten fallen auf. Während jene Unternehmen, die diese Firma als Zwischenstation für den Iran einschalten, diese Adresse als »respektabel« beurteilen, ignorieren alle anderen Unternehmen, die eine führende Rolle auf dem Gebiet der Sprengstoffe spielen, die Existenz dieser Firma. Als 1987 der belgische Journalist Walter de Bock die Zentrale der CEFIC, der »Föderation der Europäischen Chemiehersteller«, aufsuchte, erzählte man ihm, »daß Elviemek total unbekannt ist«.

Elviemek entwickelte sich jedenfalls durch die Vermittlung eines reichen Griechen in den Jahren 1982 bis 1984 rapide. »Ion Vörres, so sein Name, ist der Athener Repräsentant von ›Armscor‹, dem südafrikanischen Rüstungskonzern. Kontrolliert durch Südafrika, betätigt sich Elviemek im Iran-Geschäft.« (Walter de Bock, Jean-Charles Deniau, Des Armes pour l'Iran, Paris, 1988, S. 139).

Am 27. Juli 84 schickt dieses einschlägig berüchtigte Unternehmen ein Telex an Scancom, in dem unter anderem ein weiterer Deutscher erwähnt wird: Urban.

Matthias Urban ist ein ehemaliger Prokurist der »Elisenhütte« in Nassau, Tochterunternehmen der Fritz-Werner GmbH. Später machte er sich selbständig und firmiert für Scandinavian-Commodity in der Gerhard-Hauptmann-Straße 14 in Nassau/Lahn. »Wir beziehen uns auf die Gespräche mit den Herren Urban und Große-Benne und unterbreiten nachfolgend unser Angebot: 150.000 Stück Detonatoren DM 1058.«

Wenig später, am 30. Juli 84 schreibt Scancom zurück: »Danke für Ihr Telex. Aufgrund der veränderten Preissituation bedauern wir, ihnen mitzuteilen, daß sich der Auftrag, den wir erteilen können, auf 70.000 Stück reduziert, statt der mit ihnen vereinbarten 150.000 Stück.«

Unterdessen scheint die griechische Firma »Elviemek« Angst zu bekommen. Am 1. August 84 schickt Große-Benne folgendes Telex an Scancom:

»Gerade erhielten wir über Herrn Urban die Mitteilung, daß Firma Elviemek S.A. dringend darum bittet, in der Zukunft in Telexen keine Angaben mehr zu machen, aus denen etwas ersichtlich wird. Man befürchtet sonst, daß das Geschäft nicht gemacht werden kann. Wir schlagen Ihnen vor, daß Sie heute ein Telex in englischer Sprache an Elviemek senden etwa wie folgt:

1. Gesamtmenge bleibt bei 150.000 Stück,
   gewünschte Vorauslieferung 70.000 Stück.
2. Option zum Jahresende weitere 350.000 Stück.
3. Alle notwendigen Punkte, wie Letter of Credit, Bankverbindung, Herstellung, Lieferung werden nächste Woche in beiderseitigem Einverständnis in Athen festgelegt.«

Am 29. August 1984 gibt Scancom den Preis für die Detonatoren an die »National Defense Industries Organization« in Teheran weiter: 1.235.500 DM.

Während das Geschäft seinen noch beschwerlichen bürokratischen Verlauf nimmt, wird Große-Benne von Scancom in Malmö gebeten, ein anderes Angebot an PRB zu schicken: »Treibladungspulver für Raketen«.

Inzwischen ist es Oktober geworden. Am 1. Oktober 1984 schickt Scancom ein neues Telex nach Teheran. »Wir haben Ihren Letter of Credit für die Lieferung von 70.000 Detonatoren erhalten. Wir müssen Ihnen jedoch sagen, daß wegen der Lieferrestriktionen für Produkte dieser Art der ›Letter of Credit‹ nur auf die Kreditbanken in Luxembourg oder die Melli-Bank in London ausgestellt werden kann. Sie haben den ›Letter of Credit‹ jedoch auf unsere Bank in Schweden ausgestellt. Das ist unmöglich und für uns sehr gefährlich.«

Am 13. November 84 geht es weiter. Karl Erik Schmitz erhält von der belgischen PRB ein Telex mit genauen Instruktionen, wie das Geschäft abzuwickeln ist.

»Sie plazieren einen schriftlichen Auftrag an die PRB mit den folgenden Preisen:

— 70.000 Detonatoren DM 1058, DM 14,28 je Einheit;

— 50.000 Verspätungszünder, Preis 5,36 DM je Einheit.

PRB gibt diesen Auftrag an die DNAG zu gleichen Preisen weiter wie in Ihrem Telex angegeben; ab Werk Troisdorf.

Ein akzeptables Enduser-Zertifikat wird zusammen mit Ihrem Auftrag an uns geschickt.«

Am 23. November 84 erfüllt Schmitz diesen Wunsch. Scandinavian Commodity bestätigt den Auftrag in einem Schreiben an die PRB-Brüssel »über die Lieferung von 50.000 Verspätungszündern und 70.000 Detonatoren«.

Drei Wochen später meldet der Iran neue Wünsche an. Das Teheraner Verteidigungsministerium möchte »3 Millionen Detonatoren M2; 2.250.000 Detonatoren M21; 1.270.000 Einheiten Detonatoren und 2.250.000 Verspätungszünder«. Scancom gibt diesen Auftrag an die PRB weiter. Am 21. Dezember 84 bedankt sich Schmitz für den Auftrag und schreibt, daß er nun in Verhandlungen mit dem »Lieferer« sei. Um das Geschäft abzuschließen, fliegt Schmitz am 28. Dezember 1984 nach Teheran.

»Lieber Mr. Ayattholahi«, bedankt sich Karl Erik Schmitz in einem Brief von Scandinavian Commodity am 30. Dezember 1984 an »Islamic Republic of Iran National Defence Industries Organization«, Teheran, »für die große Kooperation während unseres Besuches in Teheran und die Aufträge, die wir durch Sie plazierten. Wir möchten Ihnen versichern, daß wir unser Äußerstes tun werden, um diese Kontrakte zu ihrer Zufriedenheit auszuführen. Wir haben davon Kenntnis genommen, daß Sie daran interessiert sind, 50 Personen nach Europa zu schicken, die Fabriken besuchen wollen. Wir werden solche Besuche arrangieren. Noch einmal herzlichen Dank, gez. Karl Erik Schmitz.«

Nach diesem Besuch im Iranischen Verteidigungsministerium bestätigt Scancom, am 30. Dezember 1984, Referenz 30842/1-1401-20335-34, die erteilten Aufträge und die Preise:

»Totalsumme: 33.030.500,00 DM.«

Fast gleichzeitig, am 31. Dezember 1984, gibt die PRB, wie im Strategietelex an Scancom beschrieben, bei Dynamit-Nobel in Troisdorf die Bestellung über die 50.000 Verspätungszünder und 70.000 Detonatoren in Auftrag. Gesamtwert der Sendung: 1.207.000,00 DM.

Derweil laufen die Verhandlungen für die größere Menge an Detonatoren und Verspätungszünder. Scancom plaziert den Auftrag bei der Dynamit-Nobel AG und bei Bofors in Karlskoga. Diesmal soll nicht die PRB, mithin Belgien offizielles Empfängerland der Detonatoren aus der Bundesrepublik sein, sondern Schweden. »Wir informieren Sie«, so Scancom am 19. März 1985 nach Teheran, »daß der Auftrag von DNAG in Deutschland ausgeliefert wird. Bei den Diskussionen mit der Firma haben wir erfahren, daß die georderten Typen nun komplett sind.«

Am gleichen Tag gibt Dynamit-Nobel, Abteilung Sprengmittel und Zündmittel, die Lieferbereitschaft an das befreundete Unternehmen Bofors in Schweden weiter und schreibt dazu:

»1. 300.000 Detonatoren DM 1020 — Preis 3.700 DM für 1000 Stück
2. 200.000 Verspätungszünder Preis 4.200 DM für 1000 Stück.«

Außerdem steht in dem verräterischen Schreiben, daß eine »Endverbraucherbescheinigung« benötigt wird.

Am gleichen Tag schickt die Verkaufsabteilung Export von Dynamit-Nobel eine weitere Bestellung an Mats Lundberg von Bofors.

»Wir können Ihnen zu unseren allgemeinen Geschäftsbedingungen folgendes Angebot unterbreiten: 20 Millionen Anvil Primer Caps. 1 Million kann direkt ab Lager geliefert werden, die weiteren Lieferungen zwischen 3 und 5 Millionen Stück können in monatlichen Intervallen folgen.«

Damit nicht genug. Der Geschäftsbereich Sprengstoff und Zündmittel bietet am 19. März 1985 Bofors weiteres Material an. Es ist genau die Anzahl, die vom Iran über Karl Erik Schmitz angefordert wurde:

»1. 3 Millionen Verspätungszünder DM 1020,
2. 2,25 Mio Detonatoren DM 1015 A1,
3. 2,25 Mio Detonatoren DM 1013 A1,
4. 1.275 Mio Detonatoren DM 1019,
5. 1,7 Mio Detonatoren DM 1020 A1.«

Ein Riesengeschäft soll angebahnt werden. Und zwar unter den Augen der bundesdeutschen Genehmigungsbehörden, die bei solchen Liefermengen in ein neutrales Land, Schweden, alle Augen zudrücken und den logischen Verstand ausschalten. Denn derartige Riesenmengen von Zündmaterialien für Gewehre, Minen und Granaten kann kein einziges Land gebrauchen, es sei denn, es befindet sich im Kriegszustand.

Im Frühjahr 1985, am 24. April 1985, will die Scancom von Dynamit-Nobel wissen, welche der Produkte direkt vom Lager geliefert werden können. Das Telex an Dynamit-Nobel wird um 10.45 Uhr abgesendet: »Für Herrn J.M. Balg, DNAG.

Wir beziehen uns auf unsere Absprachen und teilen mit, daß die ›Letter of Credits‹ für die folgenden Punkte sich in unseren Händen befinden: S 166, S 162, S 135, S. 144.«

»S« ist jene Bestellnummer von Scandinavian-Commodity, die für alle Verträge mit dem Iran benutzt wurde.

S 166 betrifft die Lieferung von Hexogen im Wert von 2,1 Mil. US $; S 162 betrifft die Lieferung von Detonatoren im Wert von 11 Mil. US $, und bei S 135 geht es um Tetryl im Wert von 135.000 US $. Erwähnt wird in dem Telex auch, daß »DNAG für diese S-Nummer eine Auftragsbestätigung für 1.200.000 Einheiten erteilen soll«.

Unter »S 144« verbergen sich Zünder, sog. Primers 5625, Umsatzvolumen 282.000 DM.

Zwei Tage später kommt die Antwort aus Troisdorf. Dynamit-Nobel will von Schmitz konkrete Informationen.

Es geht um die Preise. »Preis für Zünder DM 134 für 120 mm Granatwerfer kann nicht mehr gesenkt werden, da der Preis schon im Vergleich zu unseren anderen Marktpreisen sehr niedrig ist.«

In dem Telex wird dann beschrieben, wie geliefert werden kann: »Die Zünder DM 1015 B11 werden für 1750 DM per 1000 Stück geliefert, frei bei Bahn nach Schweden, Packung eingeschlossen. Lieferung: 150.000 bis 200.000 Stück monatlich; Beginn drei Monate, nachdem wir Ihren Auftrag erhalten haben.«

Mai 1985. Am 2. Mai 1985 schreibt die PRB Brüssel an Scancom in Malmö, daß »unser Lieferer«, also DNAG, »die endgültigen Lieferzeiten für die Verspätungszünder durchgegeben hat. Und zwar 20.000 in der 21. Woche und 29.000 in der 23. Woche.

Die 70.000 Detonatoren werden in der Woche 29 geliefert werden.«

Über das andere Geschäft wird immer noch verhandelt. Scancom schickt an Dynamit-Nobel mehrere Telexe mit Preisvergleichen für die vom Iran benötigten Detonatoren und Zünder. Nach dem Telex vom 10. Mai 1985, liefert PRB weitaus billiger als die DNAG, was einen »Preisunterschied von DM 2.582.850 DM ausmachen würde«.

Daraufhin geht die DNAG am gleichen Tag noch mit den Preisen herunter. »Wir sind mit einer Preisreduzierung einverstanden unter der Bedingung, daß alle 5 S-Nummern des Kontrakts bei uns bestellt werden.«

»Bitte bestätigen Sie«, fordert in diesem Telex Nr. 0174 vom 10. Mai 1985 Herr Balg von DNAG.

Am 29. Mai 1985 beauftragt Scancom, zufriedengestellt, die griechische Firma Elviemek, »für Lieferungen von Dynamit-Nobel AG folgende Aufträge auszustellen:

1. Detonatoren M2T — 50.000 Einheiten

2. Detonatoren DM 1020 A1 — 300.000 Einheiten

3. Zünder — 1 Million

4. Tetryl 10 Tonnen«.

Wie gewitzt die Unternehmen Dynamit-Nobel, PRB und der Endabnehmer Iran vorgehen, um das große Geschäft zu einem erfolgreichen Abschluß zu bringen, belegt ein Telex von PRB an Scandinavian-Commodity vom 12. Juni 1985.

»1. Das folgende Material kann bis zum Ende dieses Monats geliefert werden:

384.000 EA 1020	= DM 320.960,00
42.000 EA M2	= DM 170.100,00
756.000 EA M17	= DM 672.840,00

Verspätungszünder und Detonatoren-DNAG:

Das folgende wird bis zum Ende dieses Monats geliefert:

20.000 EA Verspätungszünder	= DM 107.200,00
20.000 EA Detonatoren	= DM 285.600,00

Verpackungseinzelheiten werden durch DNAG gegeben.«

Wäre da nicht die Auftragsbestätigung in DM ausgewiesen und der Zusatz, daß die »Verpackungseinzelheiten durch DNAG gegeben werden«, wer wüßte schon, daß die DNAG der Lieferant wäre?

Am 12. Juni 1985 meldete Dynamit-Nobel schließlich die Erledigung des ersten Auftrages an die PRB in Brüssel:

»Am 25.7.1985 werden wir die gesamte Restmenge von 26.000 Stück 100 MS-Elementen und ca. 20.000 Detonatoren DM 1058 an die Spedition ATEGE in Aachen ausliefern. Die restlichen Detonatoren werden voraussichtlich in der 32.-33. Woche zur Verfügung stehen. Mit freundlichen Grüßen. Dynamit-Nobel AG-Troisdorf, Sprengstoffe und Zündmittel, Meyer.«

Auch die anderen Geschäfte laufen reibungslos, trotz Kriegswaffenkontrollgesetz und trotz Außenwirtschaftsgesetz. Am 12. August 1985 berichtet Karl Erik Schmitz in einem Telex an »National Defence Industries Organization«:

»9 mm Zünder. Wir haben uns wegen der delikaten schwedischen Situation mit der Erledigung des Kontrakts verspätet. Diese Waren werden bereits in großen Partien durch unseren westdeutschen Lieferanten hergestellt, und die Export-Lizenz wird durch ein anderes Land vorbereitet.«

Am 2. Dezember 1987 verlautbart Tjörn Sebell von der schwedischen Zollfahndung in Stockholm, »daß alle Lieferungen, betreffend Dynamit-Nobel, in den Iran geliefert wurden. Das habe ihm auch Karl Erik Schmitz bestätigt«.

DIE SCHLAFENDE STAATSANWALTSCHAFT

Die zuständigen Strafverfolgungsbehörden in der Bundesrepublik ermitteln nichts, sehen nichts, blocken weitgehend ab. Nachdem die »Friedensinitiative« in Bonn Kenntnis von den Iran-Geschäften des Troisdorfer Konzerns bekam, stellte sie Strafantrag. Der Anzeigeerstatter Andreas Kawohl in einem Brief an die Staatsanwaltschaft Bremen:

»Wie Ihnen sicher bekannt ist, habe ich im Juni 1987 Strafantrag gegen die Troisdorfer Firma Dynamit-Nobel gestellt. Ich habe der Firma DN vorgeworfen, Munition und sonstige Produkte ohne die hierfür erforderliche Ausfuhrgenehmigung in den Iran geliefert zu haben. Somit also einen Verstoß gegen das Kriegswaffenkontrollgesetz und das Außenwirtschaftsgesetz begangen zu haben... Bis heute wurden meine Fragen bezüglich des Standes der Ermittlungen nicht beantwortet... Damit Sie nicht auf den Gedanken kommen, das Verfahren gleich einzustellen, d.h. um allen Eventualitäten vorzubeugen: Hiermit stelle ich nochmals Strafanzeige gegen die Troisdorfer Firma Dynamit-Nobel wegen Verstoß gegen das Kriegswaffenkontrollgesetz und das Außenwirtschaftsgesetz. Ich werfe der o.g. Firma vor, ohne die erforderlichen Genehmigungen Rüstungsmaterialien in den Iran geliefert zu haben.

Ich erweitere meinen Vorwurf auch auf Ausfuhren über andere europäische Länder, wie z.B. Belgien. Denn auch bei Ausfuhren über Dritte ist der Endverbraucher anzugeben. Ihr bisheriges Vorgehen ist der Schwere der Straftat nicht angemessen und läßt letztendlich nur eine Deutung zu: Der Export der Firma war legal. D.h., die Firma DN hat mit Wissen und Duldung der Genehmigungsbehörden und der Bundesregierung in den Iran exportiert. Die Bundesregierung kann dies jedoch aus außenpolitischen Gründen nicht zugeben.«

Genauso war es. Was soll bei diesen Vorgaben eine Staatsanwaltschaft ermitteln? Die Ausfuhrgenehmigungen aus Eschborn lagen vor. Wie sie zustande kamen, das interessierte die Staatsanwaltschaft nicht. Wer würde sich schon der Mühe unterziehen, zu untersuchen, wo die Zünder tatsächlich angekommen sind?

Eine internationale Kooperation der Ermittlungsbehörden mag es vielleicht in der Terrorismusbekämpfung geben, bei der Verfolgung von Waffen- und Sprengstoff-Schiebereien ist man froh, wenn es zu keinen politischen Komplikationen kommt. Das Auswärtige Amt denkt nicht daran, die guten Beziehungen zwischen dem Iran und der Bundesrepublik zu gefährden. Und schließlich sind Detonatoren und Zünder nicht einmal Produkte, die unter das Kriegswaffenkontrollgesetz fallen. Da ist es in jeder Beziehung besser, die Anzeige nicht weiter zu verfolgen.

DIE ISRAELISCHE CONNECTION UND DIE BUNDESDEUTSCHEN MAKLER

Die IMI, die »Israel Military Industries«, wurde bei den Besprechungen zwischen Südafrikanern und europäischen Rüstungsproduzenten häufig eingeschaltet. Intime Beziehungen bestanden dabei auch zu Große-Benne und Beermann.

Schon am 5. Mai 1983 bestätigt Paul Beermann in einem Schreiben an Amos Man-El, Ing. Chim, Dipl. Ambassade d'Israel, 120 Bdf. Malherbes, Paris eine »gemeinsame Besprechung in Brüssel am 4. Mai 83«. Und er führt weiter aus:

»Wie ich Ihnen und Herrn Telem mitteilte, haben wir eine große Automaten-Dreherei, wo wir hauptsächlich Drehteile für Firma Rheinmetall, Firma Dynamit-Nobel AG in Troisdorf und Stadeln sowie für andere ausländische Firmen, die wehrtechnische Produkte herstellen, fertigen. Wir wären sehr daran interessiert, mit Ihnen ins Geschäft zu kommen, und würden es begrüßen, wenn Sie uns bei anliegendem Bedarf Anfragen oder Aufträge zuschicken würden... Sehr geehrter Herr Man-El, ich habe mich sehr gefreut, Sie kennenzulernen, und hoffe, daß wir eine gute und freundschaftliche Zusammenarbeit für die Zukunft haben werden.«

Das Gespräch in Brüssel, auf das sich Beermann bezieht, wurde mit Aage Hermansen von PRB geführt. Beermann: »Gesprochen wurde über Lieferungen in den Iran. Offen.«

»Über 155 mm Geschosse?«

»Und 120 mm Geschosse, Pulverlieferungen, Mörser. Die IMI wollte liefern, sie wollte nur den richtigen Weg suchen.«

Der richtige Weg — das heißt, wieder die bestehenden nationalen Exportbeschränkungen zu umgehen. Die Beziehungen blühen auf, als Karl Erik Schmitz die Runde vervollständigt.

»Dann haben wir deshalb noch einmal ein Gespräch im Interconti in Wien gehabt und in Paris.«

Und auf die Frage, wer in Wien anwesend war, antwortet Beermann: »Ich war dabei, Hermansen, Schmitz, Große-Benne und dann ein Verkaufsdirektor der ›IMI‹. Und in Paris waren Schmitz, Hermansen, ein südafrikanischer Mann, Smith, von der Staatsfirma Armscor. Das war die Anfrage, die Schmitz hatte. 300.000 Geschosse, 450.000 Geschosse, jede Menge sollte geliefert werden. Aber die Frage war immer, da war Hirtenberger eingeschaltet, der Herr Sauer, mit der Bezahlung. Mit dem Scheiß Performance-Bond. Die wollten nicht zu den Konditionen verhandeln, die die Iraner wollten. Der Schmitz hatte ja selbst das Geld nicht.«

Europarepräsentant der IMI, der »Israel Military Industries«, ist Amos Man-El mit Sitz in Paris. Er koordiniert die Waffengeschäfte vom europäischen Boden aus mit zwei anderen israelischen Kaufleuten. Da ist die Firma »Distraco-SA« in Brüssel mit ihrem Geschäftsführer Alexandre Gourary. Mit ihm und dem in Frankfurt ansässigen Ron Harel wurden zahlreiche Iran-Geschäfte abgewickelt.

Beermann erinnert sich heute noch an Benjamin Telem, den ehemaligen Admiral und Direktor der IMI.

»Telem ist also in meinem Alter, 62-63. Sein Vater war Arzt in Leipzig, ist 1933 geflüchtet. Telem war Admiral der israelischen Marine. Er ist der Mann, der den Suez überquert hat. Und dann ist er nach seiner Pensionierung bei IMI angetreten.«

Vergessen hat Beermann, daß Telem jener Mann war, dem es 1969 gelang, im französischen Cherbourg liegende Minensuchboote, die für Israel bestimmt waren, aber nicht ausgeliefert werden durften, in einem abenteuerlichen Unternehmen nach Israel zu entführen.

Frage des Autors: War das der einzige Kontakt mit IMI, den sie hatten im Zusammenhang mit Iran?

»Mit IMI, ne, ne. Über den Ron Harel hatten wir eine ganze Menge verhandelt. Das Pulver und Geschosse, 155, 120, 130 mm und jede Menge Pulver. Das ist so weit gekommen, daß von der IMI ein Auftrag erteilt wurde. Von Schmitz. Der wurde definitiv ausgeliefert.«

Telexe belegen diese Verbindung.

Am 29. Januar 84 schickt Ron Harel ein Telex an Große-Benne.

»Das ist die Kopie unseres Fernschreibens an die Scandinavian-Commodity.

Wir bieten 2800 Tonnen Treibladungspulver an:
— 2000 Tonnen M1 Treibladungspulver für 155 mm
— 300 Tonnen M1 Treibladungspulver für 105 mm, Typ Howitzer
— 500 Tonnen M1 Treibladungspulver für 105 mm, Typ Howitzer-7

Mr. Schmitz will, daß PRB zuvor die Zustimmung gibt.

Für Mr. Große-Benne. Das ist eine Bestätigung, daß die Kommission entsprechend des Ergebnisses des Deals mit Scandinavian-Commodity bezahlt wird.

Neues Angebot: Unser Vorschlag an Akber Karimi (Pakistan), betreffend 155 mm, ist zugestellt worden.«

Am 30. Januar 1984 tickerte, um 11.15 Uhr, von Industrieberatungen Beermann, Große-Benne ein Telex an Ron Harel:

»Gerade rief Herr Schmitz in unserem Büro in Menden an und erkundigte sich nach dem Angebot. Er benötigt dieses unbedingt bis heute 14 Uhr, da er ab 15 Uhr aus dem Büro ist und in das Kundenland fliegt. Der Preis von US $ 6,60 pro kg wurde Herrn Schmitz bereits genannt. Er war damit zufrieden. Er bat darum, daß in dem Angebot neben dem Preis auch die Lieferzeiten und die genauen Spezifikationen angegeben werden.

Wir treffen morgen im Ausland Herren der Divisostiftung und benötigen deshalb für diese Besprechung heute noch die Telex-Zusage der Kommission in Höhe von 2,5 Prozent für Ihr Angebot an Firma Akber und Co, London.«

Um 12.23 ging ein weiteres Telex von Beermann, Große-Benne heraus, diesmal an Karl Erik Schmitz.

»Wir haben dem Anbieter Ihre Telefonnummer mitgeteilt. Herr Ron Harel wird Sie anrufen oder hat Sie bereits angerufen. Teilen Sie uns bitte telefonisch mit, ob jetzt alles in Ordnung ist oder ob wir noch irgendwelche Dinge zu klären haben.«

Um jegliche Unklarheiten zu beseitigen, gab es ein Treffen der europäischen Waffenhändler und von Repräsentanten der IMI. Das war am 13. Februar 1985 in der Zentrale der IMI in Tel Aviv.

Anwesend waren Karl Erik Schmitz, Wilhelm Große-Benne, der als »Generalvertreter der PRB und von Scandinavian-Commodity« vorgestellt wurde, sowie Alexandre Gourary. Auf der Seite der IMI-Repräsentanten waren es Benjamin Telem, Exportdirektor, Mark Shechter, Projektmanager, und Ofra Cohen von der Exportabteilung. In einer Zusammenfassung des Gesprächs heißt es ins Deutsche übertragen sinngemäß: »Die Parteien stimmen darin überein:

— Alle Produkte, Preise, Quantitäten und Lieferbedingungen sind unveränderbar und integrierter Teil eines Gesamthandels;

— IMI wird eine offizielle Lieferorder von BOFORS Nobelkrut erhalten.

— Der von Bofors erstellte Auftrag wird folgendes beinhalten:
  Waren werden von uns bestellt (Bofors), geliefert in einen Hafen in Bar, Jugoslawien.«

Was hier mit dürren Worten festgehalten wurde, beschreibt eines der größten Betrugsgeschäfte mit falschen Endverbraucherbescheinigungen der führenden europäischen Sprengstoffhersteller, die ihre Produkte im Iran absetzen wollen.

Nach ihrer Rückkehr nach Europa bedankt sich Karl Erik Schmitz am 15. Februar 1985 »für die freundliche Aufnahme während unseres Aufenthaltes in Tel Aviv« und bestätigt die Einzelheiten, die in Tel Aviv besprochen wurden.

» — 200.000 Einheiten 155 mm komplett
— 200.000 Einheiten 155 mm leere Hülsen
— 200.000 Einheiten 130 mm leere Hülsen
— 1500 Tonnen Pulver für 133 mm Geschosse
— 400.000 Stück 81 mm Tampella (Granaten)
— 1 Million 120 mm.

Es versteht sich, daß alle angebotenen Quantitäten in 20 feet neutralen Containern geliefert werden.«

Über was haben die Israelis mit dem Schweden und dem Deutschen verhandelt? Die Lieferung von 105 mm Mörsergeschossen. Sie werden gegen gepanzerte Fahrzeuge eingesetzt, 155 mm Geschosse gegen Personen und Gebäude; gefüllt sind sie mit Sprengstoffen, die einen vernichtenden Zerstörungseffekt haben.

Ein Supergeschäft des Tötens mit dem Iran — und erneut ist ein bundesdeutscher Makler dabei: Große-Benne. Der muß sich nun unter anderem darum bemühen, für die leeren Granatenhülsen die entsprechenden Pulverladungen bei deutschen oder anderen Lieferanten zu finden. Am 16. Januar 1985 schickt die PRB Brüssel ein Telex an die Industrieberatungen Große-Benne in München:

»Wir sind nicht in der Lage, Pulver für 81 mm Mörserbombe Tampella anzubieten.« (81 mm Mortars sind hochexplosive Granaten mit einem besonderen Phosphorzusatz; d. Autor.)

»Dafür können wir ihnen Pulver für die 81 mm Mörserbombe M43A1 (US) anbieten. Muster für Pulver 9 mm ist lieferbar und kann jederzeit in meinem Büro abgeholt werden.«

EIN BERMUDADREIECK
IN DER OSTSEE

Helsinki, die »Tochter der Ostsee«, ist eine fade Hauptstadt. Im 19. Jahrhundert regierten die Zaren, jetzt herrscht eine bürgerlich-konservative Koalition in Finnland. Am Wetter kann es nicht liegen, daß ein Grauschleier alles überzieht — Gebäude und Menschen. Selbst der Versuch moderner Firmen, durch einfältige Glasbauten Stimmung in das Stadtbild zu transportieren, scheitert. Die alten zaristischen Monumentalbauten, anscheinend nur auf den Postkarten bunt, bestimmen das Stadtbild. Leningrad ist nicht weit entfernt. Wenn abends die beiden letzten Flüge nach Moskau und Leningrad aufgerufen werden, rennen die Fluggäste zum Ausgang, und dabei klirren, in prallen Plastiktüten, die Alkoholflaschen aus dem Duty-free-Shop. Im Hotel Marski, einem heruntergekommenen Prunkhotel, treffe ich einen finnischen Kollegen. Er empfiehlt mir als erstes Spezialitäten des Landes: »Graavisiikavoileipä« und »Katkarapumurekkeella kuorrutettua kuhaa« — belegtes Brot mit leichtgesalzener Müräne und Zander mit Crevettenpüree. Über dem Nachtisch wehen Erinnerungen an Tschernobyl — Cocktail von finnischen Beeren. Wir suchen jedoch etwas anderes: Munition, die von Finnland über die Bundesrepublik eigentlich Ecuador in Südamerika und Nepal in Asien erreichen sollte, dort jedoch nie angekommen sein soll. Das fiel zumindest den finnischen Zollbehörden auf. Im Verlauf der mehrmonatigen Ermittlungen stießen die finnischen Zollfahnder auf merkwürdige Widersprüche. In den offiziellen Exportstatistiken von Kemira Oy werden zwar Ausfuhren von Treibladungspulver und Zündern sowohl in die Bundesrepublik als auch nach Ecuador und Nepal gemeldet. Doch immer handelt es sich um unbedeutende Lieferungen von nicht mehr als 30.000 Zündern pro Jahr und Land. Mengen, die in die Millionen gehen, sind in den gesetzlich vorgeschriebenen Statistiken nicht aufgeführt. Stutzig macht die Fahnder außerdem, daß Ecuador und Nepal Kunden des Unternehmens sind, doch bei den Riesenlieferungen wird plötzlich an ein bundesdeutsches Unternehmen verkauft, das dann an Equador und Nepal weiterverkauft. Fragen, auf die die bundesdeutsche Finanzverwaltung in Bonn, im Wege eines Ermittlungshilfeersuchens, Antwort geben soll.

Am 21. Januar 1988 verfaßt daher die »Tullilatos« in Helsinki, Erottajankat 2, das ist die Zentrale der finnischen Zollverwaltung, einen Brief an die bundesdeutsche Finanzverwaltung. Man will wissen, was es mit »einem Schmuggelgeschäft« auf sich hat. In dem Schreiben der finnischen Zollfahnder heißt es, daß der »finnische Zoll zur Zeit in einem Schmuggelgeschäft ermittelt, hinsichtlich der Ausfuhrgenehmigungen von Explosivstoffen und Kriegsmaterialien. Verantwortlich dafür wäre die finnische Firma Kemira Oy in Vihtavouri«. In Vihtavouri befindet sich eine Produktionsanlage der Kemira Oy, in der Explosivstoffe hergestellt werden. Kemira Oy ist ein staatliches Unternehmen. In der Vergangenheit, d.h. 1987, waren Manager des Unternehmens wegen Schmuggelaktivitäten in den Iran in Zusammenhang mit Bofors, schon zu hohen Geldstrafen verurteilt worden. Dieses Werk nun habe in die Bundesrepublik Millionen Zünder für Granaten per Vertrag verkauft. Die Fritz-Werner GmbH und die Elisenhütte als Vertragspartner von Kemira Oy, so das Schreiben der Finnen, haben die Zünder weiterverkauft, und zwar nach Ecuador, Nepal und in den Sudan. Ob sie dort wirklich geblieben sind, das ist das große Rätsel.

Begonnen haben die Lieferungen nach Auskunft der Finnen im Jahr 1979. Damals lieferte Kemira Oy an die Adresse der Elisenhütte in Nassau 20 Millionen Zündhütchen; am 24. November 1979 erneut 5,1 Millionen Zündhütchen; am 20. Januar 1981 36,6 Tonnen Treibladungspulver, alles offiziell für das kleine Land Nepal bestimmt.

Die Lieferungen gehen kontinuierlich weiter. Ab 1981 ist der Empfänger die Fritz-Werner GmbH, die Muttergesellschaft der Elisenhütte. Jetzt heißt der offizielle Endabnehmer nicht mehr Nepal, sondern Ecuador.

Am 9. Dezember 1981 werden 36,6 Tonnen Treibladungspulver aus Finnland nach Deutschland geliefert, im Hamburger Hafen gelagert und per Schiff wenig später auf die weitere Reise geschickt.

10.200.000 Zündhütchen werden am 16. November 1982, 156.300.000 Zündhütchen am 4. Juni und 5. Juni 1983, 1800 kg Treibladungspulver

am 11. Dezember 1985 mit der MS »Ulla« nach Hamburg gebracht und danach weitertransportiert. 100.000 Stück Handgranatenzünder kommen am 12. September 1986 und 5,1 Millionen Zündhütchen am 10. April 1987 in Hamburg an und gehen dann, so die offizielle Version, nach Nepal. Die beteiligten bundesdeutschen Firmen, Fritz-Werner GmbH und Elisenhütte, erklären, daß sie mit offiziellen Ausfuhrgenehmigungen die Produkte weiterverkauft haben, an Nepal und Ecuador. Außerdem hätten sie Dokumente im Archiv, die beweisen, daß die Waren auch ihr offizielles Bestimmungsland erreicht hätten.
Am 21. September 1986 bestätigt die Hansa-Spedition in Hamburg, daß sie von Kemira Oy 500 Kisten Zünder und Detonatoren für die Fritz-Werner GmbH erhalten habe. Die Kisten wurden am 19. September 1986 mit dem Schiff »Jaguar« auf den Weg nach Nepal geschickt. Am 21. August 1987 gingen erneut 5,1 Millionen Zünder mit dem Flug TG 917 von Frankfurt nach Bangkok und am nächsten Tag weiter nach Nepal. Die Route Thailand ist allemal verdächtig, weiß man doch, daß Thailand gerne als Transitland benutzt wird, um die Produkte in den Iran weiterzuverkaufen. Also stellen sich Fragen?
Warum haben die zuständigen Behörden, d.h. das Bundesamt für Wirtschaft in Eschborn, die zweifellos Ausfuhrgenehmigungen erteilt haben, sich nicht gefragt, was kleine Länder wie Ecuador und Nepal mit solchen Riesenmengen Zündern für Granaten und Gewehrmunition anfangen sollen?
Die Armee Ecuadors besteht aus 37.000 Soldaten und die Nepals aus knapp 26.000.
Man hätte nur den Militärattaché der Botschaft Ecuadors in Bonn zu fragen brauchen. Der schlug die Hände über dem Kopf zusammen, als ich ihm die Liste mit den Mengen zeigte, die von der Bundesrepublik aus in sein Land geliefert wurden. »Das ist ja eine derartige Menge, mit der weder die Armee noch die Luftwaffe oder Marine etwas anfangen können. Außerdem haben wir überhaupt nicht das Geld, um das bezahlen zu können.« Dabei jammert der Militärattaché, daß er so viele Telexe an seine Regierung geschickt und Telefongespräche geführt habe, nur um mich davon zu überzeugen, daß die Regierung Ecuadors mit diesem Handel nichts zu tun habe.
Andererseits liegt der Fritz-Werner GmbH eine Endverbraucherbe-

scheinigung aus Quito, der Hauptstadt Ecuadors, vor, unterzeichnet von einem Ingenieur Miguel Vasques Realpe von der »Fuerza Terrestre« (dem Heer). Natürlich muß die Fritz-Werner GmbH nicht wissen, ob der Ingenieur für seine Unterschrift ein kräftiges Honorar erhalten hat. Normalerweise unterschreiben diese Papiere die zuständigen Generäle. Weiß die eine Hand nicht, was die andere ausschreibt? Der Verdacht erhärtet sich, daß Ecuador wie Nepal nur Transitländer sind. Gerade Ecuador hat in den Jahren 1981 bis 1985 weitaus mehr Rüstungsgüter exportiert als importiert.

Sicher ist, daß die Wege weit sein können, um ein naheliegendes Land zu beliefern. Die Fritz-Werner GmbH hat jedenfalls den kontrollierenden Zollbeamten, die aufgrund des Ermittlungshilfeersuchens der Finnen bei ihnen auftauchten, ordnungsgemäße Papiere vorgelegt. Mehr können die Fahnder auch nicht kontrollieren. Denn sich mit der Botschaft von Ecuador oder Nepal in Verbindung zu setzen, um zu überprüfen, ob die Waren in den Ländern auch verblieben sind, dazu fehlt ihnen wegen der bürokratischen Prozedur die Geduld.

Warum sind die Behörden nicht darauf gestoßen, daß bei der kontinuierlichen Lieferung dieser Produkte von 1979 bis 1987 ein Vertrag mit einem viel näher liegenden, bekannten Land vorliegen könnte? Daß das finnische Unternehmen Kemira Oy schon einmal wegen seiner Schmuggelgeschäfte in den Iran rechtskräftig verurteilt wurde? Daß die einzigen Absatzmärkte für derartige Mengen nur die Länder Iran und Irak sein können? Eine Einschätzung, die vom Forschungsinstitut für Friedenspolitik in Starnberg geteilt wird: »Der Endverbleib dieser Mengen in Ecuador bzw. Nepal ist vollkommen ausgeschlossen«, so das Forschungsinstitut. Hauptsache scheint aber zu sein, daß irgend jemand eine Ausfuhrgenehmigung erteilt hat, und damit hat bekanntlich alles seine Ordnung.

Bei dem finnischen Unternehmen ist alles klar. Kemira Oy hat falsche Angaben gemacht, weil das Unternehmen weiß, daß es für derartige Mengen keine Ausfuhrgenehmigungen bekommen hätte. Die Manager in Helsinki wußten genau, so die Erkenntnisse von Exportsachbearbeitern der Fritz-Werner GmbH, daß nicht die Bundesrepublik der wahre Abnehmer war, sondern Ecuador und Nepal. Außerdem müssen entsprechende Gespräche zwischen der Fritz-Werner GmbH und

Kemira Oy darüber geführt worden sein, daß der Endabnehmer nicht die Bundesrepublik war, so die deutschen Zollfahnder. Das aber hatte das finnische Unternehmen in Helsinki verschwiegen.

Demnach steht unumstößlich fest: Die Verantwortlichen der Firma Kemira wußten von den Weiterlieferungen nach Nepal, Ecuador und in den Sudan. Und ob die Waren dort geblieben sind, daran darf man, aufgrund des gesamten Verfahrensablaufs, zweifeln.

DIE GESCHÄFTE DES KRIEGSKARTELLS

Ob Gewehrkugeln, Granaten, Mörser, Raketen, Minen — ohne eine entsprechende Füllung fliegen die todbringenden Geschosse nicht und können insbesondere nicht ihre menschenzerstörende Wirkung entfalten. Geliefert werden die Füllungen vom Kartell der Pulverhersteller, dem Kriegskartell.

Mats Lundberg, einer der Organisatoren, ist seit 31. März 1981 Verkaufsmanager des Rüstungsunternehmens Bofors. Er ist auch derjenige, in dessen Büro in Karlskoga, Jahre nach seiner Berufung zum Verkaufsdirektor, die schwedischen Ermittlungsbehörden Tausende von Dokumenten beschlagnahmten, nachdem illegale Rüstungsexporte seines Unternehmens aufflogen. In den Strudel der darauf folgenden Enthüllungen geraten auch führende Unternehmen in Mitteleuropa. Erneut taucht, neben vielen anderen deutschen Unternehmen, der Name des Mannes auf, der so gar nichts mit dem Iran zu tun haben will, der biedere Geschäftsmann aus dem noch biedereren Fürstenfeldbruck: Große-Benne. In seiner Vernehmung vor den schwedischen Zollbehörden gibt Mats Lundberg u.a. Auskunft über Große-Benne.

Es geht um eines der ersten großen Geschäfte des Kartells, in dem

Pakistan als Zwischenstation für Pulverlieferungen an den Iran ausgewählt wurde. 14. August 1984, Mats Lundberg fliegt nach Pakistan. Aber nicht alleine, sondern in Begleitung zweier bekannter Figuren: Wilhelm Große-Benne und Karl Erik Schmitz. Auszug aus dem Protokoll über die Vernehmung von Lundberg:

»Die Geschäfte, über die ich sprechen soll, betreffen 150 Tonnen Tetryl, 100 Tonnen CBI und 250 Tonnen Pentastit. Unsere Zusammenarbeit mit Pakistan in dieser Hinsicht begann mit einem Besuch, den ich zusammen mit einem Repräsentanten der Serfina, nämlich Große-Benne, machte. Wir besuchten gemeinsam die POF, die Pakistan Ordonance Faktory, wo auch Schmitz zeitweise an den Diskussionen teilnahm. Die Diskussion betraf zum größten Teil Granatwerfermunition, wobei Serfina daran interessiert war, von den Pakistanis zu kaufen. Mein Interesse gründete sich auf die pakistanischen Möglichkeiten, das Pulver zu produzieren, das damals für die Granatwerfer gebraucht wurde, aber nur begrenzt lieferbar war. Die Verhandlungen fanden zum größten Teil zwischen Große-Benne und Schmitz statt. Zuerst waren sie nicht besonders erfolgreich — man konnte sich nicht einigen. Aber bei späteren Kontakten zwischen Große-Benne und Pakistan kamen diese Fragen von seiten Serfina wieder auf. Wir bekamen eine offizielle Anfrage über ein Angebot von Serfina, betreffend dieser drei Produkte. Wir boten die Produkte an, und Serfina bestätigte, daß wir die Aufträge bekommen würden. Wir gaben Auftragsbestätigungen an Serfina, wobei wir in unseren Auftragsbestätigungen angaben, daß die Empfänger der Waren Pakistan waren. Wir wußten in Schweden, daß Pakistan ein Land war, für das die schwedischen Genehmigungsbehörden ein Fragezeichen setzen würden.«

Frage des vernehmenden Beamten: »Wußten Sie oder ahnten Sie, was die endgültige Bestimmung für die Granatwerferladungen war, die für Pakistan bestimmt waren?«

»Eine wahrscheinliche Alternative ist ja der Iran.«

»Um wie viele Granatwerferladungen handelte es sich?«

»Es waren Granaten für Granatwerfer, die Quantität, sagen wir, 100.000 Stück.«

»Mit anderen Worten. Wußten Sie, daß der Iran diese Granaten für die Granatwerfer haben sollte? Und daß es Große-Benne war, der hier auf irgendeine Weise mithelfen sollte?«

»So faßte ich es auf.«

»Zogen Sie daraus den Schluß, daß die betreffenden Waren für den Iran bestimmt waren, weil Serfina mitbeteiligt war?«

»Es konnte nicht ausgeschlossen werden, daß es in diese Richtung lief.«

»Unterrichteten Sie unsere Behörden über diesen Verdacht?«

»Nein.« Große-Benne will von alledem nichts wissen. er sei nur eine Art Zuschauer gewesen.

Mats Lundberg ist skrupellos, daher war es klar, daß er niemanden informierte. In einem Interview offenbart er seine Philosophie, die charakteristisch für Leute seines Metiers ist:

»In Schweden gibt es verschiedene Aufgaben, nämlich für die Industrie auf der einen Seite und die Regierung, die den Export kontrolliert, auf der anderen Seite. Die Aufgabe der Industrie ist es, zu produzieren, zu verkaufen und Geschäfte zu machen. Die Aufgabe der Behörden ist es, die Geschäfte zu kontrollieren. Das führt zu einer Arbeitsteilung.«

Auch die Schlußfolgerung des Rüstungsmanagers ist ein nicht zu überbietender Zynismus. Ein Zynismus, der es wohl erst ermöglicht, die Konsequenzen des tödlichen Geschäfts zu verdrängen. Lundberg: »Man kann sagen, daß für die Ethik, die Moral die Regierung zuständig ist. Die Geschäfte dagegen werden von den Unternehmen gemacht. Es ist nicht die Aufgabe der Industrie, moralische Entscheidungen zu treffen. Die moralischen Entscheidungen müssen von den Behörden getroffen werden.«

AM ANFANG STAND DER KRIEG

Die Geschichte des heutigen Kriegskartells beginnt im Schweden des 19. Jahrhunderts. Alfred Nobel erfindet das Dynamit. Eine Entdekkung, die zu einem der mächtigsten, den Weltmarkt beherrschenden Kartelle Anfang des 20. Jahrhunderts führte. Die Konzerne des Nobel-Imperiums erwirtschafteten durch den ersten und zweiten Weltkrieg enorme Gewinne. Es sind jene Konzerne, die, fast genau hundert Jahre nach Gründung des Nobel-Imperiums, erneut von einem Krieg profitieren — dem Golfkrieg.

Begonnen hat alles mit der Suche nach einfach zu handhabenden Sprengmitteln. Bis zum 19. Jahrhundert ist Schwarzpulver das einzige Treibmittel für militärische Geschosse. Mit der Entwicklung der modernen Chemie, Mitte des 19. Jahrhunderts, werden Stoffe mit explosiven Eigenschaften gemixt, die nicht mehr, wie bislang, aus primitiven Schwarzpulvergemischen bestehen, sondern aus einheitlichen chemischen Verbindungen.

Basel im Jahr 1846. Ein Chemiker erfindet die Schießbaumwolle, ein Gemisch aus Schwefelsäure und Salpetersäure, das mit Watte vermengt wird. Im gleichen Jahr stößt in Italien ein Chemiker beim Behandeln von Glycerin mit Salpetersäure auf Nitroglycerin.

Nitroglycerin ist eine farblose, giftige, ölige Flüssigkeit, die in kleinen Mengen gefahrlos abbrennt, aber beim kleinsten Stoß äußerst heftig explodiert. Die Versuche müssen wegen der nicht zu beherrschenden Gefährlichkeit des »unheimlichen Sprengöls«, wie es genannt wird, abgebrochen werden.

Dem genialen schwedischen Wissenschaftler Alfred Nobel gelingt es schließlich, das gefährliche, flüssige Nitroglycerin zu bändigen. Zuerst steigert er durch Zumischung von Schwarzpulver in das »Sprengöl« die Energieauslösung des Nitroglycerins. Der Durchbruch kommt mit der gefahrlosen Zündung des wabernden Nitroglycerinöls, durch die »Initialzündung«. Mit der Entwicklung des Zündhütchens – das nach dem Prinzip der Initialzündung mit der ersten Explosion, der des Zündhütchens, eine zweite, die des Nitroglycerins auslöst – werden die ersten Sprengkapseln erfunden. Das Nitroglycerin kann nun, zum ersten Mal, gefahrlos zur Detonation gebracht werden.

Im Oktober 1863 erhält Alfred Nobel sein erstes schwedisches Patent für die »Methode zur Herstellung von Schießpulver«. Nobel erwirbt danach weitere »Sprengöl-Patente« in den meisten damaligen Industriestaaten, liefert seine Produkte von Schweden bis nach Nordamerika. Nachdem er in der Nähe von Stockholm eine Nitroglycerinfabrik mit Krediten der noblen Kapitalisten bauen läßt, beginnt die ökonomische Expansion. 1865 gründet er in Krümmel bei Hamburg das erste Werk in Mitteleuropa, die »Alfred Nobel & Co.«, eine Nitroglycerin- und Zündhütchenfabrik. Die einsetzende Industrialisierungswelle macht es bald notwendig, neue Werke in anderen Teilen Europas und Nordamerika zu errichten.

An diesen Neugründungen beteiligt sich der durch den Verkauf der Patente finanziell mächtig gewordene Nobel entweder direkt mit Kapital, oder er verkauft seine Patente. Die Hamburger Firma »Alfred Nobel« läßt aufgrund der riesigen Nachfrage bald zwei weitere Werke in Deutschland und eines auf dem Gebiet der damaligen österreichisch-ungarischen Monarchie errichten. Der Bedarf an Sprengstoffen wächst unaufhaltsam, sowohl für militärische als auch für zivile Zwecke: Ausbau des Eisenbahnnetzes in den gebirgigen Randgebieten der Monarchie; Errichtung bzw. Erschließung neuer Bergbau- und Erzvorkommen; erhöhte Kohlegewinnung in den bisher nur unzulänglich genutzten Kohlerevieren Böhmens. Es sind die Gründerjahre. Und Alfred Nobel kassiert und erfindet weiter.

In den Jahren 1863 und 1864 kommt er auf die Idee, das immer noch gefährlich zu handhabende Sprengöl, Nitroglycerin, durch poröse Stoffe — wie etwa pulverisierte Kohle — aufzusaugen und in eine verfestigte Form zu bringen. In systematischen Experimenten erprobt er als Verfestigungsmaterial außer Kohle geglühte Kieselgur, Sägespäne und andere Stoffe. Kieselgur, so der rührige Erfinder, zeigt sich wegen seiner großen Saugfähigkeit und der geringen Kosten als das beste Absorbtionsmittel.

75 % Nitroglycerin und 25 % Kieselgur, das war dann die ideale Mischung, um Nitroglycerin in eine plastische Form zu bringen und damit Patronen und Granaten zu füllen. Es handelt sich um jenen Nitro-

glycerinsprengstoff, dem Alfred Nobel den Namen DYNAMIT gab, nach dem griechischen Wort »dynamis«, für Kraft.

1867 läßt er den neuen Sprengstoff patentieren.

Dynamit wird zum beherrschenden Sprengstoff auf dem Weltmarkt. Nobel erfindet weiter.

Erste Versuche, Sprenggelatine für militärische Zwecke als Geschoß-treibladung zu nutzen, führen zu keinen Ergebnissen. Erst auf Umwegen kommt die Erleuchtung, daß man mit einer Mischung aus Nitro-glycerin, Nitrozellulose und Kampfer den gedachten Zweck am besten erreicht. Das erste praktisch verwendbare rauchschwache Nitro-glycerinpulver mit einer bis dahin für unmöglich gehaltenen Steigerung der Schußweite kommt auf den Markt. Nobel nennt es »Ballilstit«. 1887 mixt er das raucharme Sprengpulver C 89, dessen Verwertung er zwei Jahre später dem deutschen Stahlindustriellen Alfred Krupp überträgt.

Seine Erfindungen haben weitreichende Konsequenzen für die Kriegsindustrie. Mit den Mischungen können Geschosse gefüllt werden, die eine verheerende Vernichtungswirkung haben. Bis zum heutigen Tag sind Wissenschaftler damit beschäftigt, immer neue Komponenten diesem damals erfundenen Sprengstoff hinzuzufügen, noch wirksamere Explosionsintensitäten.

Nobels Sprengstoffe sind gefragt. Er erstellt 1875 in Paris eine Zentrale für die »Fabrication de la Dynamite et des Produits Chimique«. 1887 vereint er alle — zum Teil konkurrierenden — spanischen, portugiesischen, schweizerisch-italienischen Nobel-Gesellschaften, einschließlich ihrer Tochterfirmen in Mittel- und Südamerika, mit der französischen Produktionsgesellschaft der »Société Générale pour la Fabrication de la Dynamit et des Produits Chimiques« in einem Trust. Dieser Trust vereint sich mit den englisch-deutschen Nobel-Konzernen. Das sind in England die »Dynamite Trust & Co.« und die »Nobel Explosives« und im Deutschen Reich die von Alfred Nobel zur »Deutschen Union« vereinigten Firmen »Dynamit AG, vormals Alfred Nobel & Co. Hamburg«, die »Rheinische Dynamitfabrik«, »Deutsche Sprengstoff AG« und die »Dresdner Dynamitfabrik«. Auch die belgischen, luxemburgischen, australischen und japanischen Nobel-Firmen werden in diesem Kartell zusammengefaßt, ebenso wie mexikanische, brasilianische und weitere südamerikanische Gesellschaften. Dynamit-Nobel ist jetzt weltbeherrschend auf dem Gebiet der Sprengstoffe.

Vor allem die Exporte der für den Krieg nutzbar gemachten Sprengmittel erbringen unglaubliche Umsatzsteigerungen.

Obwohl Urheber für vernichtende Kriegsproduktionen, die durch die leichte Anwendung der Sprengstoffe erst ermöglicht werden, entwickelt sich Alfred Nobel in seinen letzten Jahren zu einem der größten Gegner dessen, was er selbst initiiert hatte.

»Ich, für mein Teil, wünsche alle Gewehre und alles was dazugehört zum Teufel. Dort ist der richtige Ort, sie zu zeigen und zu gebrauchen.«

Widersprüche des Industriemagnaten, die immer wieder zum Vorschein kommen. 1880 verkündet er gegenüber dem Rüstungsindustriellen E. Schneider jun.: »Eine Erhöhung der tödlichen Präzision des Kriegsmaterials wird uns den Frieden nicht sichern. Die beschränkte Wirkung der Sprengstoffe bildet in dieser Hinsicht ein großes Hindernis. Es gibt nur ein Mittel der Abhilfe: Der Krieg muß so geführt werden, daß nicht nur der Soldat an der Front, sondern auch die Zivilbevölkerung in der Heimat von der Vernichtung bedroht wird. Lassen Sie das Damokles-Schwert über jedermanns Haupt schweben, meine Herren, und Sie werden Zeugen eines Wunders werden; jegliche kriegerische Handlung wird innerhalb kürzester Zeit eingestellt werden, wenn die Waffen zum Beispiel bakteriologischer Natur sind.« (E. Bergengren, Alfred Nobel. Eine Biographie, München 1965, S. 245)

Ende der achtziger Jahre des letzten Jahrhunderts kauft Alfred Nobel für 1,3 Millionen Schweden-Kronen die Fabrik »AB Bofors-Gullspäng«, ein Eisenwerk mit Waffenfabrik in Karlskoga, und läßt das Unternehmen zu einer leistungsfähigen Rüstungsfirma ausbauen. Am 10. Dezember 1896 stirbt Alfred Nobel, 63 Jahre alt. Er hinterläßt ein mächtiges Imperium, ein Weltkartell für Sprengstoffe und Pulver.

Von der Pulverherstellung zur Kanonenherstellung — eine riesige Kanone über Karlskoga ist bis heute das Sinnbild dieser Entwicklung. Die Kanone beherrscht die gesamte Stadt. Sorgsam wird auf dem Gelände von Bofors das alte Laboratorium Alfred Nobels gepflegt, den Besuchern andächtig gezeigt. Die Geschichte des rührigen Erfinders wird zelebriert; die Betriebsanlagen des Nobel-Konzerns in Bofors sind dagegen streng geheim.

DIE DEUTSCHE SPRENGSTOFFDYNASTIE

Den deutschen Markt teilt sich Anfang des 20. Jahrhunderts die »Dynamit-AG« mit einem anderen bedeutenden Unternehmen, der WASAG. Bis es soweit kam, herrschte erbitterte Konkurrenz zwischen dem schwedischen Kartell und den deutschen Bergbaugiganten, weshalb die Deutschen ein eigenes Imperium aufzubauen suchten.

Im April 1881 schlägt der Chemiker Dr. Max Bielefeld den Kohlebaronen des Ruhrbergbaus die Gründung einer unabhängigen »Consum-Sprengstoff-Gesellschaft« vor. Im November 1891 wird im Haus des Fabrikanten Rudolf Poensgen die Gründung einer Aktiengesellschaft beschlossen. Am 20. November findet die konstituierende Versammlung mit 12 Vertretern des Ruhrbergbaus statt. Der Firmenname wird beschlossen: »Westfälisch-Anhaltische Sprengstoff-Actien-Gesellschaft« (WASAG).

Unternehmensziel der neu gegründeten WASAG ist die Herstellung von Explosivstoffen.

Ende 1894 wird eine Dynamit- und Salpeteranlage in Betrieb genommen. Der WASAG-eigene Sprengstoff heißt »Westfalit«. Ein Jahr später kaufen die Unternehmer des Ruhrbergbaus bei Recklinghausen eine Schwarzpulverfabrik, dann ein Gelände im westfälischen Sythen-Haltern. Zwischen 1897 und 1905 erfolgen weitere umfangreiche Investitionen für militärische Sprengstoffe im Werk Reinsdorf, in dem Artilleriemunition auf Nitroglycerinbasis, Pikransäure und Trinitrotoluol = TNT hergestellt wird.

Der Ausbruch des ersten Weltkrieges bedeutet das Ende des 1886 gegründeten englisch-deutschen Trusts der Nobel-Dynastie.

Die nationalen Werke werden von den jeweiligen Regierungen gezwungen, ihre Produktion ausschließlich auf den nationalen Kriegsbedarf umzustellen. 1915 werden die Aktiva unter den Aktionären der einzelnen Länder aufgeteilt.

Die Kriegsproduktion führt zu einer enormen Umsatzsteigerung. Allein bei der jetzt immer besser ins Geschäft kommenden WASAG betragen die Kriegsgewinnsteuern 1917 drei Millionen Mark bei einem ausgewiesenen Reingewinn von 14 Millionen Mark.

Nach Kriegsende schließen sich die auseinandergerissenen nationalen Nobel-Unternehmen erneut zu einem Kartell zusammen. In Großbritannien entsteht die »Nobel Explosives Co.«, die insgesamt 23 Unternehmen unter einem gemeinsamen Dach vereint. Im Jahre 1920 wird der Name des Trusts, mit einem Aktienkapital von 18 Millionen englischer Pfund, in »Nobel Industries Ltd.« geändert. »Mit seinen überseeischen Besitzungen umfaßte der Konzern nach 1920 bald 54 Firmen und 93 Fabriken und kontrollierte damit nicht nur alle bekannten Sprengstoffe für private und militärische Anwendung, einschließlich des Zubehörs, sondern auch viele zugehörige Rohstoffe, wie Glycerin, Säuren, Salze und andere Chemikalien, und hatte ein Mitspracherecht bei Eisen, Stahl, Buntmetallen, Maschinen, Fahrrädern, Textilien, Papier, Kunstleder, Lack, Farben, synthetischen Fasern und Kunststoffen.«

Eine ähnliche Entwicklung vollzieht sich bei der deutschen Dynamit-Nobel-Unternehmensgruppe. Nach dem 1. Weltkrieg wird die »I.G. Farbenindustrie Aktiengesellschaft«, kurz I.G.-Farben, immer mächtiger. Der Konzern stellt hochwertige chemische und technische Produkte her, die weltweit vertrieben werden. Die »Interessengemeinschaft Farben«, zu der sich im ersten Weltkrieg BAYER, BASF, Hoechst sowie einige mittlere und kleine Chemieunternehmen zusammengeschlossen haben, hilft dem Deutschen Reich aus der Munitionsnot, in die es bald nach Kriegsausbruch 1914 gerät. Ohne die Interessengemeinschaft Farben hätte Reichsdeutschland den ersten Weltkrieg nach einem halben Jahr beenden müssen. Jetzt, nach dem verlorenen Weltkrieg schließen sich die deutschen und österreichischen Nobel-Betriebe der mächtigen Gruppe der chemischen Industrie, der IG-Farben an.

Gleichzeitig teilt sich die WASAG mit der »Dynamit-Nobel« den Inlandsmarkt auf. Ein Konventionsvertrag sichert der »Dynamit AG« 64,5 %, der »WASAG« 19,5 % und einem kleineren Unternehmen, Nahusen, 16 % Marktanteil. Wie die Dynamit AG betreibt in den 20er Jahren auch die WASAG eine systematische Kartellbildung. WASAG kauft sich in Düngemittelfabriken genauso ein wie in der deutschen Sprengstoffindustrie, in der sie die Rolle des Juniorpartners der Dynamit AG spielt.

In Großbritannien organisieren sich daraufhin die »Nobel-Industries« zu einem neuen, noch größeren Trust, den »Imperial Chemical Industries Ltd«, ICI.

ICI gehört heute zu den größten Chemieunternehmen der Welt.

Ähnlich rasant verläuft die Entwicklung in Frankreich. 1927 ändert die »Société General pour la Fabrication de la Dynamite et des Produits chimiques«, die »Société Generale«, ihren Namen in »Société Nobel Francaise«. Unter ihrem Pariser Dach werden die schweizerisch-italienischen, spanischen Nobel-Gesellschaften und deren Tochtergesellschaften in Mittel- und Südamerika vereinigt. Weltbeherrschend sind damit die Konzernzentralen in Großbritannien, Frankreich und Deutschland.

Wieder zurück ins Deutsche Reich. Sowohl bei der WASAG als auch der Dynamit-AG Troisdorf macht sich der wachsende politische und wirtschaftliche Einfluß des »IG-Farbenkonzern« bemerkbar. Die Bedeutung der WASAG für den Krieg wird dabei vom Heereswaffenamt schon im Sommer 1927 erkannt. In einer geheimen Kommandosache heißt es:

»Beim Ausfallen von Fabrikanlagen der WASAG, Rheinmetall der Gebrüder Thiele ist deutsches Heer sofort wehrlos.« (BA Koblenz, WI IF 5/517)

Zuerst einmal verleibt sich die IG-Farben über die »Köln-Rottweiler Pulverfabriken AG« den Nobel-Konzern weitgehend ein. Da die WASAG mit Dynamit-Nobel AG durch Kartellverträge verbunden ist, gerät auch sie verstärkt unter den Einfluß des Monopolkonzerns IG-Farben. Die Produktion bei Dynamit-Nobel AG wird neu verteilt; das Werk Krümmel bei Hamburg stellt wieder Nitroglycerin her. Troisdorf wird das Zentrum des Nobel-Zweigs innerhalb der IG-Farben.

»1931 betrug das Grundkapital der Gesellschaft, die ihren Sitz von Hamburg nach Köln verlegt hatte, über 47 Millionen Reichsmark. 1932 wurde Troisdorf Sitz der Verwaltung. 1936 hatte das Werk in Krümmel 3000 Betriebsangehörige, während des zweiten Weltkrieges 9170. Es war eine der größten Munitionsfabriken Deutschlands.« (»Hundert Jahre Dynamit-Nobel 1865-1965«, Werkszeitschrift Jg. 11, Heft 3, Juni 1965, Troisdorf)

Am 25. Juni 1932 erhält Hitlers Nazipartei, die NSDAP, eine Riesenspende von der I.G.-Farben überreicht: 400.000 Reichsmark — die höchste Spendensumme, die die Nazis damals von Repräsentanten der Großindustrie erhalten.

Ab 1933, der Machtübernahme der Nazis, setzt ein stürmisches Wachstum ein, insbesondere für den Bau von Sprengstoffanlagen. Zwar expandiert auch der zivile chemische Sektor, doch der militärische übertrumpft alles.

Der Krieg wird, produktionsmäßig, vorbereitet. Werke werden ausgebaut, andere völlig neu errichtet, zahlreiche Beteiligungen an Drittfirmen erworben. Besonders die »WASAG« profitiert davon. »Die durch den Krieg bedingten Aufgaben konnten in vollem Umfang fristgerecht erfüllt werden«, hieß es im Geschäftsbericht der WASAG 1937 (vgl. auch das vorzügliche Buch von Wolfram Fischer, »WASAG. Die Geschichte eines Unternehmens 1891-1966«, Berlin 1966)

Zur Bewältigung der Kriegsproduktion entsteht ein völlig neues Werk in Elsnig an der Elbe. Bis zu 3000 Bauarbeiter erstellen bis zu Kriegsbeginn 2 TNT-Anlagen und eine Füllanlage. Anfang 1940 arbeiten darin 1200 Personen, später sind es 5000, davon die Hälfte Zwangsarbeiter.

Wichtigste Neugründung in diesem Zeitabschnitt ist die »Deutsche Sprengchemie GmbH«. Diese Gesellschaft errichtet, pachtet und betreibt Rüstungsfabriken im Auftrag der reichseigenen »Verwertungsgesellschaft für Montanindustrie mbH«. Sie stellt die Investitionsmittel und bleibt Eigentümerin. Die »Deutsche Sprengchemie« wird 1934 von der WASAG zusammen mit der »Dynamit AG« in Troisdorf gegründet und geht drei Jahre später in den alleinigen Besitz der WASAG über.

Die WASAG schließt Pacht und Betriebsverträge mit der Montan ab und betreibt die Fabriken in eigener Regie. Dafür zahlt sie ein Drittel des Gewinns als Pachtzins.

Wieder kommt es zu einer engen Zusammenarbeit zwischen der Dynamit-Nobel AG und der WASAG.

Göring stellt Ende Juni 1938 den sogenannten Vierjahresplan auf, der die Wirtschaft der Blitzkriegsstrategie anpassen sollte. Für die WASAG sieht dieser Plan den beschleunigten Ausbau der Sprengpulver Nitropenta und Hexyl vor. Der später noch modifizierte Göringplan ist die Festschreibung dessen, was die »I.G.-Farben« bereits im März 1935 in einer Denkschrift so ausdrückte: »Wenn man darauf ausgeht, die gesamten produktiven Kräfte auf weite Sicht vorbereitend einem einheitlichen Zweck unterzuordnen, so heißt dies — naturgemäß unter Benutzung der im Kriege gesammelten Erfahrungen —, eine wehrtechnische Neuorganisation zu schaffen, die den letzten Mann und die letzte Frau, die letzte Produktionseinrichtung und Maschine sowie den letzten Rohstoff der Erzeugung von kriegswichtigen Produkten zuführt und alle Arbeitskräfte, Produktionseinrichtungen und Rohstoffe in einen straff militärisch geführten wirtschaftlichen Organismus eingliedert. Die gesamte Erzeugung der Industrie, des Handwerks und Gewerbes sowie der Landwirtschaft gilt in diesem Sinne als kriegswichtig und muß daher in den Rahmen einer umfassenden Wehrwirtschaft eingezogen werden.« (Denkschrift der I.G.-Farben für den Rüstungsbeirat des Reichswehrministers, März 1935)

Der 2. Weltkrieg löst eine sprunghafte Steigerung der Produktion von militärischem Pulver, Granatfüllungen und Sprengladungen aus. Wurden 1937 in den Werken der WASAG 850 Tonnen Pulver produziert, so erhöht sich die Produktion 1942 auf 56.000 Tonnen.

In der Bilanz schlägt sich die Expansion der WASAG entsprechend nieder. Der Wert der Beteiligungen steigt von 1932 (317.756 RM) um das 60fache auf 19 Millionen RM im Jahr 1942.

Im Zeitraum 1932 bis 1940 weist die Bilanz folgende Steigerungsquoten auf:

—Verdreifachung des Eigenkapitals
—Vervierfachung des Anlagevermögens
—Versiebenfachung des Umlaufvermögens
—Verzwölffachung des Geschäftsvolumens.

Am 15. April 1942 setzt der Reichsminister für Bewaffnung und Munition, Speer, neue Planziele: Die Pulverproduktion soll verdoppelt, die TNT-Produktion vervierfacht werden. Der Investitionsbedarf wird mit 1,1 Milliarden, der Rohstoffbedarf mit 1,1 Millionen t Eisen und Stahl und der Arbeitskräftebedarf auf 60.000 mehr als bisher veranschlagt. Entsprechend steigert sich die Pulver- und Explosivstoffproduktion: bei der WASAG von 10.000 Millionen Tonnen im Jahr 1941 auf 24.000 Millionen Tonnen im Jahr 1944. Die WASAG produziert jetzt die Hälfte der gesamten deutschen Pulverproduktion. Und Dynamit AG in Troisdorf ist für die Explosivstoffe zuständig. Eine Arbeitsteilung zum Wohle des Endsiegs.

Der Endsieg bleibt aus, die Befreiung vom Terror der Nazis ist abzusehen, und die Ratten verlassen das Schiff. Anfang April 1945 überbringt ein Major des »Rüstungskommandos Halle« der Leitung des WASAG-Werkes Elsnig, dem sich sowjetische Truppen nähern, den Regierungsbefehl, daß alle Spitzenkräfte nach Süddeutschland flüchten sollen.

Tausende von Zwangsarbeitern werden von den sowjetischen Truppen befreit, die WASAG beklagt demgegenüber den Verlust ihrer Werke im Osten, in denen die Arbeiter für die Kriegsproduktion schuften mußten. Glücklicherweise geht es im Westen wieder bruchlos aufwärts.

Dr. Matthias, Vorstandsvorsitzender der WASAG, wird nach vier Monaten bereits aus dem »automatical arrest« entlassen. Sofort bemüht er sich um die Neuorganisation des zerschlagenen Imperiums.

Bereits 1946 stellt Matthias bei den britischen Kontrollbehörden den Antrag auf Wiederaufbau einer Nitrozelluloseanlage. Der Manager spekuliert darauf, daß man durch die Extrahierung von Nitrozellulose aus militärischem Pulver wieder ins Geschäft mit Nitrozellulose kommen kann. Als er von den englischen Kontrollbehörden keine Genehmigung erhält, versucht er es in der amerikanischen Zone. Mit Erfolg. Als »WASAG Chemie AG« beginnt er in Bayern, im Werk Aschau, im Frühjahr 1947 mit den Arbeiten. Zunächst wird von der IG-Farben-Kontrollbehörde die neue Tätigkeit in Aschau verboten. Daraufhin gründet Matthias mit einigen Prokuristen der alten WASAG die Firma »Hundhausen & Co«, die dann tatsächlich im Mai 1949 eine Konzession zur Herstellung von 100 Tonnen Nitrozellulose erhält. Neue Partner werden gesucht und gefunden.

Das von ihm zu diesem Zweck auserwählte Werk in Aschau gehörte bis 1945 direkt zur »Verwertungsgesellschaft für Montanindustrie GmbH«. In den Rüstungsfabriken der reichseigenen »Montan« produzierten im Dritten Reich die I.G.-Farben, die Dynamit-AG, die Degussa und die WASAG.

Die nazieigene »Montanindustrie GmbH« konnte 1951 nach Aufhebung des entsprechenden Kontrollratgesetzes wieder die Verfügungsmacht über ihre in der Bundesrepublik gelegenen Vermögensteile erlangen. Der Firmenname wurde in »Industrieverwaltungsgesellschaft mbH« (IVG) umgeändert.

Mit diesem Unternehmen zusammen gründet der WASAG-Chef Matthias 1951 eine »Nitrochemie GmbH« in Aschau.

Aschau, ein Gebiet von geschichtlicher Dimension.

Bis zum Kriegsende wurden hier KZ-Arbeiter für die Rüstungsproduktion ausgepreßt. Tausende starben dabei an Hunger und Krankheit. Noch heute liegt, weitgehend unbeachtet, in der Nähe von Aschau ein Massengrab mit verscharrten KZ-Häftlingen. Nichts weist auf sie hin. Demgegenüber renovierte die heutige »WNC-Nitrochemie«, wie die damals gegründete WASAG-Firma heute heißt, das Kriegerdenkmal auf eigene Kosten. Nur ein Symbol, das jedoch bezeichnend für die Entwicklung des Unternehmens bis zum heutigen Tag ist.

Grundlegend ändert sich die Lage für das WASAG-Werk in Aschau im Jahr 1958. Ein mehrjähriger Pulverlieferungsauftrag der Bundeswehr trifft ein. Die »Nitrochemie GmbH« beschränkt sich zunächst auf den chemischen Teil der militärischen Ausrüstungsgüter. Die Verwaltung der Tochtergesellschaft wird von Essen nach München verlegt, in die Stadt mit den meisten Kasernen. Nach der Erstellung neuer Anlagen wirkt sich die Produktionsausweitung für die Aktionäre bereits 1961 durch eine 10prozentige Dividende aus. Der Umsatz liegt in diesem Jahr, mit 32 Millionen DM, bei 80 % des Gesamtumsatzes der WASAG und ist damit dreimal so hoch wie drei Jahre zuvor.

Mit der Rüstung Gewinne machen, diese alte und neue Devise wird bestimmend bei den Beteiligungen der »Nitrochemie«. 1955 kauft sie sich mit 50 % bei der »Recherches Chimiques« in Brüssel ein; 1957 übernimmt sie eine 50prozentige Beteiligung an der »Holtex Vertriebsgesellschaft für thermoplastischen Sprengstoff« in Düsseldorf. Die anderen 50 % dieser Beteiligungsgesellschaft hat die Firma Rheinmetall.

1959 beteiligt sich die Nitrochemie mit 50 % an der »Aerochemie« in Rom. Diese Firma befaßt sich mit einem Auftrag aus einem NATO-Programm, der eine Größenordnung von 100 Millionen DM ausmacht. Am 1. Januar 1978 erhält die WASAG-Tochtergesellschaft »Nitrochemie GmbH« ihren noch heute gültigen Firmennamen: »WNC-Nitrochemie«.

Ähnlich flott und ungetrübt bricht bei der »Dynamit-Nobel AG« die neue Zeit an.

Dynamit-Nobel konnte schon ab 1953 ohne Kontrolle wieder Sprengstoffe erzeugen, und 1959 wurde der Firmenname in »Dynamit-Nobel Troisdorf« geändert. Auch die Zusammenarbeit zwischen der WASAG und der Dynamit-Nobel AG, die inzwischen von der »Flick-Verwaltungsgesellschaft« geführt wird, trägt schnell wieder Früchte. Die »WASAG-Chemie Sythen GmbH« sitzt zusammen mit Dynamit-Nobel AG in der »MWS Chemie GmbH«. 1964 wird die »Sprengstoff Handels GmbH« in Troisdorf, an der die WASAG-Tochter »WASAG-Chemie Sythen GmbH« zu 30 % beteiligt ist, wieder mit der Dynamit AG vereint. Die »Sprengstoff Handels GmbH« ist eine reine Vertriebsgesellschaft für WASAG-Produkte.

Alles läuft so wie in der Zeit zwischen dem 1. und dem 2. Weltkrieg: Die Märkte werden untereinander aufgeteilt.

Äußerst rasant verläuft die Entwicklung bei der inzwischen neu installierten WASAG-Chemie AG in Essen, der Muttergesellschaft der »WNC-Nitrochemie«.

Als am 29. März 1952 ihr Vorstandsvorsitzender Matthias stirbt, interessieren sich gleich mehrere finanzkräftige Industrielle für das expandierende Unternehmen, insbesondere Berthold von Bohlen und Halbach und sein noch in russischer Kriegsgefangenschaft sitzender Bruder Harald. Am 22. Juli 1952 bietet ihnen der IG-Farben-Liquidator eine 52-%-Beteiligung an. Die einzige Auflage war, daß der Krupp-Sprößling die Hälfte seiner Beteiligung an einen ausländischen Interessenten weitergeben mußte. Sie ging an den Schweizer Industriellen E.G. Bührle.

Bereits 1954 wird von der WASAG ein altes Arbeitsgebiet wiederaufgenommen: die Projektierung, Errichtung und Inbetriebnahme ganzer Fabrikationsanlagen, besonders von Nitrozellulose-Pulver- und Füllanlagen, Sprengstoff- und Kunststoffrohrfabriken.

Im Frühjahr 1956 verkauft der Schweizer Industrielle Bührle, der ebenfalls im Rüstungsbereich aktiv ist, seine Anteile an Berthold von Bohlen und Halbach, der bis 1966 mit seinem Bruder rund 80 % der Eigentumsrechte der WASAG-Chemie hält. 1966 leiten die beiden Krupps direkt als Aufsichtsräte und Vorständler den WASAG-Konzern.

Damit ist das Unternehmen bei den richtigen, den altbewährten Kreisen. Wahrscheinlich ist es nur eine nostalgische Erinnerung an Worte, aber trotzdem: Nach seiner Entlassung aus der Haft als Kriegsverbrecher aus der Strafanstalt Landsberg tat Alfred Krupp, der bis zum zweiten Weltkrieg ein Symbol für deutschen Militarismus war, den Schwur, »nie wieder Waffen zu produzieren«. Hoch klingt das Lied vom braven Mann. Eine Legende. Anfangs bleiben die Rüstungsgeschäfte — auch angesichts des Korea-Booms und der allgemeinen Konjunkturhausse — für die Krupp AG in Essen tabu. In keiner Veröffentlichung oder gar Bilanz werden die Erträge aus der Teilhabe am Wiederaufbau der Bundeswehr ausgewiesen. Dafür scheffeln die Firmentöchter, mit unverdächtigen Namen wie »MAK-Kiel«, »Stegmann«, »Atlas Bremen«, »Weser-Flugzeugbau«, »Gesellschaft für Systemtechnik« und »WNC-Nitrochemie« (die bundeseigene »IVG«-Beteiligung wurde längst von der WASAG übernommen), Bundeswehraufträge — nicht eben kleine — in den Konzernhafen.

Die WASAG macht überall mit. Über Krupp ist die WASAG-Chemie mit »Messerschmitt-Bölkow-Blohm«, MBB, verbunden. Beiden gehört zu je 50 % die »Bayern-Chemie-Gesellschaft für flugtechnische Antriebe« in Aschau. Sie stellt u.a. Raketentreibstoffe her.

Anfang der siebziger Jahre beteiligt sich der Schah von Persien mit 25 % an den Krupp-Hüttenwerken. Eine Beteiligung, die bis heute ihre Früchte trägt.

Was sich bereits in den fünfziger Jahren abzeichnet, bewahrheitet sich in den späteren Jahrzehnten. Das Werk in Aschau, die WNC-Nitrochemie, wird der wichtigste Konzernbetrieb, weil am umsatzstärksten und profitträchtigsten für die WASAG-Gruppe.

Und heute?

Waren 1967 von den Beteiligungsgesellschaften der WASAG fünf größere dem Bereich Sprengstoff zuzuordnen und acht größere dem Bereich Kunststoffe, so besteht die WASAG 1984 aus sechs direkten Sprengstoffbetrieben, drei ausländischen Beteiligungen, wobei zwei im Rüstungsbereich anzusiedeln sind.

Die Geschäfte florieren, sowohl bei der Dynamit-Nobel AG als auch bei der WASAG mit ihrer Tochterfirma WNC-Nitrochemie.

RIESENUMSÄTZE UND TROTZDEM OHNE ARBEIT

Der Außenumsatz der WASAG-Chemie AG beträgt im Jahr 1984 knappe 200 Millionen DM mit steigender Tendenz. Davon entfallen 155 Millionen allein auf die WNC-Nitrochemie GmbH, bedingt durch den hohen Anteil der Produkte aus dem wehrtechnischen Bereich des Werkes in Aschau.

Der Geschäftsbericht 1986 des Vorstandes der WASAG nennt offen die Gründe für den Erfolg:

»Die wirtschaftliche Situation der WASAG-Chemie AG hat sich gegenüber dem Vorjahr erneut verbessert. Die Ursache dafür liegt wiederum bei der WNC-Nitrochemie GmbH. Sie machte 1986 einen Umsatz von 163,1 Millionen DM. Die Ertragsaussichten der WNC-Nitrochemie GmbH sind unverändert positiv zu beurteilen.« (WASAG-Chemie, Geschäftsbericht 1986)

Die schönen Aussichten weichen 1988 der Ernüchterung. Arbeitnehmer des Betriebes müssen erfahren, wie unsicher Arbeitsplätze im Rüstungsgeschäft sind. In einer Pressemitteilung erklärt die Geschäftsführung Mitte Februar 1988, daß »mit der aus Haushaltsgründen reduzierten Auftragsvergabe des Bundes die Auslastung in einzelnen Betriebsteilen bis zu 50 Prozent reduziert werden muß«. 350 Mitarbeiter werden gezwungen kurzzuarbeiten, weiteren 700 Arbeitnehmern droht die Arbeitslosigkeit. Verantwortlich dafür, so der CSU-Ortsvorsitzende von Aschau, Franz Schönstetter, sind die Kritiker der Rüstungsproduktion. Sie machen »Front gegen diese Firma, haben die ganze Umgebung in Angst und Schrecken versetzt«, und die Arbeiter »werden um Lohn und Brot gebracht«, haben Angst, »künftig ihre Kinder nicht mehr versorgen zu können«. Ein dummes und niederträchtiges Argument, das jedoch zur Pogromstimmung gegen die Kritiker der illegalen Geschäfte der WNC-Nitrochemie führt. Morddrohungen landen im Briefkasten derer, die Kritik an der Rüstungsproduktion der WNC-Nitrochemie offen äußern. Selbst die Kriminalpolizei, Kommissariat Staatsschutz, von Traunstein hat keine Bedenken, gespeicherte Informationen über den einzigen Kommunisten des Dorfes Wald-Kraiburg, von dem aus die WNC so heftig attackiert wird, an die Geschäftsleitung der WNC-Nitrochemie zu schicken.

Fast identisch ist die Lage bei der Dynamit-Nobel-Gruppe. Sie konnte im gleichen Geschäftsjahr wie die WASAG, 1986, ihre Umsatzrendite halten, »wenn auch im Chemie- und Kunststoffbereich die gesteckten Ziele noch nicht erreicht sind«.

Und im klassischen Bereich des Unternehmens, der Sparte Sprengmittel, lag der Umsatz »trotz Ausfällen bei den klassischen Produktlinien Sprengstoffe und Zündmittel über dem des Vorjahres«.

Einen »gegenüber dem Vorjahr geringfügig gesteigerten Umsatz« meldet der Geschäftsbericht 1986 auch für den Bereich »Wehrtechnik«. Im Bereich Wehrtechnik werden Detonatoren, Verzögerungselemente und Munitionszündungen aller Art produziert sowie Minen- und Hohlladungsgeschosse, Panzerabwehrmunition, Raketen, Gefechtsköpfe, Triebwerke. Die Erledigung sogenannter »System-Management-Aufgaben« zählt ebenfalls zu den Tätigkeiten im Bereich Wehrtechnik. Darunter fällt die Beratung und die Weitergabe von Know-how bei der Errichtung von Munitionsfabriken.

Eine dieser Fabriken steht in Teheran.

Auch Dynamit-Nobel mußte Anfang 1988 Kurzarbeit anmelden, es drohen Hunderte von Entlassungen.

Auf internationaler Ebene haben sich die alten Dynamit-Nobel-Gesellschaften gleichfalls wieder konsolidiert, werden zu einer marktbeherrschenden Kraft. In Frankreich wird nach 1945 die ehemalige Nobel-Gesellschaft »Société centrale de dynamite« nationalisiert. Sie heißt jetzt »Société Nationale de Poudrerie et Explosives«, SNPE.

In Großbritannien entwickelt sich die »Nobels Explosives Company« zum Chemiegiganten ICI. In Österreich gibt es ein eigenes Unternehmen, die Dynamit-Nobel AG Wien, die bis Ende 1987 dem Schweizer Rüstungsunternehmen Oerlikon-Bührle zu 50 Prozent und der Linz VOEST zu ebenfalls 50 % gehört.

Eines haben sie alle gemeinsam. Einst gehörten diese Unternehmen auf die eine oder andere Weise zur Industriedynastie von Alfred Nobel und seinen Nachfolgern. Jetzt, Anfang der achtziger Jahre, formieren sie sich zu einem neuen Kartell.

Die Verschachtelung der alten und neuen Kartellgesellschaften auf dem Gebiet von Sprengstoffen und Pulver wird am deutlichsten bei dem holländischen Unternehmen Muiden-Chemie in Muiden. Es ist eines jener Unternehmen, das führend im illegalen Iran-Geschäft beteiligt war.

Offizielle Tätigkeit dieses Unternehmens: Entwicklung, Produktion und der Handel mit Nitrozellulose-Pulver sowie die Lieferung von Kartuschen. Beteiligt an der Muiden-Chemie ist die Dynamit-Nobel AG in Troisdorf mit 50 %, und zwar über die Tochtergesellschaft »GmbH zur Verwertung chemischer Erzeugnisse« in Troisdorf. Mit 20 % an dieser Gesellschaft ist auch die WASAG-Chemie AG beteiligt. Sie alle profitieren, mehr oder weniger direkt, von den illegalen Geschäften der holländischen Tochterfirma.

DAS NEUE KRIEGSKARTELL

»Die schwedische Zollfahndung hat dem Rüstungskonzern Bofors vorgeworfen, an einem Geschäft zur Lieferung von 6000 Tonnen Schießpulver an den Iran beteiligt gewesen zu sein und damit gegen nationale Ausfuhrbestimmungen verstoßen zu haben.« Diese lapidare Agenturmeldung erschien im letzten Jahr. Dabei ist es nur eines von mehreren höchst verdächtigen Rüstungsexportgeschäften, die in Schweden möglich waren und, als sie aufflogen, in der Bevölkerung Empörung auslösten. Denn kurz zuvor war bekanntgeworden, daß der Rüstungskonzern Bofors für die Ausfuhr von 400 Haubitzen nach Indien dreistellige Millionenbeträge an Schmiergeldern an indische Politiker überwiesen hatte. Und jetzt soll eines der schillernden No-bel-Unternehmen an einem internationalen Pulver- und Sprengstoff-kartell beteiligt gewesen sein, das von 1981 bis 1985 die Märkte der Welt unter sich aufteilte, Preise festsetzte und sogar den enormen Kriegsbedarf im Iran befriedigt? Was ist das für ein mächtiges Unternehmen — Bofors?

Bofors ist ein Tochterunternehmen des renommierten Dynamit-No-bel-Konzerns. Sitz des Unternehmens ist Karlskoga, eine kleine, ver-träumt wirkende Stadt, wären da nicht die an den Schären gelegenen großen Fabrikhallen. In Karlskoga, sinnigerweise auch »Boforsstadt« oder »Alfred Nobels Stadt« genannt, lebt der überwiegende Teil der Bevölkerung von einem der wichtigsten Waffenproduzenten Schwe-dens. Um den Bewohnern Arbeit zu geben, so argumentieren die Ma-nager, »müssen wir unsere Exportmöglichkeiten ausschöpfen«. (Lund-berg)

Inzwischen laufen insgesamt 18 Ermittlungsverfahren gegen verschie-dene Manager der Unternehmen Bofors und Nobel. Den zuständigen Handelsminister schob Schwedens Regierungschef Carlson nach Be-kanntwerden der illegalen Geschäfte auf den Ressortleiterposten für Landwirtschaft ab. Auch der verantwortliche Kriegsmaterialinspektor schied aus — mit einem tödlichen Sturz auf die Schienen der Stockhol-mer U-Bahn. Ein Unfall — natürlich. Aufgeklärt wurde der plötzliche Tod des Kriegsmaterialinspektors, Konteradmiral Algernon, der alle

Exportgenehmigungen für Bofors ausgestellt hat (oder auch nicht), nicht. Ähnlich wie der Mord am ehemaligen Ministerpräsidenten Olaf Palme wohl nie aufgeklärt werden wird. Der wird einmal extremistischen Kurden, dann wieder dem CIA und, merkwürdigerweise, auch Bofors in die Schuhe geschoben.

Als die Bofors-Affäre auffliegt, die Zollfahnder Tausende von verdächtigen Dokumenten im Werk Karlskoga beschlagnahmen, erahnt niemand das Ausmaß des Skandals, wonach alle führenden europäischen Sprengstoffhersteller kriminelle illegale Rüstungsexporte betrieben.

Denn bei der Durchsicht der Dokumente fällt den Fahndern nicht nur auf, daß illegal Munition, Rüstungsprodukte und eben Sprengstoffe bzw. Pulver in den Iran geliefert wurden. Sie stoßen auch auf die Existenz eines Kartells. Dieses Kartell diente u.a. dazu, die illegalen Rüstungslieferungen der Kartellmitglieder problemlos organisieren und durchführen zu können.

»Die Ermittlungen der Zollkriminalbehörde in bezug auf die Exportgeschäfte von Bofors«, so ein Bericht der schwedischen Wettbewerbsbehörden, vergleichbar mit unserem Kartellamt, »weisen darauf hin, daß Nobelkrut, vertreten durch Bofors, Mitglied von drei verschiedenen internationalen Sprengstoffkartellen ist.

Diese drei Kartelle, die von Bofors ›Klub‹ genannt werden, sind der Penthyl-Klub, der EASSP-Klub (Pulver-Klub) und der Nitrozellulose-Klub (zivile Sprengstoffe).«

Die Ermittlungsbehörden stützen sich bei ihren Erkenntnissen auf das Material, das bei den Hausdurchsuchungen in den Bofors-Büros beschlagnahmt wurde. Es besteht aus einer Vielzahl von Reiseberichten der Bofors-Manager über ihre Treffen mit den anderen Kartellmitgliedern. Nach Erkenntnissen der schwedischen Wettbewerbsbehörde besteht das Kartell aus folgenden Unternehmen:

Nobelkrut (Bofors), Schweden
SNPE, Frankreich
Dyno, Norwegen
Biazzii, Italien
Nobel Explosives, Großbritannien
PRB, Belgien
Muiden-Chemie, Holland

SSE, Schweiz
WNC-Nitrochemie, Bundesrepublik Deutschland.
Der Hintergrund für die Bildung des neuen Kriegskartells:
Mats Lundberg bemüht sich mit allen ihm zur Verfügung stehenden Kräften, seinem Unternehmen größtmögliche Märkte und Umsätze zu vermitteln. In der Vergangenheit, in den Jahren 1979 bis 1982, verfügten die Rüstungsmanager über einige brauchbare Praktiken für illegale Rüstungsexporte. Das war aber nichts gegen die Systematik, mit der Lundberg frischen Wind in die Absatzpolitik des Unternehmens bringt. Mit Lundberg beginnt eine neue, aggressive Verkaufspolitik, die alles bisher Dagewesene in den Schatten stellt. In einer Notiz an Göran Widén, seinen Vorgesetzten und Direktor von Bofors, entwickelt Lundberg seine neuen Strategien. »Wie finden wir neue Kunden? Welche Kriterien gilt es zu beachten?«
»Wir haben«, so Lundberg, »einen Markt vor uns, der von einem Konkurrenten beherrscht wird: einmal in den politisch sensiblen Regionen (Osteuropa, Südafrika, Vorderer Orient). Hier kann man nur mit illegalen Mitteln Märkte eröffnen.« Dann gibt es für Lundberg die »nichtalliierten Länder«: die neuen Staaten in Afrika und Asien. »Anfragen sind begrenzt, der Markt ist exotisch, es gibt Transportprobleme.« Schließlich gibt es »Regionen, wo unsere Konkurrenten aus anderen Gründen eher passiv sind«. Insbesondere in die politisch sensiblen Märkte will Lundberg einbrechen. Der Krieg im Golf bietet sich an. Wöchentlich, manchmal täglich, trommelt Lundberg die führenden Unternehmen des Kartells zu Treffen zusammen und hält — dummerweise — die unter gleichgesinnten Kollegen geführten Gespräche fast immer in privaten Memoranden fest. In diesen Unterlagen taucht ganz am Anfang der Kartellbesprechungen ein Unternehmen in Aschau auf, die WNC-Nitrochemie. Welche Verbindungen bestehen zum Kartell? Liefert etwa das bundesdeutsche Unternehmen in den Iran?

EIN BAYERISCHES DORF
UND DAS KRIEGSKARTELL

Was ist das für ein Unternehmen, die WNC-Nitrochemie in Aschau? Aschau liegt in Bayern, 80 km östlich von München. Ein kleines Dorf und ein versteckt liegendes Unternehmen im Wald. Das Unternehmen ist, laut Aussage des Bofors-Verkaufsdirektors Mats Lundberg, »Mitglied des europäischen Kartells sowie Produzent und Lieferant von Sprengstoffchemikalien für den Iran«.

Die WNC-Nitrochemie gehört zur WASAG, jener Kapitalgesellschaft, die bekanntlich im ersten und zweiten Weltkrieg Sprengstoffe produzierte. Die militärische Produktion ist auch heute wieder ein gewinnträchtiges Geschäft.

»Wie hat die WASAG mit Schmitz zusammengearbeitet, was wissen Sie darüber?« frage ich den auskunftwilligen Paul Beermann. Er will, so erzählte er mir in einem Restaurant in Dachau, auch mit der WNC-Nitrochemie in Sachen Iran verhandelt haben. Beermann legt nach einigem Nachbohren los:

»Die Nitrochemie in Aschau fertigt vorzugsweise brennbare Hülsen, Kartuschen, Pulver für Treibladungen. Es gibt in Europa fünf oder sechs Firmen: PRB Brüssel, Nitrochemie Aschau, Bofors in Schweden; Finnland, Frankreich SNPE, die sich zu einem sogenannten Kartell — ist vielleicht übertrieben ausgedrückt —, die also ein Gentleman's Agreement getroffen haben, daß sie bei Aufträgen oder Anfragen sich untereinander verständigen und Preise abstimmen. Mir ist dieser Fall bekannt, weil ich im November 1985 ein Angebot von der PRB an die Firma WASAG über Pulver erhielt, Bedarf der Bundeswehr für vier Jahre. Der Preis der PRB betrug per kg 290 BF, die WASAG benötigte den dreifachen Preis. Wenn solche Fälle auftreten, wird zwischen den Firmen immer nur persönlich verhandelt, im jeweiligen Werk. Ich habe 1984 mit Herrn Manfred Kuhl, Verkaufsleiter der WNC-Nitrochemie, über eine Anfrage von 8000 Tonnen Treibladungspulver für Schmitz verhandelt.«

R: »Über wieviel Tonnen ging das damals zwischen Schmitz, Bofors und WNC?«

B: »Wir hatten damals 12.000 Tonnen und 8.000 Tonnen verhandelt. Es ging um riesige Mengen.«

R: »Sind die geliefert worden?«

B: »Ja, natürlich«.

Zu dokumentieren ist es nicht, was Beermann, eher in Wut denn mit wägendem Verstand, erzählt. Doch es stellt sich wieder einmal heraus, daß Beermann eine unbezahlbare Quelle ist. Vieles von dem, was er erzählt, läßt sich noch durch andere Quellen nachprüfen. Außerdem liegen die Beweise vor, daß es schon zuvor Geschäfte der WNC-Nitrochemie mit dem schwedischen Unternehmen Bofors gab — in Richtung Iran.

Es ist Mats Lundberg, der den ersten direkten Kontakt mit dem iranischen Verteidigungsministerium herstellt, im Frühjahr 1982. Am 8. Mai 1982 kommt eine Anfrage auf seinen Tisch.

»Können Sie u.a. 350 Tonnen Nitrozellulose liefern?«

Absender der Anfrage ist eine Organisation innerhalb des Iranischen Verteidigungsministeriums, die auf iranisch »Sazemane Danaye Defa« heißt und ins Deutsche übersetzt »Nationale Verteidigungsindustrie-Organisation«.

Nitrozellulose ist ein Pulver, das sowohl für militärische als auch für zivile Zwecke benutzt werden kann, sagt heute das Unternehmen WNC-Nitrochemie und wäscht die Hände in Unschuld. Aber die spezielle Zusammensetzung der Nitrozellulose und die Riesenmenge weisen jeden Eingeweihten darauf hin, daß das geforderte Produkt nur einen Verwendungszweck hat, einen militärischen. Es ist, simpel gesprochen, eine Frage der Quantität. Denn mit nur einer Tonne Nitrozellulose kann man eine Million Kartuschen füllen. Fragen werden bei den Genehmigungsbehörden aber nicht gestellt, weil es mit dem logischen Denken ziemlich hapert (oder weil man es nicht wissen will?); deshalb fällt niemandem etwas auf.

18. Juni 1982. Bofors erhält den Besuch eines Iraners von hohem Rang. Er nennt sich Salari, ein Sonderbeauftragter des Iranischen Verteidigungsministeriums. Sofort nach diesem Besuch hält Lundberg in einer Notiz das Ergebnis der Besprechung fest.

Die Notiz beginnt mit der Bezeichnung »PETTER NIKLAS«. Petter Niklas ist die von Lundberg und den Iranern ausgewählte Tarnbezeichnung für das erste Waffengeschäft mit dem Iran. Zum ersten (nachweisbaren) Mal verabreden Mats Lundberg und die Direktion von Bofors, ein illegales und streng geheimes Geschäft abzuschließen.

Sofort nach dem Gespräch mit dem Repräsentanten aus der Teheraner Militärhierarchie setzt Lundberg sich mit dem Verkaufsleiter der WNC-Nitrochemie, Manfred, in Verbindung und benennt, was er danach getan hat:

»7. Juni Treffen mit Manfred in Aschau.

8. Juni Treffen mit Niklas in Frankfurt.«

Am 8. Juli reist Lundberg nach Bukarest und macht in Frankfurt einen Zwischenstopp. Am Flughafen trifft er sich mit den iranischen Gewährsleuten der »Nationalen Verteidigungsindustrie«. Gemeinsam fahren sie ein Stück Autobahn, bis sie auf eine Trabantenstadt mit schrecklichen Hochhäusern stoßen: Eschborn. In Eschborn unterhält das Ministerium ein Verkaufsbüro, in einem kleinen, spießbürgerlichen Einfamilienhaus. Repräsentant des Teheraner Verteidigungsministeriums in Frankfurt-Eschborn ist Herr Sanati-Zakar.

Nach dem Treffen greift Lundberg sofort zur Feder und notiert das zuvor Besprochene. Wieder wird das Geschäft unter »Niklas« geführt. Lundberg beschreibt detailliert, wie das Treibladungspulver von seinem Unternehmen, Bofors, und den beteiligten europäischen Produzenten in den Iran geliefert werden kann. Lundberg notiert darüber hinaus, daß Bofors und die WNC-Nitrochemie eine eheähnliche Verbindung eingegangen sind:

»Ich spreche ab sofort für WNC und für Bofors. Wir haben uns gestern getroffen. Bofors und WNC können momentan nur einen Teil der geforderten Quantitäten liefern.« Und er ergänzt, »daß wir sehr vorsichtig und diskret vorgehen müssen«.

Aber noch interessanter ist die Notiz, weil der Schwede auflistet, welche »Kanäle« benutzt werden können, um die illegalen Exporte in den Iran, ohne lästige Nachfragen etwaiger neugieriger Zollbeamter, durchzuführen. Mats Lundberg notiert »Rumänien, Malaysia, Griechenland, Pakistan, DDR«. Noch ist jedoch nicht festgelegt, welcher der diskutierten Kanäle in Zukunft benutzt werden soll.

Am 17. Juli 1982 treffen sich die Iraner und Mats Lundberg in Frankfurt. Sie diskutieren die Preise für die Explosivstoffe, Nitrozellulose und das Pulver.

Am 17. August 1982 ist Frankfurt erneut Tagungsort. Verhandelt wird darüber, wer die Nitrozellulose liefern soll. Bestimmt wird, »daß die WNC die gesamte Menge liefern soll«.

Am 20. August 1982 erhält Mats Lundberg von M. Taghavi, dem iranischen Industrieminister, ein Angebot für weitere Lieferungen Nitrozellulose.

Zum ersten Mal in seiner Laufbahn als Bofors-Manager fährt Lundberg wenig später nach London, und zwar am 28. September. Für Lundberg hat das Treffen eine besondere Bedeutung, obwohl er in Frankfurt schon einen bedeutsamen Kontakt zu den Iranern hergestellt hat. Ihm ist klar, daß die wichtigste Einkaufszentrale des iranischen Verteidigungsministeriums sich nicht in Frankfurt-Eschborn, sondern in der Victoria-Street Nr. 4 in London befindet. Hier trifft sich Mats Lundberg in der siebten Etage mit Dr. Pishva, Mahmood Sanati-Zakar aus Frankfurt und anderen Rüstungsexperten aus dem Iran. Gemeinsam besprechen sie die »Kanäle«, die für die weiteren Geschäfte benutzt werden sollen, insbesondere »Griechenland, Pakistan, Nigeria, Spanien und Brasilien sowie Singapur«. Nach diesem klärenden Gespräch hält Lundberg in einer weiteren Notiz fest, daß er mit »Joost« telefoniert. »Joost« — hinter dem Vornamen verbirgt sich Joost de Graaf, Verkaufsdirektor von Muiden-Chemie in Holland und eine Schlüsselfigur des Kartells.

Zurück aus London muß Lundberg das laufende Geschäft mit der WNC zu einem erfolgreichen Abschluß bringen, handelt es sich doch um einen »Pilotauftrag« der Iraner für das Kartell. Wird der Auftrag erfolgreich durchgeführt, so werden auch die weiteren Bestellungen über Tausende von Tonnen Nitrozellulose an das Kartell gegeben. Iran geht diesen Weg, weil die unterschiedlichsten Waffenhändler immer wieder versucht haben, mit dem Iran ins Geschäft zu kommen, indem sie viel versprochen haben, aber ihre Versprechungen nie einhalten konnten.

Mir fällt per Zufall eine Notiz vom 2. November 1982 in die Hände, geschrieben von Mats Lundberg. In ihr steht: »Die Produktionskapazitäten von WNC reichen nicht aus. Daher wird der Auftrag geteilt. 26 Tonnen Nitrozellulose liefert die WNC-Nitrochemie, den Rest Bofors.«

Bei Bofors trifft danach die offizielle Bestellung aus dem Iran ein. Als Konsequenz des nun schriftlich und damit bindend vorliegenden Auftrages aus dem Iranischen Verteidigungsministerium an Bofors erhält wiederum die WNC, jetzt von Bofors, den Auftrag über die Lieferung von 26 Tonnen Nitrozellulose.

Wenig später werden von der WNC der Analysebefund und das Ursprungszeugnis der Produkte nach Schweden geschickt, damit die Iraner sich von der meisterhaften deutschen Qualität überzeugen können.

März 1983. Die Nitrozellulose wird zuerst per Schiff an die türkische Schwarzmeerküste nach Samsun geschickt, von dort auf LKW verladen und in den Iran verfrachtet. Die Iraner sind hochzufrieden. Das Kartell hat bewiesen, daß es pünktlich und zuverlässig liefern kann. Jetzt geht es los, das große Geschäft mit dem Tod, das bei den beteiligten Kartellmitgliedern lange Tradition hat.

DAS KARTELL TANZT

Die beschlagnahmten Bofors-Dokumente beziehen sich insbesondere auf die Aktivitäten zweier »Klubs«, wie Lundberg das Kartell vornehm umschreibt. Dabei entpuppt sich der sogenannte Penthyl-Klub als der wichtigste, da er für den Produktionsbereich »militärische Treibladungen« zuständig ist.

Dieser »Klub« arbeitet unter den Initialen EASSP, die »Europäische Vereinigung zum Studium der Sicherheitsprobleme in Produktion und beim Gebrauch von Treibladungspulver«. Sie ist offiziell in Brüssel registriert, hat jedoch Sitz im 4. Arrondissement in Paris. Und zwar im Gebäude des französischen Staatsbetriebes SNPE.

Das Memorandum der schwedischen Kartellbehörden beschreibt die Aufgabe der EASSP als Vereinigung, um »Informationen über Unfälle auszutauschen und die Diskussion von Sicherheitsfragen betreffend, zum Beispiel den Transport von explosiven Produkten«. So argumentieren auch die beteiligten Kartellfirmen.

Dann zitiert der Report jedoch Bofors-Manager Mats Lundberg: »Außerdem ist es so, daß es außerhalb des offiziellen Teils eine Gruppe gibt, die sich aus kommerziellen Interessen trifft. Da ist es ja natürlich unausweichlich, daß wir untereinander über Geschäfte reden.«

Wer oder was ist diese EASSP nun wirklich?

Die EASSP wurde am 6. November 1975 durch sieben große europäische Unternehmen, die in Europa führend in der militärischen Pulverherstellung sind, gegründet:

SNPE (Frankreich), Snia Viscosa (Italien), Bofors (Schweden), Nobel Explosives (Großbritannien), WASAG-Nitrochemie (BRD), PRB (Belgien) und Muiden-Chemie (Niederlande).

Ein Jahr später wird die EASSP offiziell von den französischen Behörden genehmigt. Generalsekretär der EASSP wird Guy Chevallier, Direktor der Abteilung »Pulver und militärische Explosivstoffe« der SNPE, eines staatlichen Unternehmens.

1984, als andere Unternehmen aus der Sprengstoffbranche erkennen, wie nützlich es ist, im Kartell zu sein, treten weitere nationale Firmen bei: Bowas-Induplan in Österreich, ein Unternehmen, an dem die WNC-Nitrochemie beteiligt ist, sowie die Union Explosivos Rio Tinto (Spanien), Kemira Oy (Finnland), Dyno-Industrier (Norwegen) und die SSE, die Société Suisse des Explosives.

Bei der Durchsicht der Aufzeichnungen über die Treffen des »Klubs«, so enthüllten die schwedischen Ermittlungsbehörden, »findet man Beispiele für eine Reihe von Beratungen und Beschlüssen, die darauf hinweisen, daß die Tätigkeit der Klubs der eines Kartells vergleichbar ist«. Die meist handgeschriebenen Aufzeichnungen von Lundberg über seine Besprechungen mit den europäischen Kartellmitgliedern sind besonders aufschlußreich, nicht nur für die schwedischen Kartellbehörden.

Diejenigen, die er gut kennt, werden in diesen Protokollen mit ihren Vornamen aufgeführt. Er selbst nennt sich »Lum«. Dann gibt es noch »Guy« und »Marc«, Guy Chevallier und Marc Frachon, die Verkaufsdirektoren der französischen »Societé nationale des poudres et explosives« (SNPE); »Nyc« und »Wng«, Christer Nygen und Göran Widén von Bofors-Nobelkrut; René Pahud (Pahuel) ist der Vorsitzende der »Société Suisse des Explosives«; Ingenieur Biazzi, der Vorstandsvorsitzende von »Dinamite« in Italien; Halvorsen (harvord), Präsident der norwegischen »Dyno Industrier«; Gamlin und Murray sind zwei Direktoren von »Nobel Explosives« in Großbritannien. Einige Teilnehmer tauchen seltener auf, wie Pierre Cornut (Pierre), Direktor von PRB; Joost de Graaf (»Joost«), geschäftsführender Direktor von Muiden-Chemie (einer 50prozentigen Tochter von Dynamit-Nobel AG in Troisdorf); Manuel Gurrea von der spanischen »Union Explosivos Rio Tinto« und Manfred Kuhl (»Manfred«) von der WNC-Nitrochemie in der Bundesrepublik. Damit sind die führenden Vertreter in Europa zusammen, die Sprengstoffe und Pulver für militärische Zwecke produzieren.

Bei jedem Treffen geht man die Situation der Mitgliedsunternehmen durch, was z.B. die Kapazitätsauslastung, den Auftragsbestand, die Zukunftspläne und den Bedarf an Aufträgen betrifft.

Das enthüllende Material ist, wie gesagt, als ein Abfallprodukt in Zusammenhang mit den Ermittlungen wegen Verdachts des Waffenschmuggels durch Bofors angefallen. Eva Tetzell von der schwedischen Antikartellbehörde in Stockholm:

»Es wurde oft behauptet, daß es internationale Kartelle für verschiedene Bereiche gibt. Aber üblicherweise gibt es keine Dokumente, um das zu überprüfen. Wir haben niemals zuvor einen solchen klaren Beweis in den Händen gehabt, weil Firmen nie so blöde waren, alles aufzuschreiben.«

Obwohl, was die Absprachen angeht, ziemlich eindeutig gegen Kartellgesetze verstoßen wurde und die beteiligten Regierungen der anderen europäischen Staaten davon erfahren haben müssen, hat es bislang keine Ermittlungen wegen Verstoßes gegen das Kartellgesetz gegeben. Der Grund liegt auf der Hand. Die involvierten Unternehmen sind in einem extrem sicherheitsempfindlichen Bereich tätig, der Rüstungsbeschaffung.

Das Kartell entwickelte sich aus der Zusammenarbeit zwischen Bofors und dem staatlichen französischen Unternehmen SNPE heraus. Der französische Staatsbetrieb, SNPE, entschuldigt sich bei Bofors, weil man einen nicht abgesprochenen Auftrag erhalten hat, und schlägt eine Teilung vor. Bofors verzichtet auf die Teilung und erklärt, damit zufrieden zu sein, wenn das Preisniveau erhöht wird.

Es wird entschieden, daß das Kartell gemeinsam entscheidet, wer neue Aufträge erhalten soll.

»Es wird beschlossen, daß alle Aufträge über mehr als 10 Tonnen Gegenstand der gemeinsamen Beratungen sein sollen.

Man legt Exportpreise innerhalb bestimmter Gebiete (außerhalb von Europa) für bestimmte Produkte fest.

Es wird beschlossen, daß Bofors Osteuropa und Skandinavien sowie einen Teil des italienischen Marktes zugeteilt bekommt, daß der französische Lieferant sich aus Italien zurückzieht und dafür Argentinien erhält, daß der italienische Lieferant auf Export verzichtet und einen fast vollständigen Heimatmarktschutz erhält, daß der schweizerische Lieferant Griechenland und Portugal als Absatzmarkt erhält.«

Das ist die Zusammenfassung der Erkenntnisse der schwedischen Antikartellbehörden.

Das erste Treffen mit Guy Chevallier von SNPE fand am 13. November 1981 in Paris statt, das nächste am 16. November 1981.

Zur Erläuterung: »Guy« ist Guy Chevallier vom französischen Staatsunternehmen SNPE, »DNAG« die Dynamit-Nobel AG in Troisdorf und »Diehl« die Diehl-Gruppe in Nürnberg. Berichterstatter ist Lundberg von Bofors. Zitat aus dem Protokoll der Sitzung, bei der es um die Marktaufteilung für die Kartellmitglieder Frankreich und Schweden geht:

»1. Zusammenfassung der Diskussion mit Guy Chevallier in Paris. Ich informierte darüber, daß die Proben auf dem Weg sind.

2. Ich sprach unsere Bestellungen von 50 Ladungen von jeweils 1M3AG und M4A2 und 50 kg 1MI 26 an. Guy bestätigt, daß die Dinge auf dem Weg sind oder jetzt weggeschickt werden sollen.

3. Die Brasilianer haben Guys Proben getestet, aber machen anscheinend nichts, sondern warten ab, daß unsere Proben kommen. Ich erwähnte, daß wir noch nichts mit Guys 40 mm Pulver bei Bofors gemacht haben, aber daß wir bestimmte Versuche planten. In erster Linie sehen wir SNPE als zweite Lieferquelle.

Angebotsanfrage über 2100 Tonnen PETN nach Bulgarien. Guy konnte kein Preisniveau angeben. Wir werden telefonisch auf Guy zurückkommen. Ich deutete an, daß wir eine Möglichkeit sehen, einen hohen Preis anzubieten. Im Gegenzug müssen wir bei dem Geschäft dabei sein und teilen. Auf meine Frage hin, wie eine solche Teilung praktisch durchgeführt werden könnte, bekam ich keine klare Antwort. Aber Guy gemäß sollte das kein Problem sein.

Auf meine vorsichtige Frage hin, ob Guy möglicherweise wüßte, wer den holländischen Auftrag über TNT bekommt, erklärt er, daß er natürlich den Auftrag bekommen hat und daß sie nach Holland mehrere Jahre lang geliefert haben und vermutlich die gleichen Beziehungen zu den Holländern haben, wie wir zu den Schweizern.

Guy beklagt sich sehr über das Diehl-Geschäft und hob hervor, daß dies ein Unfall in der Arbeit war. Er bot eine Teilung an. Aber ich sagte nein. Und sagte, daß wir etwas gut haben und die Hauptsache in diesem Fall nicht war, wer den Auftrag erhält, sondern daß wir zusehen sollen, daß das Preisniveau erhöht wird.

Ich gab eine Beschreibung der Lage betreffend unserer TNT-Situation, die jetzt positiver ist für eine fortgesetzte Produktion bei Bofors, unter anderem, weil DNAG stillgelegt hat.

Ich sagte Guy ganz offen, daß seine Politik natürlich die ist, die Preise niedrig zu halten, um unseren Beschluß abzuwarten.

Ich sagte Guy, daß es genug Platz für zwei große Hersteller in Europa gibt und Bofors definitiv derjenige Hersteller ist, der am wenigsten Geld investieren muß, um in Zukunft Nummer zwei neben SNPE zu werden. Falls wir nichts investieren, wird jemand anders statt dessen das machen. Für Guy müßte es ruhiger sein, uns zum Partner zu haben, als jemanden anders.«

Aus den Bofors-Unterlagen ist schließlich herauszulesen, wie Preise durch hohe Scheinangebote erhöht werden können, indem dadurch ein anderes, niedrigeres Angebot attraktiv wird, was unter den Kartellmitgliedern natürlich abgesprochen ist.

»Eine Angebotsnachfrage für 200 Tonnen PETN für Bulgarien. Guy kann den Preisstandard nicht halten. Ich sagte ihm, daß es eine Möglichkeit gibt, indem wir höhere Preise anbieten und dafür am Geschäft teilnehmen und teilen.«

Der Bofors-Report über ein Treffen des Penthyl-Clubs am 19. März 1982 in Genf enthüllt Einzelheiten über Angebotspreise, die von den Kartellmitgliedern gemeinsam besprochen wurden.

»Nächstes Treffen wird über abgeschlossene Kontrakte für 1982 berichten und zu erwartende Arbeit für 1982.

Die Gruppe wird darüber entscheiden, wer neue Aufträge erhalten soll, und die Basis dieser Zahlen wird von uns festgelegt.

Alle Anfragen über mehr als 10 Tonnen sind Bestandteil von Konsultationen. Nächstes Treffen am 25.5. in Nizza.«

Bei diesem Nizza-Treffen wurde darüber diskutiert, wie die verschiedenen Märkte aufgeteilt werden:

»Zukunft Bofors. Wir möchten Ost-Europa, einschließlich Jugoslawien. Wir geben dafür Griechenland und Portugal an die anderen.

Biazzi (Dinamite): Italien ist außerordentlich wichtig für uns. Wir möchten exklusive Rechte, daher werden wir vom Export total Abstand nehmen.

SNPE: Frankreich alleine exportiert 15/200 Tonnen pro Jahr und benötigt das für die Zukunft. Wenn er Argentinien erhält, ist er zufrieden.«

Treffen in Udine am 5. Oktober 1982:

»Wir informieren über den Besuch bei NEC. Bofors setzt seine Kontrakte fort. Wir informierten über Dyno.

SNPE hat keine neuen Aufträge. Das Argentiniengeschäft ist noch nicht entschieden.

DNAG produziert selbst, kauft von ICI und hat vor zwei Jahren von Pahud gekauft.«

Am 17. Juni 1983 treffen sich Mitglieder der PETN-Klubs im französischen Sorgues:

Das Schweizer Unternehmen »SSE« beschwert sich vor den versammelten Managern über ein Geschäft, das Bofors abgeschlossen hat. Denn das sollte eigentlich durch die Schweizer Firma erledigt werden. Ein Land taucht auf, gegen das ein weltweites Embargo verhängt wurde, Südafrika. Die Kartellmitglieder kümmert das nicht. In dem Protokoll heißt es: »Geliefert werden 25 Tonnen an Südafrika gegen alten Auftrag. Haben eine neue Anfrage von ›National Explosives‹ über 25 Tonnen.« National Explosives ist das südafrikanische Unternehmen.

Beim Treffen am 11. Oktober 1984 geht es insbesondere um die Situation des italienischen und des Schweizer Kartellunternehmens.

SSE, die Schweizer Firma, listet auf, in welches Land im September Rechnungen geschickt wurden — Südafrika taucht auf. 12 Tonnen Treibladungspulver hat das Rassistenregime aus der Schweiz erhalten. »Der Kunde in Südafrika (National Explosives) hat bei Pahud mehr bestellt.« Pahud ist der Direktor der Schweizer SSE.

Der Bofors-Bericht endet in einer Zusammenfassung: »Entscheidungen: Ost-Europa für Bofors. SNPE verläßt Italien und Griechenland und gibt Camelo in Portugal ab. Guy möchte Argentinien. Wenn er das bekommt, kann er die anderen Länder an die anderen geben. Biazzi behält Italien und unterläßt alle Exporte von Italien aus.« Eine eindeutige Marktaufteilung!

Ein weiterer Bericht handelt von einem Treffen in Kopenhagen, am 11. Oktober 1984, bei dem Export-Preise für verschiedene Produkte innerhalb und außerhalb von Europa besprochen werden.

»Exportpreise in Schweizer Franken 7,25 für Europa, 8,05 außerhalb Europas. Marktteilung soll durchgeführt werden.«

Während eines Treffens in Oslo am 6. Oktober 1983 wurden Entscheidungen über Zielpreise für verschiedene Produkte besprochen.

»Preise: Com. B. 1 Dyno verkauft 16 Tonnen an FFV für DM 15,75, ab Fabrik.

RDX-Zielpreis ist DM 29. SNPE verkauft 5 Tonnen 95/5 nach Ägypten für FFr 82 (DM 27,30). Der Markt in Ägypten wird auf 400 Tonnen geschätzt, der von Rumänien und Jugoslawien beliefert wird. Wir berichten, daß der rumänische Preis ein wenig über 10 Dollar liegt. Bofors verkauft zu einem niedrigeren Preis.«

Treffen am 3. Oktober 1984 in Paris.

Lundberg notiert:

»SNPE hat für 6–8 Monate keine Aufträge, hat die Produktion reduziert, braucht Aufträge.

Guy hat mit IMI über Zusammenarbeit gesprochen.

Italien: Guy schlägt vor zu stoppen. Fragen über großes Umlegen für Explosivstoffe und Munition.

PRB: Guy hat mit Pierre gesprochen.

Bofors: Die Produktion reduziert. Einziger Auftrag ist 50 Tonnen Comp B.

Dyno: Fährt mit 100 Prozent Kapazität, hat neue Aufträge.«

Langsam, aber sicher fließt in die Protokolle der Kartellmitglieder auch das Iran-Geschäft ein.

In Deutschland ist inzwischen das Geschäft mit der WNC-Nitrochemie über die Lieferungen von Nitrozellulose in die Wege geleitet worden.

Beim Treffen der Kartellmitglieder in Udine, am 5. Oktober 1982, werden schon die neuen Aufträge besprochen.

Die französischen, italienischen und Schweizer Kartellmitglieder sitzen zusammen. Unter Punkt 2. der Besprechung heißt es:
»Pulver für 7,62- mm Patronen. NDIO will zuerst 5 kg Probe haben. NDIO gibt einen größeren Auftrag.« Und in einem weiteren Teil der Aufzeichnungen geht es um Komponenten für Artilleriemunition:
»Benötigen Angebot für 60 mm und 81 mm-Munition.«

Die im Protokoll erwähnte Abkürzung NDIO ist die »Iranische Nationale Beschaffungsorganisation« des Verteidigungsministeriums.

Anfang 1983 kommt es in Paris zu einem historischen Treffen. Dabei sind die Repräsentanten von Muiden-Chemie, PRB, SNPE und Bofors. Der Grund für die Zusammenkunft ist ein von Teheran ergangener Auftrag über die Lieferung von 5.300 Tonnen Pulver: 4.000 Tonnen für das Kaliber 155, 1.300 Tonnen für 105 mm. Der Name »Tirrena« taucht in den Kartellunterlagen auf. Tirrena ist eine italienische Firma, deren Chef, Dr. Vittorio Amadasi, davon überzeugt ist, daß er von den staatlichen italienischen Behörden die Genehmigung für die Ausfuhr in den Iran erhalten wird. Zu diesem Zeitpunkt besteht in den meisten anderen Ländern der Kartellunternehmer schon ein Verbot für die Lieferung militärischer Produkte in den Iran.

Am 3. März 1983 treffen sich die Direktoren von Bofors und PRB, mit Guy Chevallier von SNPE, in Pomezia in der Nähe Roms, wo sie die Firma Tirrena Industriale aufsuchen und sich mit Dr. Amadasi, dem Präsidenten von Tirrena, unterhalten. Es ist das erste Mal, daß sie sich auf dem Firmengelände des Unternehmens treffen, das als Zwischenstation für ihre Schmuggelaktivitäten in den Iran ausgesucht wurde. An diesem Tag wird in Pomezia entschieden, daß der Transport in den Iran per Schiff durchgeführt werden soll, durch die Firma »Tirrenna«, und zwar vom Hafen Talamone aus. Die Lieferungen würden von den jeweiligen nationalen Firmen per Eisenbahnwaggon bis zu einem Depot mit Namen Versegge angeliefert werden. Versegge, das ist besonders markant, ist eine italienische NATO-Basis. Was den Verdacht nährt, daß NATO-Dienststellen eingeweiht wurden.

Nach dieser Vereinbarung finden ständig weitere Konsultationen statt. Es sind Treffen in München am 13. Juni 1983 in Sorgues am 17. Juni 1983 und in der französischen SNPE-Fabrik am 17. Juni. Neben Preisabsprachen für verschiedene Pulversorten steht »Tirrena« im Mittelpunkt. Am 5. September 1983 hält sich Lundberg in Tehcran auf. In den gefundenen Reiseberichten wird im Klartext über die Vorschläge von verschiedenen Schmuggelwegen berichtet, »insbesondere über die DDR und Italien«.

Lundberg: »Das Gespräch war sehr herzlich, und ich fühlte keine Vorbehalte gegen Nobelkrut. NDIO ist jetzt unter anderem nach Kontakt mit unserer Botschaft davon überzeugt, daß es ein Zwischenland geben muß und daß NDIO für diese Dienste bezahlen muß. Wir gingen die Alternativen für die zu benutzenden ›Kanäle‹ durch und stellten fest:

DDR funktioniert, aber der Weg ist lang und teuer.

Tirrena hat noch keine Exportgenehmigungen bekommen. NDIO bestätigt, daß der Vertrag fertig ist, daß Letter of Credit eröffnet und das einzige Hindernis die Exportgenehmigung ist.«

Lundberg spricht in seinem Verhör vor den Zollfahndern ganz offen, wie die Transfergeschäfte in den Iran organisiert und mit den anderen Kartellmitgliedern besprochen wurden.

Voraussetzung für die Lieferungen in den Iran ist demnach »die Erteilung einer Exportlizenz für das Transferland«.

Das Transferland ist jenes Drittland, für das die produzierenden Betriebe ihre Exportgenehmigungen ausstellen lassen.

»Das Transferland stellt bei Bedarf eine Endverbraucherbescheinigung aus. Der Verkauf sowohl an das Transferland als auch an den Endkunden geschieht auf CIF-Basis, d.h., die Kosten für Versicherungen und Fracht werden vom Endabnehmer bezahlt.

Der Importhafen ist zugänglich für den Endkunden, passende Schiffahrtslinien müssen vorhanden sein.«

Die Firmen im »3. Land«, für Lundberg ist das die Schweiz, sollen als Verkäufer gegenüber dem Endkunden auftreten; »Käufer gegenüber Bofors und Verkäufer gegenüber Transferland«.

Und dann geht Lundberg auf die Durchführung des Handels ein: »Unternehmen verkauft das Produkt an den Endkunden.

Gleichzeitig wird ein Verkaufsvertrag mit dem Transferland bzw. ein Kaufvertrag mit Bofors abgeschlossen.

Bofors verfrachtet zum Transferland. Bei der Ankunft im Hafen des Transferlandes wird nicht ausgeladen, sondern das Unternehmen verfrachtet zum Endkunden.«

Am 2. November 1983 gibt es in Rom ein Wiedersehen mit den Kartellmitgliedern. Jetzt werden die weiteren Schritte zur Durchführung des Millionenkontrakts diskutiert. Die finanzielle Abwicklung, die ja so gesteuert werden muß, daß der Iran nicht als direkter Scheckaussteller in Erscheinung tritt, steht im Mittelpunkt der Erörterungen. Beteiligt an dem Treffen des Kartells sind iranische Repräsentanten vom Verteidigungsministerium sowie ein Angestellter der »Banco Nazionale del Lavoro Italienne«, der die iranische Melli-Bank vertritt.

In englischer Sprache wird ein Schriftstück aufgesetzt, das die Gespräche zwischen Tirrena Industriale und dem Repräsentanten des Kartells, Mats Lundberg, festhält.

Ende 1983, nachdem alles abgesprochen ist, werden fünf Unternehmen ausgewählt, den Kontrakt mit dem Iran zu erfüllen. Es sind »Nobel Explosives«, eine Filiale des Chemiegiganten ICI, die PRB (Belgien), Bofors-Nobelkurt (Schweden), SNPE (Frankreich) und Muiden-Chemie (Niederlande). Zur Erinnerung: Letzteres Unternehmen hat neben dem niederländischen Staat die bundesdeutsche Dynamit-Nobel AG als Hauptaktionär. Aufgeteilt wurde der Auftrag weniger aus unternehmerischer Solidarität über die Grenzen hinweg, sondern weil keine der beteiligten Firmen in der Lage gewesen wäre, den von Teheran vorgegebenen Zeitplan einzuhalten.

Im Februar 1984 treffen sich die fünf in Paris, auf Initiative von Guy Chevallier und Mats Lundberg, um aufs neue den Kontrakt mit dem Iran zu diskutieren. Bei diesen Treffen wird ein Dokument verteilt, das die Beteiligten unterzeichnen sollen.

Dieses Dokument, das in Photokopie vorliegt, ist in englischer Sprache gehalten und besteht aus drei Seiten. Endabnehmer der 5.300 Tonnen Treibladungspulver (Jahresbedarf, der leicht eine einjährige Kriegführung durch Abfeuern von Raketen und Granaten ermöglicht), so geht aus dem Dokument hervor, ist die NDIO, die Verkaufsabteilung des Iranischen Verteidigungsministeriums: »Gegen Bill of Loading«, also die Ladepapiere, »arrangieren NDIO oder Tirrena die Verschiffung.«

Das Dokument ist ein unwiderlegbarer Beweis dafür, daß allen beteiligten Firmen klar war, wer der Endabnehmer des Sprengstoffpulvers ist. Aus den »vertraulichen Dokumenten« geht weiter hervor, daß am 15. März 1984 die »Tirrena Industriale« den zuvor abgesprochenen Auftrag bei den fünf beteiligten Firmen plaziert: Er trägt die Nummer 334/1401-133815 T, die Referenznummer des Iranischen Verteidigungsministeriums.

SNPE, das französische Mitglied des Kriegskartells, erhält den größten Teil zugesprochen: 500 Tonnen für 155 mm Haubitzen, 300 Tonnen für 105 mm Haubitzen H.E. und 1000 Tonnen für 155 mm Haubitzen. Nobel Explosives in Schottland soll 900 Tonnen für 155 mm Haubitzen liefern, Bofors Nobelkrut in Schweden weitere 900 Tonnen Pulver für 155 mm Haubitzen, das belgische Unternehmen PRB 850 Tonnen für 155 mm Haubitzen und das holländische Unternehmen Muiden-Chemie 850 Tonnen für 155 mm Haubitzen.

Gesamtwert der Lieferungen: 110 Millionen DM.

Die Produktion in den jeweiligen nationalen Betrieben läuft an. Wider Erwarten kommt es zu »gewissen Störungen«, wie es Mats Lundberg vorsichtig formuliert. Die »gewissen Störungen« hängen damit zusammen, daß die irakische Regierung von dem Riesengeschäft über Geheimdienstkanäle erfahren hat, genauso wie die Regierung der USA. Es ist Herbst 1984. US-Sonderbotschafter Fairbanks besucht die Alliierten und drängt sie, keine Waffen- oder Munitionslieferungen in den Iran zu genehmigen. Der Amerikaner weist die italienischen Behörden insbesondere auf das 5300-Tonnen-Geschäft mit Treibladungspulver hin. Die italienische Regierung nimmt das zur Kenntnis, denkt jedoch nicht daran, dem Unternehmen Tirrena irgend etwas zu verbieten. Überzeugt wird die Regierung in Rom von etwas anderem, von einem attraktiven Angebot. Zur gleichen Zeit, als die Tirrena-Geschäfte in die Wege geleitet werden, die ersten Lieferungen im Militärdepot Versegge eingetroffen sind und in den Iran verladen werden, bestellt der Irak bei italienischen Rüstungsbetrieben Waffen im Wert von mehreren Millionen Dollar. Roms Regierung weiß nun, wie zu entscheiden ist. »In dem Kontrakt mit dem Irak gibt es eine Klausel, daß Italien nach Vertragsunterzeichnung jegliche Lieferungen an den Kriegsgegner Iran unterbinden muß.« (W. de Bock, Jean-Charles Deniau, Des Armes pour l'Iran, Paris 1988, S. 97)

Die sofortige Umsetzung dieser Vertragsklausel in ein Exportverbot für den Iran ist für die Kartellmitglieder und für Teheran ein schmerzhafter Eingriff in das bereits anlaufende Geschäft.

ÖSTERREICH IST JA SOOO NEUTRAL

In dieser trüben Phase, am 22. November 1984, taucht erneut, neben der bereits erwähnten »Armaturen GmbH«, deren illegale Geschäfte zu ersten Ermittlungen gegen Bofors führten, ein weiteres österreichisches Unternehmen im Kartell auf. Und zwar im Zusammenhang mit den Überlegungen der Kartellmitglieder, wie man trotz der auftretenden Schwierigkeiten den Kontrakt einhalten kann. Hugo Schindling und Holger Zülscher, der Exportchef der »Südsteirischen Metallindustrie«, SMI, treffen sich mit Mats Lundberg. Hugo Schindling ist Generaldirektor der SMI. Lundberg hält in einer Notiz fest, daß »Sprengpulver für Elviemek geliefert werden kann, über Bowas«. Was ist »Bowas«, fragen sich später die Ermittlungsbehörden in Stockholm.

Bowas in Salzburg gehört ebenfalls dem Kartell an und ist ein Unternehmen, an dem das bundesdeutsche Unternehmen WNC-Nitrochemie beteiligt ist. Im Januar 1984 erhielt Bofors die Genehmigung, acht Tonnen Explosivstoffe zu exportieren. Der Empfänger sollte Bowas in Salzburg sein. Am 21. März verläßt ein Eisenbahnwaggon Helsingborg, beladen mit den Explosivstoffen. Die Waren hatten eine neutrale Verpackung, und so war für niemanden ersichtlich, daß sie von Bofors kamen. Bofors sandte den Waggon bis Passau, und von Passau wurde die Ladung — mit anderen Papieren — nach Ägypten weiterbefördert.

»Wir erklärten den Hintergrund unserer Schwierigkeiten in der letzten Zeit, wofür SMI Verständnis zeigte«, schreibt Lundberg über seinen Besuch bei der SMI. »Wir liefern, falls wir nicht direkt an das Empfängerland liefern dürfen, über Nigeria. Falls die Waren einen anderen Weg gehen als durch die BRD, liefern wir über Jugoslawien.«

Ein Land taucht jetzt auf, das später eine wichtige Rolle spielen wird, indem es sich formal als Endabnehmer zur Verfügung stellt, um den gefährdeten Tirrena-Kontrakt erfolgreich zum Abschluß zu bringen. Mit gefälschten Enduser-Bescheinigungen, versteht sich. Jugoslawien.

Das Kartell befindet sich nun in höchster Not, und jeder noch so verschlungene Pfad in Richtung Iran ist ihnen recht. Der Grund dafür liegt auf der Hand. Es geht nicht nur um den Verlust von unter Umständen lukrativen Aufträgen, sondern auch darum, daß die beteiligten Firmen bei Nichterfüllung Vertragsstrafen zahlen müßten. Können die Kontrakte, die der Iran ordnungsgemäß paraphiert hat, nicht erfüllt werden, verfallen die Vorauszahlungen aus dem Performance-Bond der Kartellmitglieder. Und sie belaufen sich auf 1.539.300 DM. Beträge, die von den europäischen Firmen als Verlust abgeschrieben werden müßten; und das nur, weil die italienische Regierung einen besseren Handelspartner gefunden hat, den Irak.

Vor diesem Hintergrund klagte Lundberg den österreichischen Managern sein Leid. Man einigte sich auf die Lieferung von 75.000 Kilo des Plastiksprengstoffes NSP-71 im Wert von 2,4 Millionen Schweden-Kronen. Offiziell liefert Bofors danach den Sprengstoff, der vom Iran bestellt wurde, nach Österreich und erhält dafür auch eine Ausfuhrgenehmigung. Die Absprachen, die bei der SMI getroffen wurden, waren natürlich andere. Das österreichische Unternehmen expedierte den Sprengstoff, nachdem er an der deutsch-österreichischen Grenze angekommen war, nach Hamburg. In Hamburg wartete bereits das

Schiff mit Bestimmung Ägypten. Von dort, so ermittelten die schwedischen Zollbehörden, fuhr das Schiff in den Iran.

Besitzer der Südsteierischen Metallindustrie, SMI, ist der Industrielle Emmerich Assmann. Der 62jährige Firmenpatriarch Assmann gebietet über ein breites Imperium. Es reicht von der Kunststoffindustrie über die Holzindustrie, eine Computergesellschaft bis hin zum Werk »Metallindustrie GmbH«, eine Fabrik, die sich um wirkungsvollere Waffen, darunter um Haubitzen-Munition, Granatwerfer und Minen verschiedenster Kaliber, bemüht.

Anfang 1988 kaufte er das österreichische Dynamit-Nobel-Unternehmen auf, einen Betrieb, der nicht in die Schlagzeilen kam, obwohl von ihm aus ebenfalls tonnenweise Sprengstoffe für den Iran geliefert wurden.

Der Industrielle kann noch mit einem anderen Pfund wuchern. Er besitzt Anteile am Wiener Zeitungskonzern »Kurier«. Das ist nicht unwichtig, bedeutet es doch, daß in diesem großen Zeitungskonzern der Alpenrepublik kaum etwas über die Waffengeschäfte der privaten Unternehmer Österreichs veröffentlicht wird.

Dafür wird um so gnadenloser die nicht weniger hemmungslose Exportpolitik der verstaatlichten Rüstungsbetriebe kritisiert. Für die privaten Rüstungsunternehmer ist eine solche Strategie angebracht, denn dadurch können sie von ihren eigenen schmutzigen Geschäften ablenken. In diesem Zusammenhang ist es geradezu infam, wenn derzeit in Österreich eine Kampagne für die Privatisierung der Rüstungswirtschaft von den Konservativen lanciert wird. Nur sie, so argumentieren sie, könnten gewährleisten, daß einmal abgeschlossene Verträge eingehalten werden, weil es dann keine staatlichen, d.h. politischen Interventionen mehr gebe.

PROVISIONEN FÜR DIE DDR

Die Verwaltung von »Dynamit-Nobel« residiert in Wien am Opernring Nr. 3. Bis Ende 1987 gehörte das traditionsreiche Unternehmen noch zu 50 Prozent dem Schweizer Rüstungsunternehmen Oerlikon-Bührle und zu 50 Prozent der »Chemie-Linz«. Dynamit-Nobel produziert seinen Sprengstoff in einem kleinen Dorf in der Steiermark, in St. Lambrecht. Das Dorf besteht aus zwei Kneipen, flachen Häusern und einem riesigen Kloster. Bis zum außerhalb gelegenen Werk braucht man mit dem Auto fünf Minuten. Hier werden sowohl zivile wie militärische Sprengstoffe hergestellt.

Österreich war für Bofors vom Beginn der Geschäftsaktivitäten an ein »Kanal« in Richtung Iran gewesen. Das Besondere an diesem Kanal ist die Beteiligung der Deutschen Demokratischen Republik.

In einem der ersten Dokumente von Mats Lundberg, über die Diskussion mit Niklas, dem Synonym für Iran, erwähnt er am 8. Juli 1982 als »zu prüfende Kanäle: Rumänien, Pakistan, Malaysia, Griechenland, DDR«. Und ein paar Wochen später, am 3. November 1982, nennt Lundberg Firmen, die für die entsprechenden Kanäle liefern sollen: »DNW, DNAG«.

DNW ist Dynamit-Nobel Wien und DNAG die bundesdeutsche Dynamit-Nobel AG in Troisdorf. Dynamit-Nobel erwähnt Lundberg wohl deshalb, weil seit geraumer Zeit Kontakte zur Unternehmensführung in Wien bestehen. Wie liefen nun die Geschäfte über die DDR? — Etappenweise.

Die DDR war immer ein »unüblicher« Kanal für Bofors. Lundberg im September 1983, während eines Treffens zwischen seinen Unternehmen und iranischen Unterhändlern: »Ost-Deutschland arbeitet, aber der Weg ist lang und teuer.« Im Herbst 1985 zeichnete Bofors sogar direkte Verträge mit IMES in Ost-Berlin. Dabei ging es um 155 Tonnen »kommerzielles« Gewehrpulver, Pulver, das für Kalaschnikow-Maschinenpistolenmunition benötigt wird. Bei schwedischen Zollbehörden regt sich der Verdacht, daß die Produkte weniger für »kommerziellen Gebrauch« bestimmt waren, sondern eher zu militärischen Zwecken.

Als die Waren am 17. Dezember 1985 am Hafen von Trelleborg ankamen, warteten bereits die Zöllner. Sie beschlagnahmten alles. Und bei der späteren Analyse des Pulvers stellte sich tatsächlich heraus, daß 20 der 26 Tonnen militärischer Sprengstoff war. Wie tollkühn dieses Betrugsmanöver war, läßt sich daraus entnehmen, daß in dieser Zeit schon die Untersuchungen wegen Schmuggels gegen Bofors abgeschlossen waren.

Doch wieder zurück zu Dynamit-Nobel Wien und zu den zwei wesentlichen Stufen des Täuschungsmanövers:

Täuschungsmanöver Nr. 1: Die Verträge zwischen Bofors und dem Iran werden von Schweden aus auf andere Firmen verteilt. Zuerst werden die Ladungen mit einer offiziellen Ausfuhrerklärung für Österreich an Dynamit-Nobel in Wien verkauft und in Salzburg bei der Spedition Franz Welz gelagert. Dynamit-Nobel verkauft, wieder offiziell mit einer Ausfuhrgenehmigung, die Fracht postwendend an die finnische Firma Sevico. Dort kommt der Sprengstoff natürlich nie an. Denn nun geht die Ware an die DDR. Die Firma »IMES Import Export GmbH« in der Ost-Berliner Friedrichstraße übernimmt die Sprengstoffe in Hof (BRD) und liefert sie, so Karl Erik Schmitz von Scandinavian Commodity, in den Iran.

Zweites Täuschungsmanöver. Obwohl es sich bei den Lieferungen um Sprengstoffe handelt, werden sie als »Industriechemikalien« deklariert. Insgesamt wurden mit diesen Tarnmanövern 343.000 kg Sprengstoffe, Marke Penthyl, und 110.000 kg Schießpulver, für Kalaschnikow-Maschinenpistolen, in den Iran geliefert.

Die DDR-Firma IMES schreibt natürlich nicht umsonst Scheinrechnungen oder gibt sich aus »Solidarität mit den unterdrückten Menschen im Iran« als Vermittler her. Sie kassierte Provisionen in Höhe von 1.319.468 Schwedenkronen, die auf das Konto 0877-60-011-024 der Deutschen Handelsbank AG in Ostberlin überwiesen wurden. Eine stattliche Summe als Gegenleistung dafür, daß die DDR lediglich falsche Papiere ausstellt.

Nun können die Verantwortlichen der Firma Dynamit-Nobel in Wien sagen, daß sie nicht darüber Bescheid wußten, für wen die Sprengstoffe in Wirklichkeit bestimmt waren.

Der merkwürdige Transfer der Kriegsprodukte über Schweden, Österreich, DDR und Finnland sei, so Dynamit-Nobel Chef Martin May, »aus vielerlei Gründen« geschäftliche Notwendigkeit. Dem stehen Dokumente gegenüber, die vom schwedischen Zoll beschlagnahmt wurden. Unter dem Titel »spezielle Weisungen« heißt es beispielsweise: »Kein Dokument außer den Währungsfakturen darf den Namen der Dynamit-Nobel Gesellschaft tragen. Als Absender auf dem Eisenbahnfrachtbrief darf auch nicht der Name des Verkäufers als Absender erwähnt werden.«

Den Managern in Wien war klar, daß die Lieferung niemals bis nach Finnland gelangen würde: In allen Schreiben ist lediglich von einem Versand der Ware in die DDR die Rede; nur die Eröffnung der Akkreditive durch die Okobank, Turku/Finnland, besorgten die Skandinavier.

Daß der Endabnehmer der explosiven Ladungen überall zu finden sei, nur nicht in Finnland, läßt sich aus einem anderen Telex entnehmen. Da schreibt der (offizielle) Käufer Sevico der (offiziellen) Verkäuferin Dynamit-Nobel am 12. Juni 1981: »Wir haben jetzt dem Endabnehmer klargemacht, daß ihre Bedingungen zu akzeptieren sind... Wir bedauern das Hin und Her der Probleme, die aber keine Probleme sind. Endabnehmer wollte nur für Sie eine Erleichterung gewährleisten.«

Ermittlungen gegen die Firma Dynamit-Nobel in Wien wurden bis zum heutigen Tag nicht eingeleitet. Warum? »Sprengstoffe fallen in Österreich nicht unter das Kriegsmaterialiengesetz, und auch der Tatbestand der Neutralitätsgefährdung (Ausfuhr von Kampfmitteln für kriegführende Länder) wäre, weil die Lieferung nach Finnland fakturiert wurde, schwerlich zu konstruieren.« (Profil, 11.1.1988, Wien)

DER TOD DES BOTSCHAFTERS

Aus den Unterlagen der Industrieberatungen Beermann, Große-Benne ist zu entnehmen, daß noch ein anderes österreichisches Unternehmen im Iran-Handel verstrickt ist. Da liegt eine Aufstellung aus »BGB-zustehenden Kommissionen in DM« vor. Unter Punkt 3 und 4 steht: »Scancom an Hirtenberger/Wien 180.000 155 mm, Gesamtpreis 148.680,00 — Gesamtkommission 2.430.000. Und Scancom an Hirtenberger/Wien: 200.000 120 mm, Gesamtpreis 106.000.000, Gesamtkommission DM 2.640.000,00.«

Ein anderes Indiz ist das Telefongespräch, das der Verkaufsmanager von PRB Belgien mit Große-Benne geführt hat. »Die 25.000 ist die Hirtenberger 81 mm Mörsergranate. Und dann 20.000 7,6 mm, also die NATO-Patrone.«

Peter G. Kokalis, Chefreporter des US-Söldnermagazins »Soldiers of Fortune«, schwört bei Munitionsfragen ebenfalls auf österreichische Qualität. In der Weihnachtsnummer 1984 beschreibt er seine Eindrücke von einem Streifzug mit den Eliteeinheiten der salvadorianischen Armee. »Die Hälfte der Magazine sind mit hundertprozentiger Leuchtspurmunition von ›Austrian Hirtenberger‹ geladen, die ich selber für Nachtoperationen bevorzuge.«

Im Golfkrieg werden die Produkte des Unternehmens, das zum VOEST-Konzern, einem staatlichen Betrieb, gehört, besonders gerne verschossen.

Doch Österreich ist neutral, daher darf nicht an nur eine kriegführende Partei geliefert werden. Die Neutralitätsverpflichtung verlangt keine Beschränkung, sondern nur, daß, wenn schon geliefert wird, dann bitte an alle kriegführenden Parteien. Das ist eine operettenreife Form von Neutralität à la Wiener Ballhausplatz. Denn jetzt kann Hirtenberger nicht nur, sondern muß sogar an beide Kriegsparteien liefern, bevorzugt deshalb nicht eine einzelne Kriegspartei, verletzt so nicht das Neutralitätsgebot. »Wir liefern nie direkt an die Armee, sondern nur an die Regierungen«, erklärt Herbert Hadwiger, Generaldirektor der Hirtenberger. Ende 1984 jedenfalls sahen Fabrikbesucher seetaugliche Holzkisten mit gelben Aufschriften: Vrezerate defa'je (Verteidigungsministerium) Teheran, Iran. Es handelte sich um fertige Munition von NATO-Kaliber 5,56 mm.

Hirtenberger gehört zum VOEST-Konzern. Zum VOEST-Konzern gehört auch »Noricum«, ein Vertriebsunternehmen, das Waffen für den Iran geliefert hat, und zwar jene Kanonen, für die Granaten der Firma Hirtenberger benutzt werden, von denen Beermann in seiner Kommissionsauflistung spricht.

Der erste, der den illegalen Deal zwischen Österreich und Iran entdeckte, war eine Amtsperson: der österreichische Botschafter in Athen, Herbert Army. Er erfuhr im Juli 1985 von seinem Handelsdelegierten, daß die VOEST-Noricum Kanonen für den Iran geliefert hatte. Der Handelsdelegierte Günter Wurzer wiederum mußte sich zuvor das Leid des iranischen Waffenhändlers Hadji Reza Dai Mohammad aus Teheran anhören. Hadji beklagte sich, daß er einen Deal eingefädelt habe. Demnach wolle die VOEST-Tochter Noricum über den jugoslawischen Hafen Kardeljevo, die libysche Hauptstadt Tripoli und Japan 200 VOEST-Kanonen des Typs GHN-45 in den Iran verkaufen. Die Vertragssumme betrage 6,815 Milliarden Schilling. Nun wolle ihm die VOEST die ihm zustehende Provision von 68 Millionen Schilling vorenthalten. Wenig später öffnet der Botschafter einem Repräsentanten von VOEST in Griechenland die Tür der Residenz. Es ist Georg Loukas. Heimlich läßt der Botschafter bei dem Gespräch ein Tonband mitlaufen. Die »Wiener Wochenpresse« veröffentlichte Anfang 1988 Auszüge daraus. Demnach klagte VOEST-Repräsentant Loukas, seine Firma werde von dem Waffenhändler Hadji Dai erpreßt »mit der Androhung, daß er in die Öffentlichkeit geht. Er hat aber nichts in der Hand, womit er nachweisen könnte, daß die VOEST oder Österreich ein Geschäft mit irgendeinem Land machen«.

Die Replik des Botschafters dazu: »Hadji Dai sagt, er habe im Herbst 1983 das Geschäft eingeleitet bei einem Essen in München zwischen dem Direktor Unterweger und dem zweithöchsten für die Beschaffung zuständigen Mann des Iran. Die Gespräche über technische Details haben dazu geführt, daß der Iran ein technisch-militärisches Gutachten gemacht hat, ob diese Geschütze geeignet sind, also ob sie dem Bedarf der iranischen Streitkräfte entsprechen, und aufgrund dieses Gutachtens sei es zu der Bestellung Libyens für den Iran gekommen.«

Der VOEST-Vertreter schwieg.

Unmittelbar nach dem aufschlußreichen Gespräch schickt Botschafter Army eine Zusammenfassung des Gesprächs per Fernschreiben an das Bundeskanzleramt von Fred Sinowatz und an das Außenministerium von Leopold Gratz, der die Telexe an Innenminister Blecha weiterleitet. Am nächsten Tag zahlt die VOEST-Tochter Noricum an Haji Dai 42 Millionen Schilling Schweigegeld. Am übernächsten Tag, dem 11. Juni 1985, um Mitternacht sackt Mitwisser Botschafter Army nach einem Cocktailtrunk tot zusammen: Herzinfarkt. Der Botschafter, ein erklärter Gegner von Rüstungsexporten, wollte das Geschäft verhindern, erzählt später seine Tochter. »Es war ihm klar«, so die Tochter, »daß das Außenministerium kein Interesse daran hat, daß so ein Skandal platzt.«

Doch der Botschafter stirbt ja rechtzeitig an einem Herzinfarkt.

Fünf Tage nach dem Herzinfarkt des Rüstungsexportkritikers wurde die Ausfuhr der Kanonen nach einem kurzzeitigen Stopp der Genehmigung, aufgrund von libyschen Enduser-Zertifikaten, vom Innenminister wieder freigegeben. Bereits 14 Tage danach lief das erste Schiff mit den GHN-45 Kanonen der VOEST aus: Richtung Iran. Aufzuhalten ist der Skandal trotzdem nicht mehr, obwohl die regierenden Sozialdemokraten und Konservativen abblocken, lügen und Nebelkerzen werfen.

Innenminister Karl Blecha, SPÖ, im Februar 1986, als die Berichte aus Athen schon lange auf seinem Schreibtisch lagen und verschiedene Medien immer tiefer in den Waffenschmuggel eindrangen: »Keine Zeile der Berichterstattung stimmt... Das Verhalten der Medien kommt einem Hochverrat gleich.« Der sowieso angeknacksten politischen Moral österreichischer Proporzpolitiker zum Trotz bleiben die Journalisten ungerührt. Reporter der österreichischen Zeitschrift BASTA tauchen im jugoslawischen Kardeljevo auf. Sie stoßen bei ihren Recherchen auf 20 Container aus Österreich. In ihnen befinden sich VOEST-Kanonen. Bedienungsanleitungen in persischer Sprache liegen ebenfalls dabei. Doch offizieller Endabnehmer sei Libyen, erzählt den BASTA-Reportern der naive Spediteur. Nach der Veröffentlichung hagelt es wieder trotzige Dementis. Ausgelöst durch immer mehr bohrende Nachfragen läßt sich der Skandal jedoch nicht mehr auf österreichische Weise bereinigen: Man gebe Amt und/oder Titel, umarme den Gegner so liebevoll, bis er das Atmen vergißt. Die Regierung muß die Lieferungen, die noch ausstehen, stoppen.

VOEST ist ein verstaatlichtes Unternehmen. Wußte demnach jemand aus der Regierung von den illegalen Kanonenlieferungen? Der derzeit im Kerker sitzende Ex-Geschäftsführer der VOEST-Tochter Intertrading beruft sich auf eine Aussage des verstorbenen Generaldirektors Heribert Apfalter, daß nicht nur SPÖ-Politiker, wie Fred Sinowatz (Ex-Kanzler) und Karl Blecha (Innenminister), sondern auch Alois Mock (Außenminister) und Michael Graff, beide ÖVP, eingeweiht waren. Dem verstorbenen Generaldirektor erging es leider wie dem österreichischen Botschafter in Athen: Er kam unter mysteriösen Umständen ums Leben.

LIEBESDIENSTE VON THYSSEN-HENSCHEL FÜR VOEST

Nur in indirektem Zusammenhang steht ein anderer höchst undurchsichtiger Briefwechsel. Beteiligt sind neben der VOEST-Noricum das bundesdeutsche Unternehmen »Thyssen-Henschel« in Kassel. Thyssen-Henschel fertigt bekanntlich Wannen und Türme für Ketten- und Panzerfahrzeuge.

In einem Brief vom 24. Oktober 1985, versehen mit mehreren Anlagen, informiert die Geschäftsleitung von Thyssen-Henschel einen in Wien ansässigen Waffenhändler über den letzten Stand der Dinge zu einem kühnen Projekt. Das Projekt, so ermittelte später die »Wiener

Wochenpresse«, ist die »Entwicklung einer Panzerhaubitze, die als Waffe die zu Medienruhm gelangte Noricum-Superkanone erhalten soll«. (Wochenpresse, Wien, 11.2.1986) Weiter schreibt Thyssen-Henschel:

»Sie erhalten die von uns gemeinsam mit der Firma Wegmann erstellten Unterlagen zu Ihrer Information.« Die Firma Wegmann ist ebenfalls ein bundesdeutsches Unternehmen, bekannt für Herstellung wehrtechnischer Systeme, insbesondere für den Bau von Kampfpanzern, Raketenwerfern und gepanzerten Fahrzeugen.

In einer Anlage, die dem Schreiben beiliegt, errechnen die Rüstungsmanager aus Kassel die »Chancen Österreichs« auf dem heiß umkämpften Rüstungsmarkt für Kanonen längerer Reichweiten. Die sind besonders in Kriegsgebieten begehrt. Fachleute schätzen, daß ein 155 mm Kanonenrohr nach ca. 3000 abgefeuerten Granaten auf den Müll geworfen werden kann. Neue Kanonen müssen her.

In einer sogenannten »Grobbetrachtung« über den Bedarf für die Panzerhaubitze GHN-45 geht Thyssen von einem weltweiten Marktpotential von 7500 Systemen aus. Den USA werden 50 Prozent des Marktanteils eingeräumt. Als besonders interessanten Markt für Österreichs Geschütze nennt Thyssen-Henschel »Iran und Irak«. Die Thyssen-Manager begründen auch warum.

Österreichs Lieferchancen sind zum Beispiel — als Folge der Neutralität — im Irak groß (»Großmächte liefern nicht«), auch in Jordanien (»Österreich nur, wenn israelischer Druck auf die USA stärker wird«) oder Saudi-Arabien (»Könnte etwa 100 Systeme an den Irak abgeben«).

Thyssen listet schließlich auf, über welche Kanonenwaffensysteme sowohl der Iran wie der Irak verfügen. In der Rubrik »vorhandene Systeme« wird für den Iran genannt »50, Typ N 109A1«. Dann folgt die Rubrik »neuer Bedarf«: »200 Stück«. »Begründung bei Bedarf«: »Spannungsgebiet, Gegner Irak, verfügt über eine größere Anzahl geschützter Systeme. Rangfolge der Bewerber: Österreich.«

Ähnlich listet Thyssen die Situation für den Irak auf, wobei in der Rubrik »politische Zwänge« steht: »Österreich, Frankreich unterstützen jetzt Irak im Krieg.«

So kann man auch Märkte aufteilen, durch internationale Kooperation bei den Planungen, wobei noch nicht die Frage beantwortet ist, welches Recht Thyssen-Henschel hat, derartige Lageempfehlungen zu geben.

DAS JUGOSLAWIEN-MANÖVER

Nach diesem Intermezzo über die Beteiligung des neutralen Österreich und der sozialistischen DDR am kriminellen Waffengeschäft mit den kriegführenden Staaten am Golf mit einem kleinen Schlenker zur BRD zurück zu den Sorgen der Kartellmitglieder.

Sie haben bis Ende 1984 bereits einen Teil des Treibladungspulvers M1 für 155 mm Kaliber nach Italien geliefert, für die weitere Verschiffung in den Iran. Ein anderer Teil des für die Kriegführung so wichtigen Pulvers lagert, so ist einem Fernschreiben von Bofors an Tirrena-Rom zu entnehmen, noch im Militärdepot in Versegge.

Inzwischen hat glücklicherweise die Suche nach neuen »Kanälen« von Mats Lundberg, als dem Beauftragten des Kartells, Erfolg gehabt.

Karl Erik Schmitz von Scandinavian-Commodity in Malmö soll der Retter werden. Schmitz kann in der Tat mit einschlägigen Erfahrungen, was das Iran-Geschäft angeht, auftrumpfen.

Schließlich hat er bereits 1983 einen Vertrag mit der iranischen Verkaufsorganisation »National Defence Industries Organization« über Treibladungspulver abgeschlossen.

Diese Verträge haben die Referenz-Nummer 334/1401-10725-30 bzw. 334/1401-10725-31, Abmachungen, hinter denen sich die Bestellung von Treibladungspulver für 155 mm und 105 mm Howitzer-Granaten versteckt. Die Gesamtliefermenge aus beiden Kontrakten beläuft sich auf 4.700 Tonnen. Karl Erik Schmitz hat ebenfalls Probleme, diese Verträge über Treibladungspulver, die von Südafrika produziert und geliefert werden sollen, zu erfüllen. In den für beide Seiten heißen

144

Spätsommer fällt die Bekanntschaft zwischen Schmitz und Lundberg. Lundberg informiert Schmitz darüber, daß der Tirrena-Kontrakt nicht erfüllt werden kann. Beide stehen unter großem Druck. Nachdrücklich drängen die Iraner darauf, daß die abgeschlossenen Verträge erfüllt werden. Kommt das Pulver nicht in ihre Munitionsabfüllfabriken in Teheran und Isfahan, stockt die Produktion von Granaten, Minen, Raketen. Denn der Bedarf an Treibladungspulver und Explosivstoffen ist extrem hoch. Man schätzt, daß alleine die Artillerie 4000 Tonnen Treibladungspulver pro Jahr benötigt für die Minen, Raketen und Granaten, die das Abschlachten des Kriegsgegners ermöglichen. Eine Armee im Kampf aber, die über keinen sicheren Nachschub verfügt, wird bei einer eigenen Offensive oder im Abwehrkampf gegen den Todfeind ziemlich chancenlos sein. Die militärisch bestimmten Forderungen der Iraner decken sich in diesem Fall mit den finanziellen Sorgen der europäischen Kartellmitglieder, die ihre Produkte verkaufen wollen und dazu auch entsprechende Verträge abgeschlossen haben. Die gilt es, allen Rüstungsexportbeschränkungen zum Trotz, zu erfüllen.

Im August 1984, nach dem Treffen zwischen Karl-Erik Schmitz und Mats Lundberg, streckt die mörderische Kriegskrake ihre Fangarme nach neuen Opfern aus. Im September informiert Lundberg seine Kartellmitglieder, daß, neben dem Pulverauftrag aus dem Tirrena-Kontrakt, sogar noch weitere Nachfragen bestehen. Lundberg verteilt Aufträge für weitere 1500 Tonnen Treibladungspulver unter den Kartellbrüdern.

Gegenüber den schwedischen Zollbehörden wird Lundberg 1986 ausführen:

»Schmitz erklärte mir, daß er zwischen 1800 und 2000 Tonnen Treibladungspulver benötigt. Ich machte mich darüber kundig, ob diese Mengen lieferbar sind, deshalb nahm ich Kontakt mit einer Anzahl europäischer Produzenten auf, wie SNPE, Raufoss, Muiden-Chemie und andere. Es stellte sich heraus, daß Muiden-Chemie am ehesten in der Lage war, solche große Mengen zu liefern.«

Das Ergebnis seiner »Recherchen« teilte Lundberg seinem Kollegen Schmitz mit.

Karl Erik Schmitz stellt diesen Vorgang so dar: Er erklärt den schwedischen Untersuchungsbeamten, daß er zum ersten Mal einen Kontakt mit dem Kartell über ein deutsches Unternehmen knüpfte, das wiederum PRB Belgien kontaktierte. Das Unternehmen, um das es geht, war die »WNC-Nitrochemie«.

Aus den Unterlagen des Archivs von Scandinavian Commodity und Bofors geht hervor, daß es einen mysteriösen Auftrag über 3800 Tonnen Artilleriepulver gibt. Er trägt die Referenz-Nr. P-312/401-1003D-80 der Iranischen Waffenbeschaffungsbehörde in Teheran. In einem Telex an Karl Erik Schmitz offeriert Mats Lundberg diese 3800 Tonnen M1 Treibladungspulver, das in Tranchen von je 300 Tonnen vom März 1985 an geliefert werden soll. Im zweiten Telex ist die Antwort von Karl Erik Schmitz festgehalten.

»In Bezug auf die angebotenen 3800 Tonnen«, die bei ihm unter der S-101-Nummer laufen, schreibt er an Lundberg: »Auf S 101 haben wir eine positive Antwort erhalten. Der Käufer (Iran, d. Autor), ist bereit, die angebotene Menge als Fortsetzung Ihres bestehenden Vertrages zu übernehmen.« (Telex von 12. September 1984). Schmitz ist sich absolut sicher, daß alle Beteiligten wußten, und zwar die Firmen wie die Behörden, wer der wirkliche Abnehmer der Produkte ist. In einem Interview, im Herbst 1987, erzählt er mir:

»Den Behörden und den Produzenten muß doch klar sein, wenn die nach Italien liefern und das in größeren Mengen, wer der Endabnehmer ist. Sie wissen, daß der Iran für Italien ein grünes Land ist (d.h. ein Land, von dem aus der Iran beliefert werden darf, d. Autor). Dann hat plötzlich Italien umgedreht und gesagt, Lieferungen gibt es nur für den Irak, nicht in den Iran. Ja, da mußte natürlich ein anderes Land gefunden werden, welches von Deutschland aus ›grün‹ ist. Und so funktioniert das. Das ist ein ganz klares Geschäft, ohne irgendwelche Verfälschungen. Es ist einfach so, daß die Produzenten und die Behörden sagen, ihre Hände sind sauber. Wir haben in ein Land exportiert, das uns die Behörden erlauben. Und wenn die sagen, wir wußten nichts, dann ist das nur für den Fall, daß es Probleme gibt. Ich meine, wenn Italien 5500 Tonnen Pulver kauft, dann fängt Italien gerade einen neuen Krieg an. Oder was werden die damit tun? Ich meine, jeder Inspektor, der diese Lizenzanfrage bekommt, muß ja eine Beurteilung abgeben. Und natürlich machen die Fabriken das auch.«

So begibt sich Schmitz also auf die Suche nach einem neuen »grünen Land«.

Zuerst unternimmt er einmal, im Herbst 1984, eine »Rundreise« durch Europa, um sich mit den Managern des Kartells zu treffen. Im gleichen Herbst 1984 ist die erste Lieferung bei Tirrena in Versegge eingetroffen. Einige Wochen vergehen — bis zu einem entscheidenden Tag.

Am Morgen des 9. November 1984 kommen Karl Erik Schmitz und Mats Lundberg in der Nemanjina Straße Nr. 9 in Belgrad an. Hier ist der Eingang zu einer Abteilung des jugoslawischen Verteidigungsministeriums. Man unterhält sich mit einigen hohen Würdenträgern des Verteidigungsministeriums, will man doch einen Teil des Treibladungspulvers aus den Fabriken des Kartells über Jugoslawien in den Iran verkaufen. Italien als Zwischenstation ist gestorben, und Jugoslawien bietet sich als Staat an, der mit gefälschten Papieren seine Dienste anbietet bzw. sich als Transitland für den Iran hergibt.

Die Besprechung verläuft zu aller Zufriedenheit. Jugoslawien kann als Transitland benutzt werden.

So sollte es laufen: Iran kauft von Schmitz, der von der staatlichen Rüstungsbehörde FDSP in Jugoslawien kauft, die wiederum von Bofors kauft. Und Bofors wiederum kauft bei seinen Kartellmitgliedern ein.

Eine neue Besprechung der Kartellmitglieder wird anberaumt. Sie findet am 5. Februar 1985 in Oxford statt. Teilnehmer sind u.a. Manfred Kuhl von der WNC-Nitrochemie in Aschau. Tirrena wird unter Punkt 3 des Protokolls von Lundberg aufgeführt. Danach sollen sich für das Kartell Guy (für SNPE) und Lum (für Bofors) nach Rom begeben, um die Angelegenheit des gefährdeten Geschäfts zu klären. Die im NATO-Lager sich hoch stapelnden Fässer mit den Explosivstoffen für den Iran müssen wieder zurückbefördert werden, damit sie von neuem verschickt werden können. »Wir sind nun informiert worden«, schreibt Lundberg an den Generaldirektor von Tirrena am 3. April 1985, »daß das Pulver nicht in Italien verkauft werden kann, und bitten daher höflich um die sofortige Rücksendung der Waren.«

Schmitz hilft den Kartellmitgliedern damit auch aus dem finanziellen Dilemma, und zwar ganz einfach so: »Tirrena darf den Vertrag über die Lieferung von 5300 Tonnen Treibladungspulver für 155 mm und 105 mm Granaten nicht erfüllen, anstelle von Tirrena übernimmt die Scandinavian-Commodity die Verträge.«

17. April 1985. Karl Erik Schmitz schreibt an den Präsidenten von Tirrena:

»Wir bedanken uns für das Gespräch mit Ihnen. Wie vereinbart, informierten wir Mats Lundberg über unsere Diskussion. Wir teilten ihm mit, daß Sie bereit sind, uns Ihren Kontrakt zu überschreiben, wenn Sie eine entsprechende Anfrage von Bofors erhalten, dem Repräsentanten der anderen europäischen Produzenten.«

Ein paar Wochen später, am 13. Mai 1985, bestätigt Schmitz, daß für den Kontrakt über die 5300 Tonnen der »Käufer«, d.h. der Iran, einer Übertragung des Kontrakt zustimmt.

Am Ende des Telex vom 13. Mai 1985 drängt Schmitz auf schnellen Abschluß. Denn der »Käufer benötigt dringend die Produkte, so daß eine Entscheidung noch in dieser Woche getroffen werden muß«. So geschah es. Das ist einem weiteren Dokument zu entnehmen. Es datiert vom 5. Juli 1985 und ist an M. Kaikhosravi in Isfahan gerichtet. Kaikhosravi war einst mit Schmitz im Zuckergeschäft für den Iran tätig, genießt sein absolutes Vertrauen und ist nun der iranische Repräsentant von Scandinavian-Commodity. Der Iraner, dessen geschiedene Ehefrau in Lausanne wohnt und dort über die kriminellen Geschäfte ihre Mannes klagt, über die sie aber nicht reden darf, weil man ihr schon mit dem Tode gedroht hat, dieser Kaikhosrovi ist bis zum heutigen Tag in Köln unter der Telexnummer 8882446 Inco D zu erreichen. Er erfährt von seinem Freund Schmitz, daß sie, also Scancom, autorisiert wurden, den »Deal« durchzuführen. Daher ordnet Schmitz an, daß Kaikhosrovi folgendes Telex an den Käufer abfassen soll: »For Messr. National Defence Industries Organization, Referenz Nummer 334-1401-13815T-1«.

Das Dokument läßt nichts an Deutlichkeit zu wünschen übrig.

»Unsere wichtigsten westeuropäischen Lieferanten von Treibladungspulver sind in o.g. Kontrakt verwickelt, der zwischen MIO und Tirrena abgeschlossen wurde und die zugunsten von Tirrena eine Performance-Garantie abgeschlossen haben, die zu ihren Gunsten eröffnet wurde. Nachdem Tirrena erklärt hat, daß es nicht in der Lage ist, den

Kontrakt zu erfüllen, und die Lieferanten fürchten, daß ihre Garantie-summen abgerufen werden, wurden wir gebeten, Sie zu informieren, daß die Lieferanten bereit sind, den Kontrakt voll zu erfüllen. Und zwar durch unsere Vermittlung. Wir bitten Sie daher, uns über folgendes zu informieren. Der übriggebliebene Teil des Kontrakts über 5030 Tonnen soll zwischen MIO und Tirrena gelöscht werden. Ein neuer Kontrakt soll, über die gleiche Summe, zwischen MIO und Scandina-vian-Commodity abgeschlossen werden, und zwar für die Lieferungen Juli 1985 bis Dezember 1986.«

Dann folgen noch die Vorschläge von Schmitz, wie die gefährdete Performance-Garantie bei Tirrena gelöscht werden soll und daß die daraus entstehenden Kosten von Tirrena bezahlt werden.

In dem darauffolgenden Schriftverkehr, Teheran hat sich mit den Vorschlägen einverstanden erklärt, taucht, welch ein Zufall, erneut der Name eines schon bekannten deutschen Unternehmens auf: Dynamit-Nobel AG in Troisdorf, DNAG abgekürzt.

Schmitz telext am 22. August 1985 an Kaikhosravi in Köln.

»S 160: DNAG hat Muster für diese beiden Anfragen geliefert, die vom Käufer akzeptiert wurden. Sie wollen nun neue Muster haben, die Tetryl enthalten. DNAG ist der Meinung, daß die Fabrik für diese Muster mit Tetryl arbeitet.« Dynamit-Nobel muß es ja wissen, denn im Herzen von Teheran steht eine Munitionsfabrik, die von Technikern von Dynamit-Nobel betreut werden soll.

SCHMIERGELD FÜR JUGOSLAWIEN

Der fiktive Handel, der zwischen den Repräsentanten des Kartells und den jugoslawischen Behörden in Belgrad abgeschlossen wurde, besteht aus zwei Transaktionen.

Zuerst kauft das jugoslawische Verteidigungsministerium von Bofors 1300 Tonnen Pulver. Danach verkauft das gleiche Ministerium die gleiche Menge an Karl Erik Schmitz.

In Wirklichkeit gibt es natürlich weder einen Kauf noch einen Verkauf. Aber da es formal ja um einen Kauf geht, selbst wenn er nur auf dem Papier stattfindet, müssen die Jugoslawen eine Endverbraucherbescheinigung ausstellen. Das ist der einzige Sinn der gesamten Transaktion. Als Ausgleich für die liebenswerten Dienste erhält das »Federal Directorate of Supply and Procurement« (FDSP) in Belgrad, eine Unterabteilung des Verteidigungsministeriums, eine Kommission in Höhe von drei Prozent aus dem Vertrag. Der Mann, der das Geschäft im Namen der Regierung abschließt, heißt Ranko Popovic. Er ist einer der Verantwortlichen des Verteidigungsministeriums und zuständig für das FDSP. Major Popovic unterzeichnet die Verträge und kassiert eine Kommission in Höhe von 286.000 Dollar. Perfekt organisiert, werden die fingierten Rechnungen von Scandinavian-Commodity erstellt.

Die Schweizer Serfina AG wird angewiesen, an die FDSP telegrafisch die ausgehandelten Rechnungsbeträge zu überweisen. Die kommen auch in Jugoslawien an, werden aber postwendend wieder auf die Konten von Scandinavian-Commodity zurücküberwiesen. »Die Zahlung an Sie«, schreibt Schmitz daher auch nach Jugoslawien, »ist lediglich eine Formalität.«

Ein Fall, wie die finanziellen Transaktionen organisiert wurden, soll hier näher beschrieben werden.

Am 12. März 1985 weist Bofors das Schweizer Unternehmen Serfina an, daß 959.344,39 US $ an FDSP, also das jugoslawische Verteidigungsministerium, überwiesen werden sollen. Es handelt sich um den finanziellen Ausgleich für den Kontrakt V-RP/773/LJV/.

Das geschieht auch. In der Zwischenzeit sind die Lieferungen erfolgt, und zwar in den Iran. Nachdem das Schiff dort angekommen ist, bittet Bofors den jugoslawischen Partner am 11. Juni 1985, den Betrag von 927.921,49 auf das Konto 778195-72 bei der Credit-Swiss in Fribourg zurückzuüberweisen. Es ist der gleiche Vertrag, der im Telex vom 12. März 1985 erwähnt wird: V-RP/773/LJV/. Das Konto in Fribourg gehört der Serfina AG. Der Differenzbetrag zwischen 959.344,39 US $ und 927.921,49 US $ ist ein Teil der bezahlten Schmiergelder, die Jugoslawien gleich einbehält.

Am 3. Juli 1985 bestätigt Jugoslawien, daß »wir unsere Bank angewiesen haben, den Betrag von 927.921,49 US $ auf Ihr Konto 778195-72 zu überweisen«. Jugoslawien tarnt das Geschäft perfekt. Die Gründe liegen in den entsprechenden Erfahrungen.

Schon im Dezember 1983 beschlagnahmten die Ägypter ein zypriotisches Schiff, die »Haita«, das den Suezkanal durchquerte und in Richtung Iran abdampfen wollte. An Bord befand sich Munition des französischen Rüstungsunternehmens Luchaire. Der ägyptische Geheimdienst entdeckte bei der Durchsuchung des Schiffs zufälligerweise Frachtpapiere, wonach das Schiff in Jugoslawien entladen sollte. Es ist deshalb verständlich, daß die Verantwortlichen in Belgrad nicht schon wieder in ein schiefes Licht geraten wollen, was die Ausstellung von falschen Enduser-Zertifikaten angeht. Sollte wieder ein Schiff durchsucht werden, das militärische Güter im Frachtraum verstaut hat, die nicht in Jugoslawien ausgeladen wurden, sondern in den Iran transportiert werden, wäre das nicht besonders imagefördernd für die Regierung in Belgrad.

Zwar sind bislang unbehindert Sprengstoffe, Zünder und Munition vom jugoslawischen Hafen Bar im iranischen Hafen Bandar Abbas angekommen. Aber für Schmitz wird die Route durch den Suezkanal zu unsicher. Deshalb entscheidet er sich für die lange Route rund um Afrika. Die Jugoslawen bestehen ebenfalls auf unverdächtigen Endverbraucherbescheinigungen. In einem Telex vom 26. Juli 1984 bedauert Schmitz einige daraus resultierende Verzögerungen. Er kabelt nach Teheran. »Sie müssen verstehen, daß wir die Waren von Produzenten beziehen, die Ihr Land nicht beliefern dürfen. Wir müssen deshalb ein Drittland als Empfänger angeben und für jede Schiffsladung Endverbraucher vorweisen.«

Diese falschen Endverbraucherbescheinigungen beschafft sich Schmitz ohne große Anstrengungen.

Ihm fällt ein Land ein, das problemlos Enduser-Zertifikate verkauft — Kenia. Eine solche Endverbraucherbescheinigung aus Kenia liegt vor. Sie trägt zwei Unterschriften, und zwar die eines Generals und die eines Sekretärs des Verteidigungsministeriums, mit Sitz im Ulinzi-Haus, Nairobi. Kostenpunkt je gekaufter Endverbraucherbescheinigung: 10.000 Dollar Bestechungsgeld.

Während des Verhörs durch die schwedischen Zollbehörden über die Methoden bei der Beschaffung der Enduser-Zertifikate aus Kenia wird Schmitz befragt, wie er dazu kommt, gerade Kenia einzuschalten. »Diese Bescheinigungen werden an jeden und am laufenden Band ausgestellt. Du gehst bloß zur Botschaft und sagst, daß du eine brauchst.«

»Die Botschaft in Stockholm?« fragt der Vernehmungsbeamte.

»Nein, es ist der Präsident selbst«, antwortet ihm Schmitz.

»Wenn man die Waffen, für die Kenia Endverbraucherbescheinungen ausgestellt hat, zusammenfassen würde«, schmunzelt Schmitz, »könnte man die sowjetische Armee neu ausrüsten.«

Ungewöhnlich ist nun wieder, wer die gefälschten Endverbraucherbescheinigungen, ohne die keines der Kartellmitglieder eine Exportgenehmigung erhalten würde, beschafft hat. Ein Mr. Urban. Über diesen ominösen Mr. Urban wird Schmitz am 19. November 1986 von den schwedischen Zollbehörden vernommen. »Mr. Urban hat«, so Schmitz in dem Verhör, »gute Verbindungen nach Kenia. Und wir überzeugten uns davon, daß wir diesen Kanal benutzen können.« (Komplettering Förundersökningsprotokoll, Stomprotokoll Bofors, Förhör I, S. 225). Die schwedischen Zollbehörden ziehen Schmitz während des Verhörs noch weitere Einzelheiten über diesen Urban aus der Nase.

Danach hat Schmitz am 7. Juni 1985 mit »Mr. Urban« insgesamt »sechs Jugoslawien-Kontrakte mit gefälschten Enduser-Zertifikaten abgeschlossen«. (vgl. Untersuchungsprotokoll, Stammprotokoll Nr. 3540-216-85, S. 170)

Immer ging es dabei um militärische Sprengpulver für jene Lieferungen, die über Jugoslawien liefen.

M. Urban hört sich nach einem deutschen Namen an. Und so begeben wir uns auf die Suche nach diesem Mann, von dem bislang keine Rede war. Bei der Durchsicht der Unterlagen über das griechische Unternehmen »Elviemek«, das ja im Zusammenhang mit der Lieferung von Detonatoren und Verspätungszünder der deutschen Firma Dynamit-Nobel AG eine Rolle spielt, fällt ein Mr. Urban auf. In diesen Dokumenten tritt Urban, zusammen mit dem Fürstenfeldbrucker Große-Benne in Erscheinung, als ein Vermittler. Und dann stoßen wir auf einen Brief von Scandinavian-Commodity, der das Datum 7. Juni 1985 trägt. Es ist an Mr. M. Urban, Nassau/Lahn, Gerhart-Hauptmann-Straße 14, in »West-Germany« gerichtet.

»Lieber Mr. Urban«, schreibt Karl Erik Schmitz. »Bitte kontaktieren Sie ihre Käufer, und besorgen Sie uns die folgenden Dokumente, die wir bis spätestens 25. Juni benötigen.«

Es folgen insgesamt sechs Referenz-Nummern, die alle das Jugoslawien-Geschäft betreffen. Die Summen der entsprechenden Verträge, für die Urban die Endverbraucherbescheinigungen aus Kenia besorgen soll: »1.: 10.250.000 DM; 2.: 17.220.000 DM; 3.: 995.000 US $; 4.: 1.995.000 US $; 5.: 1.575.000 US $; 6.: 1.414.500 DM.«

Matthias Urban unterhält in Nassau/Lahn, nahe der Elisenhütte, immer noch ein Büro. Anscheinend fühlt er sich ziemlich sicher. Einen Kommentar zu den gefälschten Endverbraucherbescheinigungen und anderen Geschäften mit dem Iran lehnt er am Telefon brüsk ab.

Nachdem dann die gefälschten Endverbraucherbescheinigungen vorliegen, bei deren Beschaffung Herr Urban aus Nassau freundlicherweise behilflich war, können Dutzende von Schiffen das Kriegsmaterial des Kartells in den Iran transportieren. Die Route ist fast immer die gleiche: über den jugoslawischen Hafen Kardeljevo, über das Mittelmeer, entweder durch den Suezkanal (für die Produkte mit den gefälschten Endverbraucherbescheinigungen aus Kenia) oder am Kap der Guten Hoffnung vorbei bis zum Entladehafen Bandar Abbas. Keinem der europäischen Kontrolleure fällt etwas auf.

Was soll auch ein Zollbeamter denken, wenn in den »geschmierten« Endverbraucherbescheinigungen steht, »die Waren des o.e. Kontrakts sind für unseren eigenen Gebrauch bestimmt und werden nicht reexportiert«.

Ein solcher Vertrag liegt uns vor. Er trägt die Kontrakt-Nr. V-1/RP/773/ LJV0B und wurde am 9. November 1984 zwischen dem »Federal Directorate of Supply and Procurement«, Belgrad, und »Scandinavian Commodity« in Malmö abgeschlossen. Es geht um die Lieferung von 500 Tonnen Treibladungspulver mit der Bezeichnung M4A2. In einem besonderen Absatz des Vertrags wird die »Vertraulichkeit des Vertrags« eingefordert. »Der Vertrag muß unter beiden Parteien als vertraulich behandelt werden. Der Verkäufer sichert zu, daß er keine Einzelheiten aus diesem Vertrag an Dritte weiterleitet.«

Benannt wird in dem Vertrag auch, daß der Käufer dem Verkäufer eine Endverbraucherbescheinigung übergeben muß, aus dem hervorgeht, daß der Endverbraucher der Waren in diesem Fall Nigeria ist. Nigeria stand bei Vertragsabschluß zwar zur Debatte, aber das endgültige Enduser-Zertifikat kommt dann aus Kenia.

Nachdem das »Jugoslawien-Geschäft« in allen Bereichen, von den gefälschten Endverbraucherbescheinigungen aus Kenia bis zu den Provisionszahlungen an das jugoslawische Verteidigungsministerium, geregelt ist, können die Sprengpulverlieferungen aus den Produktionsstätten des Kartells weiterlaufen. Das finanzielle Drama, das sie, bedingt durch die »Tirrena-Affäre« befürchtet haben, konnte nochmals abgewendet werden.

Am 5. Juli 1985 telext Schmitz nach Teheran, daß dem Iran jetzt 4.033 Tonnen Treibladungspulver zur Verfügung stehen. Es ist genau die Menge aus dem Tirrena-Kontrakt, die noch nicht geliefert werden konnte.

Erneut stoßen wir auf verräterische Redewendungen. Da spricht Schmitz in einem Telegramm nach Teheran davon, daß das nächste Schiff in Richtung Iran — Hafen Bandar Abbas noch in Antwerpen liegt, »weil wegen der Ausfuhr nach ›Jugoslawien‹ noch einige Modalitäten erledigt werden müssen«.

Jugoslawien wird in Anführungszeichen im Telex geschrieben, damit auch der Dümmste in Teheran weiß, um welches brisante Täuschungsmanöver, das Schmitz so blendend organisiert, es sich handelt. Am Ende des Telex bedauert Schmitz, daß er »noch nicht über die Diskussionen informiert wurde, die zwischen den Lieferanten und ihren Genehmigungsbehörden geführt wurden«.

154

»Aber verstehen Sie«, schreibt Schmitz, »daß es eine Menge von Erklärungen darüber geben muß, warum eine solche Menge von Italien zurückgeliefert wurde und warum die gleichen Waren jetzt von neuem exportiert werden.«

Doch den Kartellmitgliedern fällt es nicht schwer, die Fragen der Genehmigungsbehörden zu beantworten und entsprechend neue Genehmigungen für den Export zu erhalten. Jugoslawien und Kenia als »Endabnehmer« für die Riesenmengen von Treibladungspulver (!) — die Behörden merken nichts oder wollen nichts merken.

Daher konnte unbehindert weiter produziert und geliefert werden. Tausende von Tonnen Treibladungspulver, um den Krieg zwischen Iran und Irak in Gang zu halten.

Ein Unternehmen tut sich dabei besonders hervor: die Dynamit-Nobel-Tochter in Holland, Muiden-Chemie. Verkaufschef der »Muiden-Chemie B.V.« ist Joost de Graaf. Bei Bofors in Karlskoga gehen am ersten Arbeitstag des Jahres 1985 telegrafische Glückwünsche ein.

»In Zusammenhang mit meinen besten Wünschen für ein erfolgreiches privates und geschäftliches Jahr 1985 möchte ich mich noch für Ihre Zahlung bedanken, die am 31. Dezember hier eintraf. Excellent Timing as always«, beendet Joos de Graaf sein Telex.

Das holländische Kartellunternehmen dient anscheinend als Drehscheibe für mehrere andere Kartellfirmen. Da gibt es das französische Staatsunternehmen SNPE. Aus politischen Gründen ist das Kartellmitglied aus Paris gezwungen, alle Pulverlieferungen zu tarnen. Muiden-Chemie ist daher der vorübergehende Empfänger von Hunderten Tonnen Sprengstoffen für den Iran. Das ist nicht die einzige rätselhafte Geschäftstransaktion.

Muiden-Chemie, das zu 50 Prozent der bundesdeutschen Dynamit-Nobel und zu 49 Prozent dem holländischen Staat gehört, verdient daher eine besondere Betrachtung. Schon alleine deshalb, weil wieder bundesrepublikanische Namen auftauchen.

Ein großer Teil der Lieferungen für den Iran, die von Muiden-Chemie produziert wurden, laufen, was höchst merkwürdig ist, über die Bundesrepublik. Dabei verfügt Holland über mehrere große Seehäfen, und es ist nicht klar, warum für das Verladen in den Iran ein kleiner privater Hafen an der Elbe, Nordenham, benutzt wird. Sicher ist, daß die Muiden-Chemie vom Januar 1984 bis Juli 1986 Treibladungspulver im Wert von über 42 Millionen Gulden offiziell nach Jugoslawien verschifft hat — über den bereits bekannten Kanal Karl Erik Schmitz. Transitland war die Bundesrepublik.

Auch dazu waren entsprechende Transitbescheinigungen nötig, wenn die Produkte denn wirklich aus Holland gekommen sein sollen. Aber kommen die Tausende von Kilo Treibladungspulver wirklich von der Muiden-Chemie? Zweifel sind angebracht. Warum?

In den Frachtpapieren, die von Scandinavian-Commodity in den Iran geschickt werden, wird als Ursprungsland des gelieferten Produkts nicht Holland genannt, sondern »West-Germany«. Das ist nicht der einzige Hinweis.

Am 18. Januar 1985 trifft bei Bofors ein Telex des Schweizer Unternehmens Serfina ein. Zur Erinnerung: Serfina ist die Schweizer Drehscheibe für die finanziellen Transaktionen aus den Iran-Geschäften. Deutscher Generalvertreter der Serfina ist jener hinlänglich bekannte Große-Benne aus Fürstenfeldbruck, der ja auch schon in Pakistan nach Produkten für den Iran gesucht haben soll.

In diesem Telex informiert Serfina den Bofors-Chef Lundberg, daß sie das belgische Unternehmen PRB angewiesen haben, »die folgenden Aufträge zu verteilen«:

Wieder taucht das Unternehmen Dynamit-Nobel auf. Zwei sogenannte »S-Nummern« werden aufgeführt.

»S. 135« und »S. 166«.

Hinter S. 135 verbirgt sich ein Auftrag über 12 Tonnen Tetryl und unter S. 166 ein Auftrag über 150 Tonnen Tetryl mit Graphit.

»S. 166«, so das Telex, »wird an Sie«, also Bofors, »von dem deutschen Unternehmen DNAG geliefert werden.« (Telex vom 18. Januar 1985)

Was bedeutet zum Beispiel dieser am 16. Oktober 1984 geschriebene Brief von der Muiden-Chemie an Bofors? »Nachfolgend geben wir ihnen den Wortlaut für das sogenannte Internationale Import-Zertifikat. Wir benötigen dieses oder eine Endverbraucherbescheinigung, um eine Export-Lizenz zu erhalten. Nur eine Endverbraucherbescheinigung wird von der holländischen Regierung akzeptiert.«

Dann folgt der verräterische und sehr bürokratische Wortlaut:

»Es wird hiermit bescheinigt, daß der Importeur die o. e. Waren in die

Bundesrepublik Deutschland importiert. Wenn sie nicht importiert werden, dürfen sie nicht zu einer anderen Bestimmung gehen, mit Ausnahme der Genehmigung durch zuständige deutsche Behörden.«
Das Schreiben ist eigentlich ein nicht zu übersehender Hinweis darauf, daß die Bundesrepublik für diese von Holland ausgehenden Iran-Lieferungen mehr als ein Transitland ist. Und daß es Stellen in der Bundesrepublik geben muß, die als Importeure fungieren bzw. Genehmigungen für den Weiterexport gegeben haben. Oder hatte gar ein deutsches Kartellunternehmen zuerst nach Holland geliefert? Von dort ging wieder alles zurück nach Deutschland, nach Nordenham. Und von Nordenham in den Iran!
Ein zusätzliches Indiz, das noch deutlicher die Rolle bundesdeutscher Unternehmungen in diesen Handel enthüllt, ist eine Rechnung von Scandinavian-Commodity an das Iranische Verteidigungsministerium mit Datum vom 4. Dezember 1984. Abgerechnet werden Lieferungen von 413.962 kg Treibladungspulver für 155 mm Munition. Als Herkunftsland dieser Menge wird in der Rechnung nicht Holland oder Belgien genannt, sondern »West-Germany«. Die verräterische, hochexplosive Ladung soll, so das Dokument, »von Nordenham in West-Germany mit dem Schiff M/V Bentota nach Bandar Abbas, Iran verschifft werden«.

EIN DEUTSCHER HAFEN UND EINE OMINÖSE IRANISCHE BEHÖRDE

Die MS Bentota transportiert Ende 1984 insgesamt 443 Tonnen Treibladungspulver für 155 mm Artillerie in den Iran. Offizieller Exporteur ist das schwedische Unternehmen Bofors-Nobelkrut. Die Waren kommen — ebenso offiziell — aus Holland von dem Unternehmen Muiden-Chemie. Wie es mit manchen Frachtschiffen ist, die auf ihrer großen Fahrt erst erfahren, wohin die Reise geht, so läuft es auch bei diesem Frachtschiff. Gechartert wurde das Schiff von der griechischen Reederei »Grenor-Shipping« in Thessaloniki. Auftraggeber für die Frachtladungen ist nicht, wie eigentlich zu erwarten, Bofors oder die Muiden-Chemie, sondern Karl Erik Schmitz. Finanziert wird der Transport von seiner Tochtergesellschaft in der Schweiz, Serfina AG. Von hier aus werden auch alle finanziellen Angelegenheiten geregelt. Fracht- und Liegekosten müssen bezahlt und die entsprechenden Papiere ausgestellt werden. Nordenham ist einer der Anlaufpunkte für die M/S Bentota. Der Hafen in der Nähe von Cuxhaven steht unter privater Regie. Betrieben wird er von der »Midgard-Deutsche Seeverkehrs-Aktiengesellschaft«, die zum Stinnes-Konzern gehört. Der Hafen ist weniger wegen derartiger Verschiffungen bekannt, als vielmehr dadurch, daß hier die US-Streitkräfte ihre Schiffe be- und entladen.

Höchst aufschlußreiche Spuren lassen sich von diesem kleinen Hafen aus verfolgen. Sie führen direkt zu einem Bekannten aus der Szene, zu Wilhelm Große-Benne. Was macht der Mann aus Fürstenfeldbruck dort oben im Norden? Sein Besuch ist dokumentiert, weil die Hafengesellschaft Midgard-Nordenham am 3. Dezember 1984 ein Telex nach Karlskoga zu Bofors schickt.

»Wir erhielten die Ladepapiere und Instruktionen von Grenor-Shipping. 1. Die Ladung soll durch den Repräsentanten der PRB-Deutschland, Mr. W. Große-Benne, und Mr. Alfred Modir erfolgen. Sie kommen heute um 17 Uhr in Nordenham an. Sie fragen uns, ob es möglich ist, einige der Container zu öffnen, um hineinzuschauen.«

Die Genehmigung wird erteilt, und die beiden Avisierten kommen pünktlich an. Wilhelm Große-Benne, als Repräsentant des belgischen Unternehmens vorgestellt, der jedoch im Auftrag von Scandinavian-Commodity die Ladung für Teheran überprüfen soll. Der andere Besucher heißt Ali Modir Ghomi. Hafenarbeiter in Nordenham beschreiben ihn als äußerst gut gekleideten, ca. 35jährigen »Ausländer«.

Ali Modir Ghomi ist Iraner und aus Düsseldorf in den hohen Norden gereist. In Düsseldorf residiert er in der Kaiserwertherstraße Nr. 142. Nur ein kleines Schild, DIO, weist auf die Organisation hin, die er dort vertritt. Im Düsseldorfer Telefonbuch findet man überhaupt keinen Hinweis auf das Büro im zweiten Stock des noblen Geschäftshauses. DIO ist die Abkürzung für »Defence Industries Organization« und erinnert stark an die vielen Dokumente aus Teheran, in der die NDIO auftaucht, die »National Defence Industries Organization«. Ist hier etwa ein Zweigbüro des Teheraner Verteidigungsministeriums untergebracht, und was treibt das Büro unter den anscheinend nicht besonders wachsamen Augen der Behörden?

»Im Namen Allahs«, sagt mir Ali Modir Ghomi, den ich aufsuche und befrage. »Das DIO-Kontaktbüro ist das Büro des Iranischen Verteidigungsministeriums. Wir sind hier, um die verschiedenen Unternehmen zu kontaktieren, bei denen wir und unsere Leute für den Iran nichtmilitärische Produkte einkaufen, wie Elektronik, Chemikalien, Stahl oder Einzelteile für Maschinen.«

Stimmt das, was er mir erzählt? Zweifel sind angebracht, auch wenn die Bonner Regierung davon spricht, daß von hier aus in der Tat nur zivile Geschäfte abgewickelt werden. Unterhosen für die iranische Armee vielleicht? Aus den vorliegenden Dokumenten läßt sich jedenfalls der Schluß ziehen, daß die DIO in Düsseldorf ein wichtiges Kommunikationszentrum zwischen Iranischem Verteidigungsministerium und deutschen Rüstungsunternehmen ist.

Ich frage daher den DIO-Repräsentanten in Düsseldorf, wie seine Verbindungen zur Dynamit-Nobel AG in Troisdorf sind. Entlarvendes kommt von seinen ansonsten so schweigsamen Lippen. »Dynamit-Nobel kennt unsere Organisation im Iran sehr gut.«

Die Organisation ist, wie gesagt, die »Beschaffungsbehörde des Iranischen Verteidigungsministeriums«.

So als hätte er sich verplappert, nimmt er dann wieder einen Teil seiner Aussage zurück.

»Es kann sein, daß sie uns kontaktiert haben, wenn sie einige Probleme hatten. Wir sagen ihnen aber, sie sollen unsere Leute im Iran direkt kontaktieren. Denn sie machen direkte Geschäfte mit dem Iran.« Die letzte Aussage ist von bestechender Klarheit. Dynamit-Nobel unterhält nicht nur indirekte, sondern direkte Geschäfte mit dem Iran. Geschäfte, die anscheinend über das hinausgehen, was bislang beschrieben wurde. Doch darüber gibt es, sieht man von der Aussage des iranischen Repräsentanten in Düsseldorf ab, keine weiteren Beweise. Modir spricht aber sowieso nur die halbe Wahrheit.

Tatsächlich hat er im Auftrag seiner Vorgesetzten in Teheran jene Explosivstoffe besichtigt, die von den Kartellmitgliedern für den Iran geliefert wurden. Und Treibladungspulver bzw. Sprengstoffe fallen auch bei großzügiger Interpretation nicht unter den Bereich zivile Produkte. Kehren wir daher wieder zurück nach Nordenham.

Gemeinsam inspizieren dort im trüben Dezember Modir Ghomi und Große-Benne die Schiffsladung, insbesondere das Treibladungspulver, das auf der Bentota geladen wird. Ganz reibungslos müssen Besichtigung und Ladung nicht gelaufen sein. Nach erfolgter Besichtigung schickt Karl Erik Schmitz am 7. Dezember ein Telex nach Teheran.

»Betr.: Treibladungspulver Frachtschiff Bentota. Das Schiff wurde in Anwesenheit Ihres Vertreters, Mr. Ali Modir Ghomi, beladen. Dies war eine sehr delikate Angelegenheit, da diese Inspektion vor den Augen westdeutscher Behörden durchgeführt wurde. Wir haben das nur aus Rücksicht auf unsere sehr enge Zusammenarbeit getan und müssen, damit die Dinge glatt laufen, in Zukunft vorsichtiger sein.«

War das vielleicht nur ein besonderer Notfall, und hat ansonsten das Büro in Düsseldorf nichts mit militärischen Geschäften zu tun? Nein. Denn auch die finanzielle und organisatorische Abwicklung anderer Rüstungsgeschäfte lief über die Iranische Waffenbeschaffungsbehörde in Düsseldorf.

Glücklicherweise gibt es für diese Behauptungen entsprechendes Beweismaterial in den schwedischen Zollarchiven.

Unter anderem findet jeder, der suchen will (die deutschen Behörden haben es bislang nicht für notwendig erachtet), dort ein Telex von

Scandinavian-Commodity an das Teheraner Verteidigungsministerium bzw. dessen Unterbehörde, das Waffenbeschaffungsamt. Darin informiert Schmitz, daß er folgendes Telex an Mr. Ghomi geschickt hat: »Bitte teilen Sie uns mit, ob Sie in der Lage sind, die Inspektionen in den verschiedenen Häfen durchzuführen.« Ein Indiz dafür, daß nicht nur in Nordenham Schiffsladungen, für den Iran besichtigt wurden, Schiffsladungen wohlverstanden, mit militärischen Produkten.

Ali Modir vom DIO-Büro in Düsseldorf entfaltet noch auf andere Art und Weise rührige Aktivitäten für seine Dienstherren.

Beim Verkauf von einer Million Zünder für 9 mm Patronen, die per Flugzeug von Brüssel nach Teheran geliefert wurden, ist er wieder an der Abwicklung beteiligt. Scandinavian-Commodity schickt ihm zur finanziellen Transaktion am 11. Juni 1985 einen Brief. In diesem Brief steht, daß er sich für die Erledigung des Verkaufs der eine Million Zünder um einen »Letter of Credit« kümmern soll. Die entsprechenden Rechnungen legt Schmitz seinem Brief an Modir Ghomi in Düsseldorf bei. In einem weiteren Telex vom 11. Juni 1985, das diesmal von Scandinavian-Commodity an »Mr. Modir, DIO, Düsseldorf« geschickt wird, mit einer Kopie an Telexanschluß 8586641 WDA D, heißt es: »Wir beziehen uns auf o.g. Letter of Credit und informieren Sie, daß wir heute durch Kurier unsere Rechnung über 40.000 Stück aus item 1 geschickt haben... Da die Waren per Luftfracht mit anderen Produkten verschickt werden und wir eine kleine Verspätung haben, bitten wir Sie, diesen Letter of Credit bis zum 30. Juni zu verlängern.«

Hinweise auf die »besonderen Aktivitäten« des Iranischen Büros in Düsseldorf sind schon einem früheren Telex vom 25. März 1985 zu entnehmen. Scandinavian-Commodity an das Iranische Verteidigungsministerium, Waffenbeschaffungsamt: »Ich nehme Bezug auf mein Telex, das ich an Modir in Düsseldorf geschickt habe. Zusätzlich zu unserem Telex, das wir an Sie am 25.3.1985 abgeschickt haben, wurden wir von Ihrem Düsseldorfer Büro, Herrn Modir, kontaktiert und diskutierten die berichtigten Nachfragen.«

Aus einem Telex vom 30. Mai 85 geht hervor, daß das Düsseldorfer Büro noch bei einer weiteren iranischen Institution an Geschäften beteiligt ist: der Melli-Bank. Nach diesem Telex zu urteilen, wurde ein Letter of Credit über das DIO-Kontakt-Büro bei der Melli-Bank in Düsseldorf eröffnet. Es geht um Lieferungen von Waffen im Wert von 1.600.000 US $.

In einem dieser Dokumente, erstellt von der »Bank Melli Iran«, die ihren Sitz am Schadowplatz in Düsseldorf hat, wird Ali Modir Ghomi gar als offizieller Käufer von Munition genannt. »Im Namen Allahs«, steht dort, »im Auftrag und zu Lasten von Ali Modir Ghomi und Mehdi Afghan Hadji überweisen wir für o.g. Letter of Credit den Betrag von 576.500 US $.«

Wenn die Melli-Bank in Düsseldorf bei der finanziellen Abwicklung von Geschäften des Kartells genannt wird, kann man mit hoher Wahrscheinlichkeit davon ausgehen, daß die Produkte, die der Iran gekauft hatte, auch aus der Bundesrepublik kamen.

Vieles ist rätselhaft bei diesen Aktivitäten, die von Düsseldorf ausgehen. Warum kann eine iranische Behörde des Verteidigungsministeriums problemlos Geschäftsaktivitäten entfalten, die dazu beitragen, daß der Iran seinen mörderischen Krieg fortführen kann? Warum ist das Unternehmen, in dem zehn Iraner arbeiten, perfekt mit modernsten elektronischen Kommunikationseinrichtungen versehen?

Was wissen die bundesdeutschen Behörden über die »caritativen« organisatorischen Aktivitäten des DIO-Büros in Düsseldorf? Zum einen wissen sie natürlich überhaupt nichts. Als der SPD-Bundestagsabgeordnete Volker Jung sich nach den Geschäftsaktivitäten des Düsseldorfer Büros bei der Bundesregierung erkundigt, erhält er am 7. April 1988 vom Parlamentarischen Staatssekretär des Bundesministers für Wirtschaft, Ludolf von Wartenberg, eine Antwort, die in ihrer Dreistigkeit kaum zu überbieten ist. »Der Botschafter der Islamischen Republik Iran in Bonn hat dem Auswärtigen Amt auf Befragen versichert«, teil der Staatssekretär dem Abgeordneten mit, »daß über das iranische Büro in Düsseldorf keine Rüstungsgeschäfte abgewickelt werden.«

Die Bundesregierung läßt sich von einem der Hauptakteure der Iran-Waffengeschäfte bestätigen, daß keine Rüstungsgeschäfte getätigt werden. Das ist so, als fragte man einen Mafiaboß, ob er etwas von den Verbrechen seiner Organisation erzählen will.

Nicht weniger zynisch ist die Antwort des Oberstadtdirektors von Düsseldorf auf eine Frage des »Arbeitskreises für internationale Politik« der SPD in Düsseldorf, ob er etwas über Ali Modir Ghomi wisse.

Das Antwortschreiben vom 2. März 1988 zitiert eine Auskunft des Auswärtigen Amtes in Bonn vom 30. November 1984, in dem das Auswärtige Amt es begrüßen würde, wenn Ali Modir Ghomi eine Aufenthaltserlaubnis erhalten würde. Denn: »Bei der DIO handelt es sich um eine seit langem — schon vor der Islamischen Revolution — im Iran etablierte Institution, die für die Beschaffung von Waren für das Verteidigungswesen zuständig ist. Sie befaßt sich dabei zwar auch mit Rüstungsgütern, die in der Bundesrepublik Exportbeschränkungen unterliegen, jedoch daneben mit anderen Waren verschiedenster Art.«

Hier wird also zugegeben, daß sich das Büro mit Rüstungsgütern befaßt, die der Iran einkaufen will. Das steht wiederum in krassem Widerspruch zur Auskunft des Wirtschaftsministeriums an den SPD-Abgeordneten Jung. Denn da übernimmt die Bundesregierung kritiklos die Meinung des iranischen Botschafters, daß über das Büro in Düsseldorf »keine Rüstungsgeschäfte abgewickelt werden«.

Immerhin unterstützt das Auswärtige Amt, so das Schreiben des Düsseldorfer Oberstadtdirektors, »das Anliegen der Iranischen Botschaft, da sich die Einrichtung des Verbindungsbüros in Düsseldorf positiv auf die deutsch-iranischen Wirtschaftsbeziehungen auswirkt«.

Genau das ist der Hintergrund und Vorwand dafür, daß die Behörden und die Bundesregierung alle Augen zupressen, um ja nicht mitanschauen zu müssen, welche Aktivitäten das DIO-Büro in Düsseldorf entfaltet. Es könnten ansonsten vielleicht die guten deutsch-iranischen Wirtschaftsbeziehungen gestört werden.

Ist das Büro gar eine Nachfolgeeinrichtung der in London geschlossenen offiziellen Waffenbeschaffungsbehörde Teherans?

Bis zum Herbst 1987 blühten bekanntlich die Geschäfte einer höchst offiziellen Waffenbeschaffungsbehörde Teherans in London. In der Victoria-Street Nr. 4 kauften die Iraner, unter dem Deckmantel eines Büros der »National Oil Corporation« (NIOC), 70 Prozent des gesamten Waffenbedarfs für den Iran bei europäischen Firmen und Waffenhändlern ein. Riesige Rüstungsaufträge wurden hier abgeschlossen. Das ging lange gut, bis am 21. September 1987 der britische Öltanker »Gentle Breeze« von iranischen Revolutionswächtern in Brand geschossen wurde.

Die Reaktion der bislang so großzügigen britischen Regierung: Bis zum 8. Oktober müßte das Büro geschlossen werden, und die Angestellten des Büros, denen bislang kein Haar gekrümmt worden war, mußten die Insel verlassen.

Vermutungen gab es schon vor der Schließung des Londoner Büros, daß die Iraner in der Bundesrepublik ein ähnliches Büro eröffnen wollten. Doch bei parlamentarischen Anfragen der Grünen wies die Bundesregierung entrüstet jede Kenntnis von sich, wonach die Bundesrepublik von den Iranern ausgewählt worden sei, um Waffengeschäfte abzuwickeln. Stimmen daher die Erkenntnisse, die sogar von Zollbehörden bestätigt werden, daß das DIO-Büro in Düsseldorf eine der wichtigsten iranischen Schaltstellen für Anbahnung und Durchführung von Rüstungsgeschäften auf europäischem Boden geworden ist? Düsseldorf hatte, wenn es um Waffengeschäfte in den Iran geht, schon immer einen besonders guten Ruf.

1983 verhaftete die deutsche Polizei einen Iraner namens Sadegh Tabatabai. In seinem Gepäck transportierte er anderthalb Kilo Opium. Waffen gegen Rauschgift, eine durchaus übliche Bezahlung. Eine Menge Rauschgift, die einen normalen Dealer für Jahre hinter Gitter bringen würde.

»Das Opium hat man mir ins Gepäck gesteckt«, lamentiert der Iraner; weder Polizei noch Justiz nehmen ihm diese Version ab.

Das ist auch nicht nötig. Schließlich ist der verdächtigte Drogenkurier ein einflußreicher Mann, mit dem es sich die Bundesregierung nicht verderben will. Sadegh Tabatabai ist nämlich Neffe des Imams Sadr, des Gründers der schiitischen Bewegung AMAL im Libanon und, was ausschlaggebend für die bundesdeutsche Regierung ist, der Schwager von Ahmad Chomeini, Sohn des Ayatollah Chomeini. Ahmad Chomeini ist jener Mann im Iran, der den Waffeneinkauf für die iranischen Streitkräfte in den Händen hat. Und der Mann, der die Waffengeschäfte im Ausland für Ahmad Chomeini organisiert, das ist Tabatabai, der den Spitznamen »Sadegh der Schöne« trägt.

»Sadegh Tabatabai und Ahmat Chomeini bilden das mächtigste Geschäftspaar im Iran«, sagt dazu ein Kenner, M. Khademi, ehemaliger Geschäftspartner von Tabatabai.

»Sie haben ihre Hand auf allem, was in das Land hineinkommt und was herausgeht: Öl, Waffen, Nahrungsmittel. Sie bekommen auf alles Kommissionen und haben von 1980 bis 1985 ihre halbe Milliarde Dollars gemacht.«

Bevor ihm die Düsseldorfer Justiz den Prozeß machen kann, intervenieren nun Bonner Politiker. Der Trick, der ihnen einfällt, um den hochrangigen Iraner vor einer Verurteilung zu retten, ist der, daß sie ihm rückwirkend diplomatischen Status verschaffen. Er wird sozusagen Sonderbotschafter für den Waffenhandel. Eine freundliche Geste, für die sich Tabatabai später revanchieren wird. Er muß aus dem Gefängnis entlassen werden und kann als freier Mann vom Frankfurter Flughafen aus nach Teheran zurückfliegen.

Da hält es ihn nicht lange, da der Bedarf an Rüstungsgütern für den Iran wächst und man auf einen so einflußreichen Mann wie Tabatabai nicht verzichten kann. Wenige Monate nach seiner ruhmreichen Rückkehr nach Teheran fliegt er wieder nach Deutschland zurück und richtet sich im Düsseldorfer Parkhotel ein. Von hier aus knüpft er Verbindungen zu Außenminister Genscher, dem er eine persönliche Einladung von Ahmad Chomeini überreicht. Daß daraufhin die Geschäfte wieder laufen, versteht sich.

Für seine neuen Geschäfte soll sich jetzt Tabatabai, nach Aussagen aus iranischen Exilkreisen, zweier Tarnfirmen bedienen. Es sind die »Oriental Manufacturing and Trading Co.« in der Frankfurter Ostendstraße und die »Mondial Trading Company« in Stuttgart.

Auf jeden Fall gelingen ihm die schönsten Vertragsabschlüsse. Dazu gehörte der Kauf von chinesischen Seidenraupenraketen Hy-2 und von chinesischen Raketen mit der Bezeichnung C-801 Jing-yi. Dahinter verbürgt sich die Kopie der Exocet MM38. Außerdem kaufte er eine große Anzahl von F-5-und F-6-Kampfflugzeugen ein, die in Zahadan stationiert sind, im iranischen Belutschistan.

Vergegenwärtigt man sich nun, daß die deutschen Behörden auch gegen das Düsseldorfer Büro des Iranischen Verteidigungsministeriums nichts unternehmen, so ist zu verstehen, daß Zollfahnder und Bundeskriminalamt verzweifeln und resignieren. »Was sollen wir ermitteln«, klagten sie zum wiederholten Male mir (dem Autor) gegenüber, »wenn die Herren Waffenhändler höchste Protektion genießen.« Deshalb wundert es keinen, daß jetzt Frankfurt zum neuen Stützpunkt der ironischen Waffeneinkäufer auserkoren ist. »Sie kaufen sich in deutschen Firmen ein«, erklärt mir ein erfolgreicher südafrikanischer Waffenhändler.

DEUTSCHE SCHIFFE FÜR DEN IRAN

Ende 1984 bis 1986 können die Lieferungen des Kartells für den Iran zunächst ohne größere Probleme abgewickelt werden. Zahlreiche Frachtschiffe, von Scandinavian-Commodity gechartert, sind ständig zwischen Europa und dem Iran unterwegs, laden Treibladungspulver, Explosionsstoffe, Kartuschen und Munition aus den Betrieben des Kartells.

Wie reibungslos das funktioniert, gerade was die Täuschungsmanöver betrifft, belegen die Fahrten deutscher Frachtschiffe.

Noch ist die MS Bentota unterwegs, da wird schon das zweite Schiff beladen: ein deutsches Motorschiff, die MS Frauke. Sie läuft unter der Flagge eines deutschen Reeders. Das »Paul Heinrich Schiffahrtskontor Altes Land« in Steinkirchen bei Stade unterhält mehrere Schiffe, unter anderem die Anne-Liese Oltmann und die MS Frauke. Die Frauke hat das Kontor jedoch weitervermietet, und zwar an einen Dänen. Finn Poulsen ist ein bekannter Mann, weil sein Name immer wieder auftaucht, wenn ein mit Waffen beladenes Schiff aufgebracht wird. Ob Iran oder Südafrika — Poulsens Schiffe transportieren alles, insbesondere mit falschen Papieren. Eine der typischen Fahrten, die seine gecharterten deutschen Schiffe (mit deutscher Besatzung) zurücklegen, beginnt Anfang 1985. In dieser Zeit wirft die Frauke ihre Anker in Écosse in Ardrossen, einem kleinen privaten Hafen. Von diesem kleinen Hafen aus werden alle Produkte eines Kartellunternehmens, von Nobel Explosives Company, einer Filiale des mächtigen Chemiekonzerns ICI, verladen. Dort wird als erstes aufgeladen. Am 7. Januar verläßt die Frauke den geschützten Hafen und dampft ab in Richtung Skandinavien. Am 10. Januar 1985, um 20 Uhr abends, kommt die Frauke im schwedischen Hafen Varberg an, um 334 Paletten aufzuladen mit 100 Tonnen Sprengstoff MI NC987 von Bofors, dem nächsten Kartellmitglied.

Nach erfolgter Ladung, elf Stunden nachdem die Frauke am Pier angelegt hat, geht die Fahrt weiter in Richtung Süden, nach Korsör in

Dänemark. Korsör ist Firmensitz von Finn Poulsen, dem zeitweisen Reeder der Frauke. In Korsör werden 150 Tonnen Tetryl, das von Finnland nach Dänemark gebracht wurde, aufgeladen. Von Korsör aus kommt die Frauke am 16. Januar in dem belgischen Hafen Zeebrügge an. Jetzt wird die Ladung der Firma PRB, des belgischen Kartellmitglieds, verstaut. Die Zollbeamten schauen zu, Argwohn entsteht nicht. Denn in den Ladepapieren steht als Endabnehmer die Firma Elviemek in Griechenland. Zumindest wurde das von dem Unternehmen PRB und dem Spediteur, der Firma Transammo, gegenüber den belgischen Behörden so ausgegeben. Nachdem 350 Tonnen Kriegsmaterial verladen waren, geht die Reise weiter nach Nordenham. Dort kommt die Frauke am 18. Januar um 5.20 Uhr an. Die Papiere scheinen in Ordnung zu sein. Selbst die Crew-Liste wird den Behörden gezeigt. Die Besatzung besteht aus sechs Mitgliedern. Kapitän des Schiffes ist Claus von Holten, der am 19. Dezember 1943 in Cuxhaven geboren wurde. Von Holten, Mitglied der Gewerkschaft ÖTV, weiß zwar, was er lädt, sieht jedoch keine Möglichkeit, etwas dagegen zu unternehmen. Ich fragte ihn, nachdem er von einer seiner mehrmonatigen Fahrten zu seiner Familie nach Cuxhaven zurückgekommen ist, ob die Fahrten in den Iran nicht ein Problem für ihn seien?

»Das war bislang überhaupt kein Problem, weil wir grundsätzlich nach Bandar Abbas gefahren sind. Wenn man dort angerufen wurde von den Iranern und man hat sich gemeldet, gerade wir Deutschen hatten nie Probleme dabei, man wurde eigentlich sogar fast in deutscher Sprache begrüßt, weil viele Offiziere in Deutschland ihre Patente gemacht haben.« Und gefragt, ob diese Fahrten mit Waffen und Munition für ihn nicht ein Teufelskreis wäre, antwortet er offen: »Das ist ein absoluter Teufelskreis. Ich sehe keine Möglichkeit, das zu ändern, solange die Reeder die Macht haben, weil so viele Leute auf der Straße liegen, sprich arbeitslos sind. Er kann wählen, und er wird immer jemanden finden, der das macht, was der andere nicht machen würde.«

Der Kapitän wußte also genau, wohin die Ladung ging, »nach Bandar Abbas ohne Halt«. Und nicht wie in den Papieren steht: Griechenland bzw. Jugoslawien.

Diesmal lädt der Kapitän in Nordenham 346 Tonnen Treibladungspulver, die vom vierten Kartellmitglied, Muiden-Chemie aus Holland, zum deutschen Hafen Nordenham transportiert worden sind. Unter diesen 346 Tonnen befinden sich 100 Tonnen von SNPE, dem fünften Kartellmitglied. Ein Rätsel gibt jedoch die Rechnung des Hafenbetreibers »Midgard« an den »Charterer« der Frauke, das Unternehmen Bofors, auf. Sie datiert vom 7. Februar 1985 und nennt als Fracht nicht etwa Treibladungspulver, sondern »ammunition in containers«, also Munition, in Containern verpackt. Frachtpapiere laufen auf Treibladungspulver, Rechnungen der deutschen Hafenbetreibergesellschaft auf Kriegsmunition. Endverbraucherbescheinigungen sind einmal für Griechenland und dann für Jugoslawien ausgestellt: ein systematisches Chaos, das dazu dient, Behörden zu täuschen. Erfolgreich.

Die Containerzuladungen sind am Samstag, den 19. Januar 1985, um 11.05 Uhr beendet, die exakten Daten telext das Hafenunternehmen Midgard an Scandinavian-Commodity durch. Wenig später werden die Anker am Quai 1 hochgezogen, die Maschinen auf halbe Fahrt voraus gestellt, und die Frauke verläßt den idyllischen kleinen Elbehafen in Richtung Kriegsgebiet. Am 26. Januar 1985 fährt die Frauke an Gibraltar vorbei und kommt drei Tage später im italienischen Hafen Talamone an. Nochmals werden 200 Tonnen Treibladungspulver geladen. Überall wurde zugeladen und nur einmal abgeladen. Im jugoslawischen Hafen Bar holen die Ladekräne 70 Tonnen Sprengstoff von Bord und geben dem Kapitän dafür die gefälschten Papiere, um weiter in den Iran zu fahren.

Erst dann beginnt die lange Reise. Sie führt über Teneriffa, wo noch einmal gebunkert wird, am Cap vorbei und endet am 25. März im iranischen Hafen Bandar Abbas.

Der eine deutsche Frachter ist noch nicht im Iran angekommen, da wird bereits ein anderer deutscher Frachter geordert. Er fährt wieder unter dänischer Zeitcharter und soll den nächsten Schub von Munition und Sprengstoffen aus den Betrieben des Kartells in den Iran bringen. Der Name des Schiffes ist MS Katja, der Kapitän heißt Walter Dörp. Mit ihm sind noch weitere neun Besatzungsmitglieder an Bord. Am 8. März werden in Zeebrügge 378 Tonnen Treibladungspulver geladen, das aus den Produktionsstätten der PRB in Balen stammt. Den Behörden werden wieder, in bekannter Art und Weise, Papiere vorgelegt, aus denen hervorgeht, daß Griechenland Endabnehmer sei. Danach steuert die Katja den bekannten Privathafen Nordenham an, um weitere 213 Tonnen Treibladungspulver, u.a. von Muiden-Chemie, aufzuladen.

Bei einer genauen Durchsicht der Frachtdokumente fällt auf, daß die Waren angeblich aus Düsseldorf kommen. Das bedeutet, daß die Eisenbahnwaggons von Holland aus erst Richtung Süden laufen und dann in den Norden nach Nordenham. Ein großer Umweg. Oder das Pulver wurde tatsächlich in der Bundesrepublik geladen. Tatsache jedenfalls ist, daß die Katja in Nordenham 213 Tonnen Treibladungspulver für 155 mm Artillerie-Munition lädt. Nach Nordenham läuft die Katja als nächsten Hafen Varberg in Schweden an und holt, ordentlich in Containern verstaut, 130 Tonnen Treibladungspulver für 155 mm und 105 mm Artilleriegeschosse an Bord. Nachdem das Schiff voll geladen ist, soll es, glaubt man den Frachtpapieren, nach Jugoslawien fahren, um dort auszuladen.

Das Schiff passiert zwar den Hafen Bar. Ausgeladen wird jedoch kein Gramm. Sofort nachdem die Katja in Bar ankommt, wird es weitergeleitet, in Richtung Südafrika. Am 22. Mai 1985 wirft die Katja ihre Anker in seiner endgültigen Entladeposition in Bandar Abbas.

Bereits am 6. August befindet sich die MS Katja wieder auf großer Fahrt in Richtung Iran, vollgestopft mit neuen Munitionslieferungen des Kriegskartells.

Weitere Schiffe werden eingesetzt, um den Iran zu beliefern. Im November fährt die »Ocean Trader« in den Iran, nachdem sie in europäischen Häfen Pulver geladen hat. Die »Karen Clipper« fährt die Route im Juli 1985 und Februar 1986.

Aus den Ladedokumenten dieses Schiffes, das in Zeebrügge »Waren« für den Iran geladen hat, finden sich höchst aufschlußreiche Hinweise. Demnach befinden sich an Bord nicht nur Treibladungspulver, sondern auch 1.000 Tonnen Waffen und Munition holländischer, belgischer, französischer und spanischer Herkunft. Wie konnten die belgischen Behörden diese brisante Ladung übersehen, fragte sich auch eine belgische parlamentarische Untersuchungskommission während einer Ortsbesichtigung in Zeebrügge, Ende 1987. Sie untersucht den illegalen Waffenschmuggel von belgischen Unternehmen, nachdem die Regierung in Brüssel aus Stockholm erfahren hatte, daß ein belgisches Unternehmen, die PRB, am Waffenschmuggel in den Iran beteiligt war. Die schwedischen Zollbehörden haben im übrigen auch die bundesdeutschen Behörden informiert. Ohne eine nennenswerte Reaktion — ganz im Gegensatz zu Belgien.

Das Täuschungsmanöver, ermittelten die Parlamentarier, war von bestechender Einfachheit. An Bord befanden sich zwei verschiedene Dokumentensätze. Die ersten, die für die Zollbehörden bestimmt waren, nannten Spanien bzw. Jugoslawien als Endbestimmung. Der zweite Dokumentensatz, über die gleichen Produkte, mit gleicher Menge war ordentlich für den Iran ausgestellt. Den bekamen die Behörden selbstredend nicht zu sehen.

Mitte 1985 rumort es in Schweden. Aufgrund der Affäre »Armaturen« (am 20. August informierte das deutsche Zollkriminalinstitut die schwedische Behörde »Tullbevakningssektionen« in Stockholm über illegale Ausfuhren von Bofors) leitet die Zollpolizei im Dezember 1984 eine offizielle Untersuchung gegen Bofors-Nobelkrut ein.

Zum damaligen Zeitpunkt, Dezember 1984, wissen die Fahnder noch nicht, daß sie einer internationalen Organisation von Waffenschmugglern auf der Spur sind. Sie glauben zuerst, daß hier lediglich ein mehr oder weniger unbedeutendes Geschäft mit falsch deklarierten Endabnehmern vorliegt. Doch dieser Zustand hält nicht lange an. Am 20. März 1985 sind in den Büros von Bofors-Nobelkrut in Karlskoga zum ersten Mal emsige Zollfahnder am Werk. Unnachsichtig räumen sie die Schreibtische der Bofors-Manager aus. Die Überraschung der Untersuchungsbeamten über das, was sie finden, ist groß, obwohl sie sich erst nach Monaten zusammenreimen können, welch riesigen Skandal ihre Ermittlungen auslösen werden. Das was sie jetzt schon wissen, reicht aus, um nochmals nach Karlskoga zu fahren. Am 17. April 1985 kassieren sie die archivierten Unterlagen. Und dann kommt, bruchstückhaft zuerst, die Wahrheit ans Tageslicht. Wieder vergeht Zeit. Im Mai und Juni passiert noch gar nichts, weil die Untersuchungsbeamten Dokument für Dokument auswerten und zu entsprechenden Vorgängen zusammenfügen müssen.

Die Bofors-Direktion entscheidet in dieser Zeit, die Geschäfte weiterzuführen. Noch deutet ja nichts darauf hin, daß die Behörden den illegalen Handel nachweisen können. Die Manager sind zudem fest davon überzeugt, daß die Untersuchungen im fernen Stockholm von der Regierung gestoppt werden. Wird es die Zollbehörde wirklich wagen, den Geschäften des mächtigen Rüstungskonzerns Steine in den Weg zu legen? Bislang hat das politische Kalkül obsiegt, gerade aufgrund der guten Beziehungen zu Regierungsmitgliedern. Außerdem konnte ein wichtiger Teil der Dokumente, Rechnungen und Frachtpapiere in letzter Minute vor dem Zugriff der Fahnder gerettet werden. Warum also Angst haben?

Und ein weiterer Hauptbeteiligter des Iran-Deals, Karl Erik Schmitz, dessen Name in den Unterlagen überall auftaucht, ist bis zu diesem Zeitpunkt vollkommen ungefährdet. Andererseits wissen alle Beteiligten vom Sommer 1985 ab, daß irgend etwas im Gange ist. Daher muß man vorausschauend, trotz allem Optimismus, Vorsichtsmaßnahmen ergreifen.

Eine Vorsichtsmaßnahme geht von Karl Erik Schmitz Anfang Juni 1985 aus. Am 7. Juni 1985 schreibt Schmitz von Scandinavian-Commodity ein Telex an »Messrs. National Defence Industries Organization« in Teheran.

»Am Telefon haben wir Ihnen bereits die unglückliche Situation in Schweden erklärt. Daher können wir unsere Export-Lizenzen und Enduser-Zertifikate für verschiedene Kontrakte nicht mehr benutzen. Wir suchen nach Möglichkeiten, um eine andere akzeptable Endbestimmung zu finden, die Ihre Lieferanten akzeptieren können.« Und dann geht man schon wieder zur Tagesordnung über. Ein gechartertes Flugzeug, vollbeladen mit Rüstungsprodukten des Kartells, wird angekündigt. Trotzdem:

Der bislang so gut geschmierte jugoslawische Kanal ist bedroht. Neue Kanäle, das heißt neue Zwischenländer, müssen ausfindig gemacht werden, um die laufenden neuen Verträge zwischen dem Kartell und Iran erfolgreich zu erfüllen.

Der Transport mit Cargo-Maschinen bietet sich an.

Lesquin bei Lille, im Norden Frankreichs. Am späten Nachmittag des 24. Juli 1985 hebt eine Boeing 707 vom Rollfeld ab. Die Boeing bekommt von Teheran den Landecode »AFTN reference OJJJYA« zugewiesen und landet gegen Mitternacht auf dem Flughafen Chahbar, nahe Teheran.

Iranische Soldaten machen sich sogleich an die Entladung des Transportflugzeugs. 11 Tonnen Treibladungspulver für Kaliber 35 mm und 7 Tonnen andere Sprengstoffe für die Herstellung der verschiedensten Munitionssorten werden auf bereitstehende LKW verladen.

Das Frachtflugzeug gehört einer bekannt-berüchtigten Luftverkehrsgesellschaft, der Santa-Lucia-Airways. Berüchtigt deshalb, weil diese Luftverkehrsgesellschaft immer dann eingesetzt wird, wenn illegale Transporte durchgeführt werden müssen. Auch die Iraner müßten wissen, wer der wahre Auftraggeber dieser Gesellschaft in der Regel ist: der amerikanische Geheimdienst CIA. Die Santa-Lucia-Fluggesellschaft wird von Frankfurt und Fort Charlotte in Florida aus dirigiert, und zwar von dem Deutschen Dietrich Reinhardt.

Zwischen März und Mai 1986 beförderte die Santa Lucia beispielsweise Waffen auf die Militärbasis Kamina in Zaire. Auftraggeber war die CIA. Von Zaire aus wurden die Waffen an die angolanischen Rebellen der UNITA weitergeleitet. Eine andere Boeing der Santa-Lucia-Airways flog im November 1985 und im Februar 1987 Waffen in den Iran, die aus amerikanischen Militärbasen stammten. (vgl. The Chronology, The documented day-by-day account of the secret military assistance to Iran and the Contras's, New York 1987, S. 278 ff)

Jetzt ist es nicht die CIA, sondern der Repräsentant des Kriegskartells, Karl Erik Schmitz, der Santa-Lucia-Airways für die klandestinen Lieferungen einsetzt. Die gilt es als erstes zu organisieren. Mehrere LKW bringen die Kriegsprodukte der Kartellmitglieder, u.a. wieder von Muiden-Chemie, zum französischen Flughafen bei Lille. Die letzte Fuhre wurde am 24. Juli erwartet. Vier LKW näherten sich der belgisch-französischen Grenze Ménin-Est. Die ersten drei können ungehindert nach Frankreich einfahren — doch das vierte Fahrzeug wird gestoppt. Auf ihm befinden sich in Tonnen verpacktes Treibladungspulver und Detonatoren. Detonatoren, belehren die Zöllner den Fahrer, dürfen in Frankreich nur per Zug transportiert werden. Der Fahrer ruft sofort bei dem Spediteur an, dieser informiert Karl Erik Schmitz über das Mißgeschick.

Schmitz orientiert unverzüglich den Auftraggeber in Teheran: »Der

Transport der Detonatoren wurde durch die lokalen Behörden auf dem Weg zwischen den Produzenten und dem Flughafen gestoppt. Der Grund dafür ist, daß diese Waren nicht mit LKW transportiert werden dürfen, sondern nur durch Zugverladung. Wir haben natürlich protestiert, aber es kann Tage dauern, bis wir die Spezialgenehmigung erhalten, und wir können das Flugzeug nicht zurückhalten.«

Die erste Boeing verläßt Lille daher ohne die Detonatoren und landet pünktlich bei Teheran.

Inzwischen stellt Schmitz eine zweite Ladung für die Boeing zusammen. Sie besteht u.a. aus einer Tonne Pulver CBI, 155 mm Geschossen, leeren Granathülsen, die zur Munitionsherstellung benötigt werden. Besonderen Wert legt der Iran auf die Detonatoren. Detonatoren gelten international als bundesrepublikanisches Qualitätsprodukt.

350.000 Detonatoren sollten mit der Maschine der Santa-Lucia-Airways geladen werden.

Um das Geschäft durchzuziehen, traf sich der reisefreudige Schmitz in Düsseldorf mit dem schon bekannten Repräsentanten der iranischen Waffenbeschaffungsbehörde DIO. Bei diesem Gespräch, so die vorliegenden Unterlagen, war auch der deutsche Produzent anwesend. Ergebnis des Gesprächs: Die Detonatoren können ab Lager geliefert werden. Der einzige Hinweis auf das deutsche Unternehmen Dynamit-Nobel AG ist das noch lange nicht. Wieder bietet ein vorliegendes Dokument zusätzliche Indizien für diesen Tatbestand. In seinem Telex vom 9. August 1985 an die »Beschaffungsbehörde des iranischen Verteidigungsministeriums« meldet Schmitz, was das Flugzeug Nr. 2 geladen hat.

Aufgelistet werden die militärischen Produkte aus drei Verträgen. Der erste Vertrag betrifft die Lieferung von einer Million Zünder. Der zweite Vertrag betrifft die Lieferung von 42.000 Detonatoren und der dritte Vertrag die Lieferung von 300.000 Detonatoren. In allen drei Fällen wird die Melli-Bank in Düsseldorf als Ort angegeben, an den die Zahlungen für die Lieferungen überwiesen werden müssen.

Die Melli-Bank in Düsseldorf wurde mehrmals eingeschaltet, wenn die Produkte, die vom Iran bezahlt wurden, aus der Bundesrepublik kamen.

Flugzeug »Nr. 2«, wie es in den Dokumenten genannt wird, hat bereits eine Reise über das Mittelmeer hinter sich. Bevor es in Lille landete, hatte es in Israel geladen. Waffen für den Iran. Mit diesen Waffen an Bord fliegt die Maschine nun nach Frankreich. Ein nicht ganz ungefährlicher Trip.

Schmitz weiß das auch. »Sollte es Schwierigkeiten wegen dieser Ladung aus Israel geben«, so Schmitz an den Transporteur Transammo in Antwerpen in einem Telex vom 31. Juli 1975, »arbeiten Sie bitte mit Alexandre Gourary, Distraco, Belgien zusammen, der über alles informiert ist.« »Distraco« in Brüssel ist ein Zweigbüro der israelischen Waffenbeschaffungsbehörde IMI.

Der größte Teil der zweiten Flugzeugladung besteht aus 28 Tonnen Treibladungspulver, das von der Dynamit-Tochter »Muiden-Chemie« produziert wurde.

Auch diese Boing 707 der Santa-Lucia-Airways kommt, nachdem es noch einige Verzögerungen gegeben hat, ohne Zwischenfälle auf dem Flughafen Mehrabad bei Teheran an. Und das, obwohl die beteiligten Firmen als Endabnehmer für ihre Produkte wieder das Unternehmen Elviemek in Athen angegeben haben.

Doch ist der kleine Flughafen Lille der einzige Ort, von dem aus per Luft militärische Produkte in den Iran gehen? Zweifel sind angebracht, zumal ich aus verschiedenen Quellen immer wieder höre, daß ein deutscher Flughafen eine viel größere Rolle spielt: der Rhein-Main-Flughafen in Frankfurt.

Der Rhein-Main-Flughafen ist eine wichtige Drehscheibe für Lieferungen in den Iran, das steckten mir vertraulich Zollbeamte und Lagerarbeiter, die aus Angst vor Repressalien ungenannt bleiben wollen. Manchmal wunderten sich Transportarbeiter, daß beispielsweise von dem Münchner Unternehmen MBB Maschinenteile für den Iran auf die Frachtmaschinen der Iran-Air verladen wurden. In Wirklichkeit waren es Hubschrauber, die leicht umzurüsten sind. »Maschinenteile« als Deklarierung ist am häufigsten zu beobachten. Absender sind immer große Rüstungsunternehmen. Die Maschinen, die hier Waffen laden, meistens in der Nacht, sind Frachtmaschinen der Iran-Air und Air-Irak. Kontrolliert werden sie kaum, allenfalls, so Beobachter, schaut der Zoll von einer weitentfernten Ecke aus mit dem Fernglas zu. Dabei entgeht ihm natürlich, was in Wirklichkeit dort eingeladen wird.

Daher war es klar, daß das Augenmerk bei den in Schweden beschlagnahmten Dokumenten auch Hinweisen galt, ob dort der Frankfurter Flughafen erwähnt wird. Die Suche war lohnend. Demnach wurden vom Frankfurter Flughafen aus Rüstungsprodukte des Kartells in den Iran verladen. Keine großen Mengen, sondern insbesondere Muster. Denn der Iran will natürlich, bevor er seine großen Bestellungen aufgibt, von den Produzenten für Munition und Treibladungspulver wissen, ob das Produkt auch den Ansprüchen entspricht.

Da schreibt am 16. Dezember 1984 Schmitz nach Teheran und bestätigt, daß ein 30 Kilo schweres Muster von Treibladungspulver mit der Iran-Air vom Frankfurter Flughafen aus unterwegs nach Teheran sei. Eigentlich war geplant, daß diese Lieferung durch einen Herrn Sandwall erfolgen sollte, der mit der Swiss-Air nach Teheran kommen wollte. Aber, so Schmitz, es gab Probleme mit dem Zoll, und das Gepäck wurde nicht akzeptiert. »Aber wir sind jetzt glücklich, daß wir die Muster mit der Islamic Iranian Air schicken können.«

Von der »Drehscheibe der Welt« aus, wie sich der Frankfurter Flughafen in Werbebroschüren nennt, werden auch größere Kaliber Waffen für den Golfkrieg umgeladen, manchmal unter den wachsamen Augen der Polizei. Zum Beispiel am 29. Dezember 1987. Da landet ein Flugzeug mit der Flugnummer LY 1812. Dahinter verbirgt sich ein israelisches Transportflugzeug. Es wird zu Position 227 gelotst und unter einem großen Aufgebot von Bundesgrenzschutz entladen. Die offizielle Abflugzeit, 12,55 Uhr, kann aber nicht eingehalten werden, denn ein weiteres Transportflugzeug hat sich verspätet. Es handelt sich um einen iranischen Transporter der Iran-Air (Flug-Nr.: 4704), daß erst um 12,25 einfliegt. Sofort wird es zur Position 229 dirigiert, direkt neben das israelische Flugzeug. Erst jetzt kann die aus dem israelischen Flugzeug bereits ausgeladene Ware in das iranische Flugzeug verstaut werden. Was umgeladen wurde, müßten auch die Polizeibeamten gesehen haben.

Elektronische Ersatzteile sowie Luft-Luft-Raketen für iranische F-14 und F-15 Kampfflugzeuge; Ersatzteile sowie Nachschub für iranische HAWK-Flugabwehrbatterien und ca. 80 Tow-Boden-Luft-Raketen. Seit dieser Landung im Dezember gibt es, so kundige Beobachter, alle zwei Monate derartige Umladeaktionen auf dem Frankfurter Flughafen.

DIE KRISE DES KARTELLS

Inzwischen hat Schmitz von seinen Freunden und Geschäftspartnern aus Karlskoga erfahren müssen, daß sich die Affäre um Bofors zuspitzen würde. Er muß wohl auch daran denken, daß ihm die Fahnder immer näher kommen. Das ändert nichts daran, daß er weiterhin prompt Irans Nachfragen erfüllt. Doch er wird vorsichtiger.

Eine seiner verräterischsten Aufzeichnungen ist ein Telex vom 19. August 1985. In diesem Telex kabelt er aus seinem Büro in Malmö nach Teheran und weist darauf hin, »daß wir nun alle bestehenden Gesetze brachen, um die Lieferungen der Produkte für ihre Organisation möglich zu machen«.

»Die verschiedenen Probleme«, schreibt er weiter, »die durch die Autoritäten entstanden sind, haben dazu geführt, daß wir die Waren unter großen Schwierigkeiten gelagert haben. Trotzdem werden die erwähnten Mengen mit unserem August-Schiff versandt werden. Wir bedauern diese Verspätungen, aber bitte verstehen Sie unsere Probleme, und glauben Sie uns, daß wir alles tun werden, um die Waren an Ihre Organisation zu schicken.«

Im Februar 1986 kommt die Staatsanwaltschaft auch zu Karl Erik Schmitz und beschlagnahmt bei ihm weiteres Material. Schmitz, diesen außerordentlich gewieften Geschäftsmann, läßt das kalt. Er ist fest davon überzeugt, daß man ihm nichts Bedeutsames vorwerfen kann. Das einzige, was ihm Sorge bereitet, ist, daß seine Verträge nicht eingehalten werden können.

Als ich ihn für eine ZDF-Dokumentation im Herbst 1987 per Telefon interviewte, macht er aus seinem Herzen keine Mördergrube.

»Die Behörden wußten genausoviel Bescheid wie die Produzenten. Ich meine, Sie müssen doch verstehen, wenn es fünfzig Produzenten gibt, das sind ja keine Schwindler alle. Ich sehe das doch hier in Schweden, und wir sehen das in Frankreich oder in Holland. Die gehen ja Hand in Hand — die Behörden und die Produzenten. Die müssen das tun. Ich meine die Behörden sind ja keine Dummköpfe. Die müssen doch verstehen, daß diese Waren nur in Länder gehen können, die sich in einer Kriegssituation befinden.«

Schließlich wäscht er seine Hände in totaler Unschuld: »Die Verantwortlichkeiten liegen bei den Behörden, nicht bei den Produzenten. Die Behörden lassen diese Geschäfte laufen.«

Weil das so ist, gehen die Geschäfte, ob per Schiff, LKW oder Flugzeug, bis 1987 weiter. Sie ermöglichen erst die blutige Fortsetzung des Kriegs am Golf. Doch so einfach wie in den Jahren 1983 bis 1986 war es danach nicht mehr. Griechenland und Jugoslawien waren »verbrannt«, d.h., sie konnten nicht mehr als Zwischenstation angegeben werden. Jetzt boten sich Spanien und Portugal an. Ab 1986 liefen denn auch alle Rüstungsgeschäfte über die spanische Staatsfirma »Empresa Nacional Santa-Barbara« und portugiesische Rüstungsunternehmen. Insbesondere unter der Regentschaft von Premierminister Mario Soares, der nach der Nelkenrevolution von der sozialdemokratischen Friedrich-Ebert-Stiftung politisch trainiert wurde, laufen die Geschäfte zwischen Portugal und den kriegführenden Staaten am Golf blendend. Nichts trübt die Geschäfte, keine neugierigen Fragen. Wurde bis 1983 fast ausschließlich der Irak beliefert, entschied die Regierung am 23. September 1983 in einer geheimen Sitzung, Kontakte mit Vertretern des Iran aufzunehmen, so der belgische Journalist Walter de Bock in seinem Buch »Des Armes pour l'Iran«. Innerhalb weniger Monate entwickelt sich Portugal dann zu einem der wichtigsten Rüstungslieferanten der Ayatollahs in Teheran. Der wirtschaftliche Erfolg der Geschäfte kann sich sehen lassen: Zwischen 1983 und 1987 verkaufte Portugal Waffen im Wert von über 120 Millionen DM in den Iran.

STILLSTAND DER RECHTSPFLEGE

Die Lawine, die von einem kleinen Zwischenfall an der deutsch-österreichischen Grenze im Herbst 1984 ausgelöst wurde, rollt jetzt, Ende 1986, bedrohlich auf alle beteiligten Kartellmitglieder zu.

In der Zwischenzeit haben die schwedischen Zollbehörden alle Unterlagen sortiert, die sie 1985 bei Bofors und 1986 bei Scandinavian-Commodity beschlagnahmt haben. Sie stellen Unterlagen für die nationalen Zollfahndungsämter von Finnland bis Italien, von Holland bis zur Bundesrepublik zusammen, Dokumente, aus denen die Beteiligung der jeweiligen nationalen Firmen deutlich wird.

Überall, auch in der Bundesrepublik, tauchen bei den betroffenen Firmen die Fahnder des Zolls auf. Doch es wird ganz unterschiedlich ermittelt. In Finnland, Großbritannien, Holland und Belgien kommt es zur Eröffnung von Strafverfahren, in Belgien sogar zu einem parlamentarischen Untersuchungsausschuß. Nur in der Bundesrepublik bleibt es ruhig. Niemand fährt nach Stockholm, um sich weitere Unterlagen zu beschaffen, obwohl die schwedischen Behörden in Stockholm nur Teile der vorliegenden Unterlagen kopiert und weitergeschickt haben. Niemand erkundigt sich in Brüssel, zu welchen Ergebnissen der Untersuchungsausschuß gekommen ist.

Im Bundeskriminalamt Wiesbaden orientiert man sich überwiegend an Presseveröffentlichungen aus Schweden, die man mir sogar stolz zeigt. Auf meine Frage, warum denn kein Beamter nach Stockholm gefahren sei, höre ich das Argument: »Die Schweden haben das blokkiert.« In Schweden wiederum, beim zuständigen Chefermittler Sebell, erfahre ich mit Erstaunen, daß es aus der Bundesrepublik »keinerlei Anfragen« gegeben habe. Der Zollbeamte wundert sich auch deshalb, weil doch zahlreiche Firmen aus der Bundesrepublik involviert seien. »Die müßten doch«, sagt mir Sebell, »ein irres Interesse haben, die Praktiken aufzudecken.« Nun ist das die eine Angelegenheit, die so gegensätzlich geschildert wird, wobei mir die Aussage des schwedischen Ermittlers plausibler erscheint. Die andere aber ist schwerwiegender. Beamte des Bundeskriminalamtes beschweren sich in »Hintergrundgesprächen« bitter darüber, daß sie wegen der »beschissenen Gesetzeslage« keine Möglichkeit haben, wegen Verstoßes gegen das Kriegswaffenkontrollgesetz zu ermitteln. Denn Sprengpulver, Detonatoren etc. fallen nicht unter das Kriegswaffenkontrollgesetz. Selbst die Staatsanwälte, sofern es gutwillige gibt, vertraut man mir an, sind überfordert. »Wie sollen die aus dem Wust von Dokumenten herausfinden, wie die Geschäfte gelaufen sind?« Die Argumente sind gewiß zutreffend. Sie beantworten aber nicht die Frage, warum Journalisten offensichtlich Dokumente auf dem Schreibtisch liegen haben, aus denen die Verwicklung bundesdeutscher Unternehmen und Männer hervorgeht, die ganz klar gegen das Kriegswaffenkontrollgesetz verstoßen haben. Müssen etwa Journalisten dem Bundeskriminalamt mit ihren Unterlagen unter die ermittelnden Arme greifen? Es ist ein Gewissenskonflikt. Journalistische Unabhängigkeit auf der einen Seite und die bürgerliche Pflicht, kriminelle Geschäfte zu unterbinden, auf der anderen Seite.

Als im ZDF die Sendung »Hochexplosiv« Anfang Januar 1988 ausgestrahlt wurde, in der über das »Kriegskartell« berichtet wurde, rührte sich bei jenen wenig, die kraft ihres Amtes zu Ermittlungen aufgerufen wären: den Staatsanwaltschaften. Erst als Friedensinitiativen in Bonn, Fürstenfeldbruck und Wald-Kraiburg Anzeige erstatten, beginnt — nach Monaten — die Staatsanwaltschaft Verfahren zu eröffnen. Mit wenig Aussicht auf Erfolg, weil anscheinend das öffentliche Interesse nicht vorhanden ist. Mit wenig Erfolg auch deshalb, weil die beteiligten Unternehmen natürlich ausreichend Zeit hatten, alle belastenden Unterlagen zur Seite zu schaffen. Das bietet der Staatsanwaltschaft wiederum die Möglichkeit, die Verfahren einzustellen, weil nichts Belastendes mehr gefunden wird. Von einer skandalösen Form der Verhinderung notwendiger Aufklärung gibt es außerdem viel aus Köln zu berichten. Dort gibt es das Zollkriminalinstitut (ZKI), eine Art »Bundeskriminalamt« der Zollverwaltung. Dieses zentrale Zollfahndungsamt, dessen Beamte »Hilfsbeamte der Staatsanwaltschaft« sind, sowie die übrigen örtlichen Zollfahndungsämter im Bundesgebiet haben die Aufgabe, Verstöße gegen die Ein- und Ausfuhrbestimmungen festzustellen und entsprechend zu ermitteln. Das legte zumindest der Gesetzgeber in § 42 Außenwirtschaftsgesetz fest.

Aber die frustrierende Realität sieht ganz anders aus. »Wirtschaftsverbrecher« werden zwar schon einmal an den nationalen Zollgrenzen gestellt, wenn Zollbeamte bei Reisenden geschmuggelte Zigaretten oder Alkohol aufspüren. Und selbst das wird dem Zufall oder »Gespür« der Abfertigungsbeamten überlassen. Ab 1992 werden auch diese Zufallsergebnisse durch den Wegfall der EG-Binnengrenzen entfallen. Tatsache ist: Kriminalistische Aufklärung der großen Wirtschaftsverbrechen findet nur am Rande statt, wenn es Informanten gibt.

Hat das Prinzip Zufall damit zu tun, daß das Zollkriminalinstitut (ZKI) in Köln, das von den schwedischen Zollbehörden frühzeitig in die Ermittlungen gegen das Kriegskartell eingeschaltet wurde, über keinerlei Schlagkraft verfügt? Ist dieser Zustand etwa Ausdruck des politischen Willens? Oder liegt es an der mangelnden Qualifikation bei der Leitung der Behörde oder/und bei der Fachaufsicht im Bundesfinanzministerium? Eher verhaltener Zynismus ist es, wenn im Zollmuseum des ZKI die beschlagnahmten Waffen mit resignierendem Achselzucken gezeigt werden, die Erfolge der bundesdeutschen Zollverwaltung. Was sieht der neugierige Betrachter? Ein paar Pistolen, alte Vorderladergewehre und Schlag- bzw. Stichwaffen in verschiedensten Ausführungen. Kann man auf diese Funde stolz sein?

Alle Landeskriminalämter, sagen die Eingeweihten, verfügen mittlerweile über sehr aufwendige Datenverarbeitungssysteme. Nicht so das ZKI. Der Reiseetat ist so gering bemessen, daß schon im Frühjahr Dienstreisen nicht im erforderlichen Umfang durchgeführt werden können und Hinweisgeber deshalb gebeten werden, zu Informationsgesprächen das ZKI in Köln aufzusuchen, damit keine Reisekosten anfallen. Sollte doch noch Geld in den Kassen sein, dann muß der »Tipgeber« wochenlang warten, bis ein Beamter ihn aufsucht, da kurzfristige Terminabsprachen infolge der langwierigen Reisevorbereitungen nicht möglich sind. Bis der Reiseantrag dann genehmigt ist, sind natürlich die meisten Spuren schon wieder verwischt. Sicher ist, so die Klagen aus dem Bundesfinanzministerium, daß der Chef des Kölner Zollfahndungsamtes, der 62jährige, kurz vor der Pensionierung stehende Dr. Heinrich Ashauer, der Arbeit seiner engagierten Mitarbeiter äußerst mißtrauisch gegenübersteht. »Der Präsident blockiert«, heißt es in Bonn. Unter diesen Bedingungen ist es nicht verwunderlich, daß mancher Vorgang wochenlang auf dem Schreibtisch des Leiters des ZKI liegenbleibt, Beamte aus süddeutschen Zollfahndungsämtern sprechen von einem »Stillstand der Rechtspflege«. Die gewieften Manager in den Vorstandsetagen mit ihren internationalen Verbindungen reiben sich die Hände; wissen sie doch, daß den ermittelnden Beamten auch keine Auslandsdienstreisen genehmigt werden, um vor Ort nachzuforschen, wie die internationalen Schmuggelwege der Waffenhändler laufen.

Hinzu kommt die Konkurrenz der regionalen Zollfahndungsämter untereinander. Das führt fast immer dazu, daß eine zentralisierte effektive Arbeit des Zollfahndungsdienstes — und hier speziell die Verfolgung des Waffenschmuggels — verhindert wird. Auch beim ZKI sind es, wie beim BKA, Journalisten und ihre Berichte, die dazu führen, daß überhaupt ermittelt wird. Doch dann ruht alles. Oder es beginnt ein »Abwerben« der Hinweisgeber durch ein örtliches Zollfahndungsamt, wie es der Journalist Egmont R. Koch bereits erlebte. Als er für den »Stern« die Beteiligung bundesdeutscher Firmen am Aufbau der Giftgasanlagen im Irak recherchierte, tauchte der »Verdacht« auf, er würde mit dem ZKI in Köln zusammenarbeiten, als er dort seine Informationen überprüfen ließ; ein Prüfverfahren, das für Journalisten zwingend erforderlich ist. Und was machte man? Zollfahnder von örtlichen Zollfahndungsämtern versuchten den Journalisten dem ZKI abzuwerben. Nicht nur das. Kleinkariertes Verwaltungsdenken führt bei örtlichen Zollfahndungsämtern zur Befürchtung, daß Journalisten und ZKI-Beamte zusammenarbeiten. Das läßt sich daraus entnehmen, daß sie sich auffallend häufig nach dem Verhalten der ZKI-Kollegen erkundigen. Fazit: Kollegenüberprüfungen finden reichlich statt, während die Wirtschaftsstraftäter unbehelligt davonkommen.

Vielleicht hängt das fahrlässig lasche Verhalten der Behörden auch damit zusammen, daß das Bundesamt für Wirtschaft in Eschborn, als Bundesoberbehörde dem Bundeswirtschaftsministeriums unterstellt, in allen Fällen Genehmigungen erteilt hat. Geschieht dies etwa, weil die Beamten gar nicht in der Lage sind, die Tricks der Waffenschmuggler zu durchschauen? Oder ist es nicht erwünscht, die Tricks der Waffenschmuggler aufzudecken? Hauptsache, die schriftlichen Antragsunterlagen sind vollständig ausgefüllt, und irgendeine Firma oder ein Empfangsland bestätigt den Endverbleib der Ware, so definiert es ein Kenner des Bundesamtes.

Doch selbst wenn Verstöße gegen das Außenwirtschaftsgesetz festgestellt werden sollten, was äußerst selten vorkommt, stecken das die betroffenen Firmen mit einem Grinsen weg. Egmont R. Koch zitiert in seinem Buch »Grenzenlose Geschäfte« einen Mitarbeiter des Amtes, der ihm folgendes gesagt hat:

»Laut Definition werde zwischen einem ›geringen‹ (200 bis 500 Mark), einem ›mäßigen‹ (500 bis 1000 Mark), einem ›mittleren‹ (1000 bis 10.000 Mark) und einem ›spürbaren‹ Bußgeld (10.000 bis 50.000 Mark) unterschieden. Bußgelder bis 500.000 Mark, die möglich wären und die einige Unternehmen dann nicht mehr aus der Portokasse zahlen könnten, sind in dieser Aufschlüsselung nicht vorgesehen.« (Egmont R. Koch, Grenzenlose Geschäfte, München 1988, S. 44)

Kollege Koch sollte sich eigentlich nicht wundern, denn der Präsident des Bundesamtes in Eschborn, Dr. Rummer, sagt doch ganz klar: »Wir sind ein Bundesamt *für* die Wirtschaft.«

Selbst der belgische Untersuchungsausschuß fordert die deutschen Kollegen in Bonn auf, etwas gegen diese Art des Gangstertums renommierter Unternehmen zu unternehmen. Mir sagte der Berichterstatter des Parlamentsausschusses, der Abgeordnete Louis van Velthoven: »Ich denke, daß eine parlamentarische Untersuchungskommission bei Ihnen sicher nützlich sein würde. Denn jetzt ist ja bewiesen, durch die Untersuchung in Schweden, daß es dort Produkte gegeben hat, die in den Iran gegangen sind. Und wir hier in Belgien haben jetzt auch die Beweise, daß es belgische Munition gegeben hat, die in den Iran gegangen ist. Ich bin daher der Meinung, daß wir im Rahmen der Europäischen Gemeinschaft, in bezug auf den Waffenhandel, nach einer einheitlichen Gesetzgebung streben müssen. Und deshalb würden wir es als nützlich und notwendig ansehen, wenn der deutsche Bundestag sich dieses Problems annimmt.« Appelle, die keinen Widerhall gefunden haben. Zwar gibt es, wie eingangs beschrieben, parlamentarische Anfragen. Doch die, so muß man wohl feststellen, haben lediglich Alibicharakter, sollen demonstrieren, wie aktiv die Politiker sind. Fazit: Es tut sich nichts — die Waffen rollen weiter in Kriegsgebiete, zerstören physisch und psychisch Hunderttausende Menschenleben.

Da scheinen Presseberichte schon wirksamer zu sein. Alarmiert durch die schwedischen Zollbehörden und Zeitungsberichte, die ab Sommer 1987 zuerst in der schwedischen und danach in der europäischen Presse veröffentlicht werden, müssen sich die betroffenen Unternehmen etwas Neues einfallen lassen.

Auch die Iraner, die wieder einmal eine Großoffensive beginnen wollen, reagieren verärgert. Zum einen haben sie Angst davor, daß die bisherigen Kanäle für ihre Waffenlieferungen aus Europa nun verstopft werden. Und sie verstehen sowieso nicht, wie es kommen konnte, daß so kompromittierende Dokumente überhaupt beschlagnahmt wurden.

Karl Erik Schmitz jedenfalls war nun ab Sommer 1987 praktisch ausgeschaltet, während die Unternehmen des Kartells die bewährte Strategie verfolgen: Abwarten, die Zeit spielt für uns.

Ein Geschäft konnte Schmitz aber noch abschließen: die Errichtung einer Munitionsfabrik in Isfahan. Und selbst hier taucht wieder ein deutscher Name auf: »Fritz-Werner«.

EIN BUNDESEIGENES UNTERNEHMEN: Fritz-Werner GmbH

Aufgrund des enormen Munitionsbedarfs und der Bedrohung durch ein allgemeines Waffenembargo ist der Iran immer mehr darauf angewiesen, von Lieferungen aus dem Ausland unabhängig zu werden. Karl Erik Schmitz, bis 1987 zumindest für die Iraner zu ihrem bedeutendsten europäischen Repräsentanten geworden, hilft kräftig mit, daß der Iran unabhängiger von ausländischen Lieferungen für den riesigen Munitionsbedarf des Landes wird. Er baute eine schlüsselfertige Munitionsfabrik, die im Herzen des militärisch-industriellen Komplexes der Stadt Isfahan im Süden von Teheran steht.

Der Aufbau der neuen Munitionsfabrik, die nur dann funktionieren kann, wenn auch die kleinsten Einzelteile zueinander passen, beginnt 1985. Ein Geschäft, wieder von europäischer Dimension, das sich von anderen dadurch unterscheidet, daß diesmal als Endabnehmer der Iran genannt wird. Aber die wahre Bestimmung der gelieferten Einzelteile wird natürlich vernebelt. Es ist ein Mosaik aus insgesamt 200 verschiedenen Aufträgen, die er verteilt. Aufträge, die zudem auf die verschiedensten europäischen Länder übertragen werden. Auf Belgien, Frankreich, die Niederlande, Großbritannien, Israel, Frankreich und die Bundesrepublik. Mit dieser Methode kann er verhindern, daß irgendeine Behörde die wahre Bestimmung und insbesondere den wahren Hintergrund der Lieferungen erfährt. Die Liste aller Aufträge liegt in den schwedischen Zollunterlagen. Sie enthält elf Seiten und ist in drei Kategorien aufgeteilt.

Kategorie 1 besteht aus Maschinenteilen, um Munition herzustellen. Kategorie 2 aus den chemischen Produkten, die für die unterschiedliche Zusammenstellung von Sprengstoffen und Munition benötigt werden, und Kategorie 3 enthält jene Teile, die für die Endherstellung der Munition gebraucht werden. Pulver für alle möglichen Kaliber nehmen den größten Raum bei den Bestellungen ein: Nitro-Penta, Hexogen, Tetryl, Polybutadien, Amonium und TNT. Durch entsprechende Mixturen kann Pulver für alle Kaliber hergestellt werden, von

7.62 mm bis 155 mm Geschosse. Komplett wird auch das bestellt und geliefert, was zum Funktionieren einer Fabrik notwendig ist. In den Aufzeichnungen wird alles genannt: elektrisches Material für die Hülsenherstellung, Batterien, hydraulische Pumpen, Transformatoren, Waschanlagen, Zentrifugen, Schutzmasken für die Arbeiter, Sprinkleranlagen und Laborapparate für die chemischen Umwandlungsprozesse.

In der Liste sind nur wenige Firmen namentlich erwähnt: »Honeywell Equipment« (Großbritannien) für den Kontrakt S 112; »Fritz-Werner« für den Kontrakt S 24. Dieser Auftrag besteht aus 33 verschiedenen Rubriken. Die Fritz-Werner GmbH erklärt dazu auf meine Anfrage: »Davon wissen wir nichts.«

Auch hier waren wieder Mitglieder des Kartells am Aufbau der schlüsselfertigen Fabrik beteiligt, die eine wichtige Rolle in der Ausrüstung der iranischen Armee übernimmt, ihren Nachschub sichern kann, sollten Lieferungen aus dem Ausland ausbleiben.

Verwickelt in diese Operation ist das englische Unternehmen »Royal Ordonance«. Im Oktober 1987 erklärt die Unternehmensleitung: »Wir helfen dem Iran, eine Fabrik aufzubauen, die in der Lage ist, alle Arten von Munition in großen Mengen herzustellen.« Royal Ordonance's Beitrag ist die Lieferung von Tetryl, einem besonders explosiven Stoff. Nobels Explosives, die Filiale des britischen Multis ICI, liefert hundert Tonnen des Pulvers CBI, das für Treibladungen in Granaten benötigt wird.

Direkt werden die Produkte natürlich nicht in den Iran geliefert. Die Bescheinigungen für die Endbestimmung der problematischen Produkte, wie Tetryl, nennt Griechenland als Endabnehmer, und zwar die altbekannte Firma Elviemek. In Wirklichkeit ist das Tetryl in Bandar Abbas an Bord des dänischen Frachters Jotun im Juni 1986 angekommen. Ob »Brennmomentzünder«, geliefert aus der Bundesrepublik, einen anderen Weg gegangen sind, darf bezweifelt werden.

Mitte 1986 konnte Schmitz die Fabrik schlüsselfertig übergeben, doch lange konnte die Produktion nicht laufen. Im Oktober griffen irakische Kampfflugzeuge die neu erstellte Fabrik an und zerstörten sie teilweise. Schmitz liefert erneut technisches Material, damit die Fabrik die Produktion für den Krieg nicht lange unterbrechen muß. Ende August 1987 konnte jedenfalls der für die »Revolutionswächter« zuständige Minister Muhsin Rafig-Dust über Radio Teheran verkünden, daß inzwischen mehr als ein Dutzend Industrieanlagen alles für den Krieg erforderliche produzieren und der Iran inzwischen 80 Prozent seines Bedarfs an Munition selbst produziere. Das dürfte zwar übertrieben sein, aber Rüstungsexperten gehen davon aus, daß der Iran bis zu 60 Prozent seines Munitionsbedarfs inzwischen selbst produziert.

Es ist doch merkwürdig, daß in diesem ganzen Wust von Bestellungen wieder das bundesdeutsche Unternehmen Fritz-Werner auftaucht. Obwohl, so verwunderlich ist es bei genauerer Betrachtung auch wieder nicht. Denn die Fritz-Werner GmbH kann auf eine lange Geschäftstätigkeit mit dem Iran zurückblicken. Es wäre nicht falsch zu sagen, daß der Iran, zumindest bis in die jüngste Vergangenheit, für die Fritz-Werner einer der wichtigsten Absatzmärkte war. 1978, als das Schah-Regime in seinen letzten Zügen lag, schickte die Fritz-Werner GmbH 15216 Handschellen und 300 Elektroschlagstöcke an den Iran. In dieser Zeit baute die Fritz-Werner GmbH schon eine Fabrik im Iran zur Herstellung von G4-Gewehren, die sowohl während der Schah-Diktatur als auch unter Ayatollah Chomeini weiter produzierte. Auch andere Fabriken, wie eine Munitionsfabrik, stehen im Iran, von Fritz-Werner gebaut. Der Flugverkehr zwischen Rhein-Main und Mittelost nahm bisweilen touristische Ausmaße an. Ende der siebziger Jahre waren die Auftragsbücher der Geisenheimer »prall gefüllt«, meldet der »Spiegel« 1987, als er an die Geschäfte der Fritz-Werner GmbH erinnert. Für diese Anlagen sucht die Fritz-Werner GmbH von Zeit zu Zeit qualifizierte Mitarbeiter. In der FAZ vom 9.1982 beispielsweise »Projektkaufleute«. »Sie werden Teilobjekte oder selbständige Aufträge von mehreren Millionen DM eigenverantwortlich mit einem kleinen Stab von Mitarbeitern abwickeln.« Oder eine Stellenausschreibung am 15. Oktober 1984: »Leitung des FWAR-Zentralbüros in Teheran. Vertretung und Wahrnehmung der Interessen von FWAR bei allen iranischen Kunden im Bereich des Spezial- und Zivilsektors.« Wobei sich unter der Vokabel Spezialsektor der militärische Bereich versteckt. Sicher ist jedenfalls, daß die Fritz-Werner GmbH nach Ausbruch des Golfkrieges mehr als hundert Ingenieure und Techniker in den Iran geschickt haben soll, um die alten Schah-Fabriken wieder in Gang zu setzen.

Als aber die neugierigen »Grünen« in einer kleinen Anfrage vom 27. Juli 1984 von der Bundesregierung wissen wollten, ob Fachleute der Fritz-Werner GmbH im Iran tätig waren bzw. ob es zutrifft, daß die Fritz-Werner eine Munitions- bzw. Waffenfabrik im Wert von 3,5 Milliarden DM im Iran errichtet hat, blitzen die Abgeordneten ab. »Diese Frage zielt auf Betriebs- und Geschäftsgeheimnisse. Sie kann daher nach dem Gesellschaftsrecht nicht beantwortet werden.«

Da wird kein Bürger jemals erfahren, warum die Fritz-Werner GmbH im Jahr 1985 von der »Metallwerke Schwarzwald GmbH« Lippenstifthülsen bestellt hat. Die Ladung passierte mit »ordentlichen Papieren« die deutsch-holländische Grenze und wurde im Rotterdamer Hafen auf den iranischen Frachter »Iran Gheyamat« umgeladen. Dort wurden sie beschlagnahmt, waren doch aus den Lippenstifthülsen auf dem Weg durch die Fritz-Werner GmbH, welch ein Wunder, Patronenhülsen geworden.

1984 hielt sich dann eine Delegation der Iraner in den Fabrikhallen der Fritz-Werner GmbH in Geisenheim auf. Sie besichtigten die Werksanlagen des »Spezialsektors«, und auch ein Kostenvoranschlag für die Lieferung von Maschinen zur Produktion von 35.000 Stück Boden-Boden-Raketen wurde gemeinsam im marmornen Verwaltungsgebäude besprochen. Ein Vertrag, der nach Angaben der Fritz-Werner GmbH nie zustande kam. Nicht dementiert wird dagegen, daß über die Errichtung einer solchen Produktionsstätte diskutiert wurde.

Fintenreich läßt sich ja auch vieles deklarieren. »Pressen«, mit denen sowohl Kugelschreiber wie Kartuschen oder Patronenhülsen hergestellt werden können; »Kunststoff-Granulat muß nicht unbedingt in Handgranatenköpfe eingespritzt und Beschichtungsmaterial nicht immer als Hitzeschild und Korrosionsschutz für Raketenbrennkammern verwendet werden«, interpretieren Rechercheure des »Spiegel« eher hinterfotzig.

Ob Daten in den Iran geliefert wurden über die »maximalen Schußweiten« und die »ballistische Belastung von 122 mm Geschossen«, ob über die Lieferung von »Werkzeugen zur Fertigung von ca. 35.000 Stück Flugkörper Arash« verhandelt wurde, kein staatlicher Kontrolleur schritt ein. Das wäre ja auch widersinnig. Wie das österreichische

Unternehmen VOEST ist die Fritz-Werner GmbH ein Bundesunternehmen.

Im Aufsichtsrat der Muttergesellschaft der Fritz-Werner GmbH, der »Deutsche Industrieanlagen GmbH«, sitzt ein Dr. Claus Fricke als Vorsitzender.

Fricke ist Staatsbeamter, Ministerialdirigent im Bundesministerium für Wirtschaft. Genehmigungen für die Ausfuhr von militärischen Produkten erteilt bekanntlich das Bundesamt für Wirtschaft, eine Behörde des Wirtschaftsministeriums. Im Aufsichtsrat sitzen aber auch ein Mitglied des Vorstands der Feldmühle Nobel AG und ein Repräsentant des Bundesfinanzministeriums.

Das Bundesfinanzministerium wiederum ist die Weisungsbehörde gegenüber den Zollfahndungsämtern.

Wer also soviel Protektion genießt, muß ganz sicher nicht befürchten, daß die Geschäfte in irgendeiner Form behindert werden. Oder wird etwa, wie die Fritz-Werner-Unternehmensleitung demgegenüber postuliert, das Bundesunternehmen besonders streng kontrolliert? Kaum einer mag das glauben. Wenn nämlich überhaupt einmal irgend etwas von dieser besonderen Geschäftstüchtigkeit ans Tageslicht gezerrt wird, dann ist es bislang kein einziges Mal eine Regierungsstelle oder irgend jemand aus dem Parlament gewesen, der da kritisch fragte. Es waren immer und ausschließlich die Medien.

Die sind dann natürlich auch dafür verantwortlich, daß die Arbeitsplätze gefährdet werden. Das führt zur Frage, was eigentlich die Gewerkschaftsvertreter in den Betrieben tun? Womit eines der traurigsten Kapitel zu diesem Thema angesprochen ist: das Verhalten der Gewerkschaftsvertreter, nicht nur in Rüstungsbetrieben wie der Fritz-Werner GmbH. Doch hier hat sich einer entblößt, und zwar der langjährige Betriebsratsvorsitzende, das Aufsichtsratsmitglied Walter Schwarz. Schwarz ist gleichzeitig Mitglied der SPD. In einem »Exklusivinterview« mit dem Rheingau-Echo geht er zur Sache: »Die Verantwortung darüber, was in einem Unternehmen produziert wird, unterliegt zunächst allein der Geschäftsführung. Der Arbeitnehmer an der Drehbank kann nicht die moralische Verantwortung für das übernehmen, was die Konzernleitung herstellt und verkauft. Der kleine Mann hat eine Familie zu versorgen, die für ihn im Vordergrund steht...

Außerdem darf man eines nicht vergessen: Es scheint, als komme eine Firma nirgends so leicht an offizielle Aufträge heran wie im Rüstungsbereich. Allerorten werden die Geldhähne extrem zugedreht, und wer einen zivilen Auftrag von der öffentlichen Hand erhaschen will, muß sich gehörig an die Decke strecken. Der Rüstungsetat indes ist offensichtlich immer noch groß genug, daß dort die Gelder etwas lockerer sitzen. Wenn dies zum Wohle der Fritz-Werner-Belegschaft war, mußte der Betriebsrat mögliche moralische Skrupel, die im übrigen unbegründet wären, hintanstellen und an die Mitarbeiter denken.« (Rheingau-Echo, 26.7.1987)

Ein schönes System, diese freie Marktwirtschaft. Die Opfer an den Kriegsschauplätzen, die Toten, die Verkrüppelten, die Hinterbliebenen und psychisch Zerstörten sind das Schlachtvieh. Eigentlich müßte man ihnen die Adressen der Rüstungsproduzenten und der zuständigen Politiker in die Hand geben, damit sie sich bei ihnen bedanken können.

DOKUMENTE

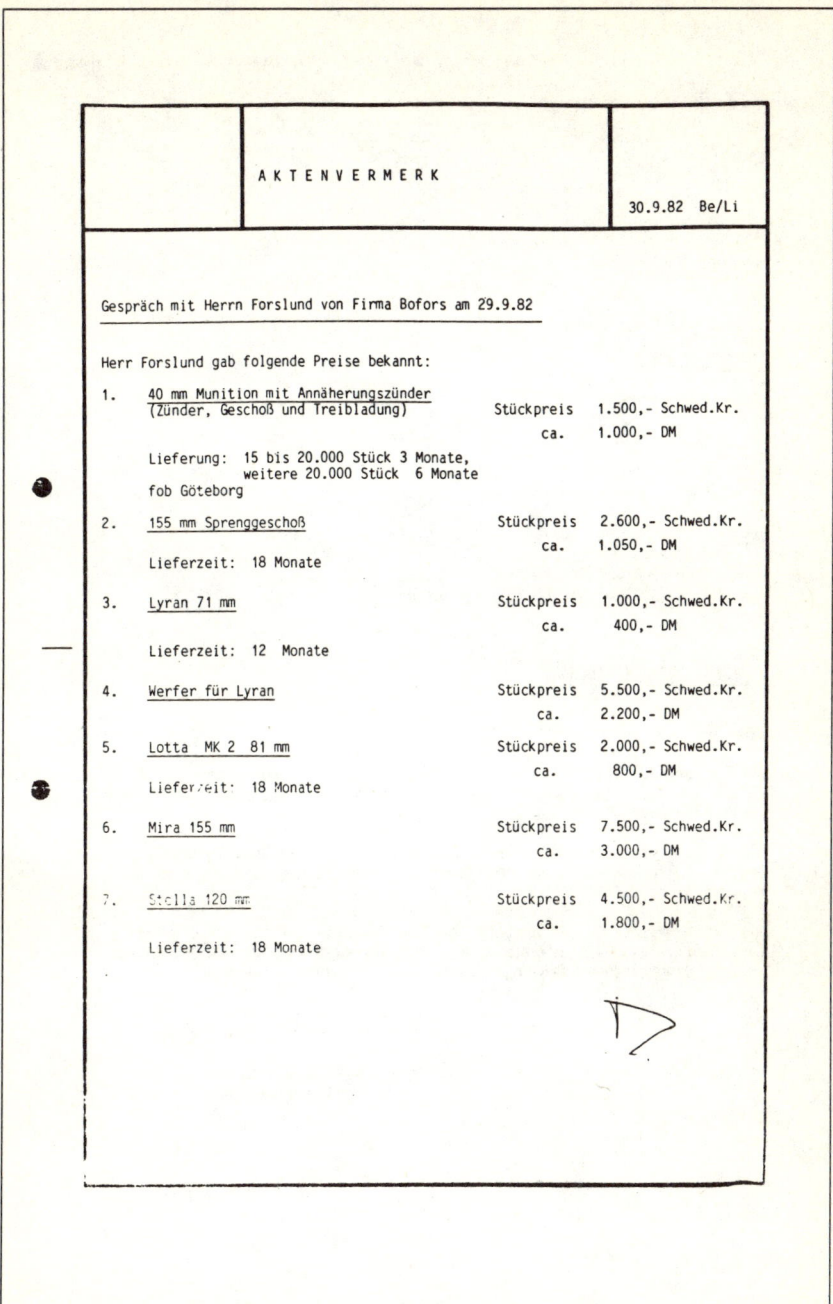

A K T E N V E R M E R K

30.9.82 Be/Li

Gespräch mit Herrn Forslund von Firma Bofors am 29.9.82

Herr Forslund gab folgende Preise bekannt:

1. 40 mm Munition mit Annäherungszünder
    (Zünder, Geschoß und Treibladung)   Stückpreis 1.500,- Schwed.Kr.
                                                ca.   1.000,- DM

    Lieferung: 15 bis 20.000 Stück 3 Monate,
                weitere 20.000 Stück 6 Monate
    fob Göteborg

2. 155 mm Sprenggeschoß   Stückpreis 2.600,- Schwed.Kr.
                                                ca.   1.050,- DM

    Lieferzeit: 18 Monate

3. Lyran 71 mm   Stückpreis 1.000,- Schwed.Kr.
                                                ca.   400,- DM

    Lieferzeit: 12 Monate

4. Werfer für Lyran   Stückpreis 5.500,- Schwed.Kr.
                                                ca.   2.200,- DM

5. Lotta MK 2 81 mm   Stückpreis 2.000,- Schwed.Kr.
                                                ca.   800,- DM

    Lieferzeit: 18 Monate

6. Mira 155 mm   Stückpreis 7.500,- Schwed.Kr.
                                                ca.   3.000,- DM

7. Stella 120 mm   Stückpreis 4.500,- Schwed.Kr.
                                                ca.   1.800,- DM

    Lieferzeit: 18 Monate

Aktennotiz des im Irangeschäft aktiven Paul Beermann.

193

DEGEN + CO. SA. NIEDERDORF/SCHWEIZ·SUISSE 10

DÉCOLLETAGE
APPARATE-UND INSTRUMENTENBAU

Industrieberatungen
Beermann, Grosse-Benne
Postfach 1209

D-5750 Menden 2

TÉLÉPHONE 081 97 88 88
TELEX 63 813 DEGEN CH
TELEGRAMM DEGENCO NIEDERDORF
Neue Telex Nr. 966093

V./RÉF.	V./LETTRE DU	N./RÉF.	CH-4435 NIEDERDORF
		WD/Rg	2. Juli 1984

Betr.: Auftrag Nr. 502/6/84 vom 28.6.84

1. 600'000 Stk PD M557 mit Delay
2. 300'000 Stk PD M572 mit Delay

KOMMISSIONSBESTAETIGUNG

Sehr geehrte Herren

Wir bestätigen, dass Sie aus dem obigen Auftrag eine Provision von
US-$ 1'382'250.- (in Worten: eine Million dreihundertzweiundachzigtausend-
zweihundertundfünfzig US-Dollar) erhalten.

Die Zahlungen erfolgen innerhalb von 2 Wochen nach Zahlungseingang der
jeweils fakturierten Summen. Die erste Zahlung ist nach Eingang der
Vorauszahlung fällig.

Die Firma Degen + Co. AG erstellt für die Kommission eine Bankgarantie
(Zession). Diese Bankgarantie wird enthalten, dass Sie aus den jeweiligen
bei uns eingegangenen Zahlungen Ihren Provisionsanteil bekommen.

Mit freundlichen Grüssen

DEGEN & CO. AG
CH-4435 Niederdorf

W. Degen

Kommissionsbestätigung für Iran-Lieferung eines Schweizer Unternehmens.

Ich, Paul Beermann, wohnhaft in Dachau, Mittelmayerstr. 32, erkläre hiermit an Eides statt und in voller Kenntnis der Strafbarkeit einer falschen eidesstattlichen Erklärung nach § 153,154,155,156 StGB, zur Vorlage gegebenenfalls bei den Ermittlungsbehörden:

Ich und mein Geschäftspartner haben als Vermittler von Karl Erik Schmitz, Fa. Scandinavian-Commodity in Malmö, bei der Firma Silberkraft-Leichtakkumulatoren, Duisburg, Meidericher Str. 6-8, 100.000 Einheiten Batterieren type 21 pab 0,1 s für den Iran bestellt. Diese Batterien sind für das Abfeuern von Raketen Voraussetzung.

Wir haben die Verantwortlichen der Firma Silberkraft ausdrücklich darauf aufmerksam gemacht, daß der Endabnehmer Iran ist.

Dachau, 9. Februar 1988

Firma Silberkraft ist ein deutsches Unternehmen. Es soll nach der eidesstattlichen Erklärung für ein Iran-Geschäft begeistert werden.

SILBERKRAFT LEICHTAKKUMULATOREN GMBH DUISBURG

Industrieberatungen
Beermann, Große-Benne
Postfach 1209

5750 Menden 2

Ihre Nachricht vom	Ihre Zeichen	Unsere Zeichen	Bearbeiter	Tel. (0203) 3002 –	4100 Duisburg 1.
		Ra.	H.Ebert	179	29. Juni 1984

Ihr Auftrag Nr. 501/6/84 vom 22.06.1984 über
100.000 units pile battery type 21 pab 0,1 s
- Kommissionsbestätigung -

Sehr geehrte Herren,

wir bestätigen, daß Sie aus dem o.a. Auftrag eine Provision
in Höhe von DM 3,50/Stck., gesamt

                    DM 350.000,--

erhalten. Dieser Betrag errechnet sich aus der Differenz des
Batteriepreises von DM 72,50 Ihres Auftrages Nr. 501/6/84 sowie
Telex vom 20.6.84 der Scandinavian Commodity AB, Malmö, und dem
heute telefonisch zwischen Herrn Beermann und Herrn Ebert verein-
barten Preis von DM 69,--, der eine Reduzierung unseres im
Angebot Nr. 1749/84 genannten Preises von DM 69,85 darstellt.

Die Zahlungen erfolgen innerhalb von 2 Wochen nach Zahlungseingang der jeweils fakturierten Summen. Die erste Zahlung ist
nach Eingang der Vorauszahlung fällig.

Die Fa. Silberkraft erstellt für die Kommission eine Bankgarantie.
Anfallende Kosten für diese Bankgarantie übernimmt die Fa. BGB.
Diese Bankgarantie wird enthalten, daß Sie aus den jeweiligen
bei uns eingehenden Zahlungen Ihren Provisionsanteil bekommen.

SILBERKRAFT LEICHTAKKUMULATOREN GMBH

ppa.

MEIDERICHER STRASSE 6-8 · POSTFACH 10 07 03 · TELEFON (0203) 3002-0 · TELEGRAMM SILBERKRAFT DUISBURG · TELEX 0 855 645 FRIWÖ
Geschäftsführung Karl Heinz Feist (Sprecher), Dr. Ernst Häusler · Vorsitzer des Aufsichtsrates Dr. Albert Salaihé · Amtsgericht Duisburg HR-Nr. 8 HRB 189

32194a scanex s   20/6/84   kes/bl

for mr. grosse-benne / beermann

ref: 32-84

ccs for messrs. silberkraft-leichtakkumulatoren

subj.: placement of order - pile battery

we confirm our order based on offer received from you as follows:

quantity: 100.000 units

quality   pile battery type 21 pab 0,1 s
                as per drawing vtl 239.01-102

packing: suitable for transport to iran
                in wooden boxes of about 1.000 units per box

price: dem 72.50 per unit, ex factory
                export licence to be raised by the seller.

time of
delivery: to start 5 months after receipt of operative l/c
                with min. 20.000 units per month.

payment: 40 per cent to be drawn under l/c in exchange
                for a delivery guarantee
                60 per cent against shipping documents
                irrevocable l/c to be opened at kredietbank luxembourg.

performance
guarantee: seller to establish an unconditional performance
                guarantee available for buyer to be transmitted
                to final user and to be established before opening
                of l/c.
                the conditions of such performance guarantee have
                been handed ofece over to you personally.

options   it is understood tyhat buyer has an option for
                further 200.000 units at the same conditions, however,
                prices to be adjusted to the price level for silver
                at time of placement of order.
                the option to be confirmed end of october, 1984,
                at the latest.

it is understood that buyer will be granted an exclusivity for
sale of this product to the end-users after signing of this
contract.

best regards
scandinavian commodity

+++
32194a scanex s

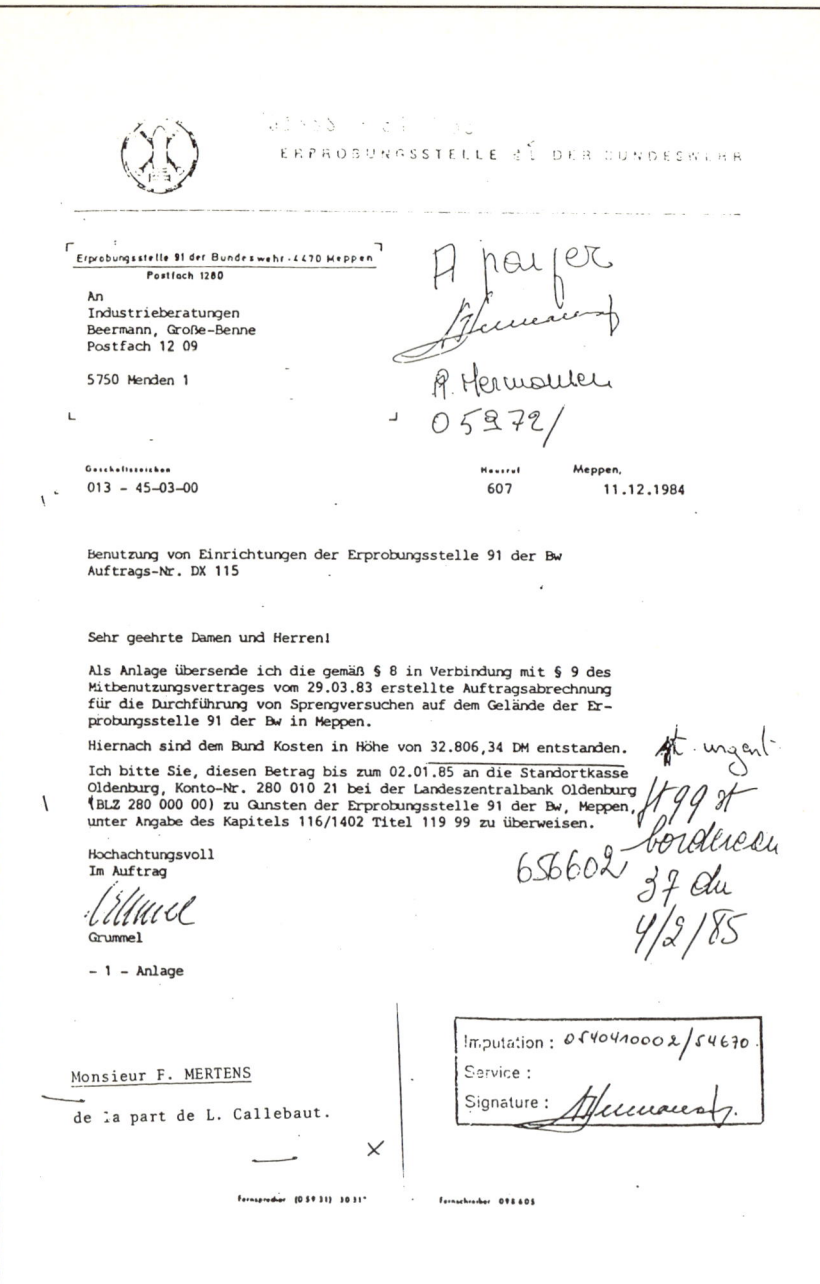

ERPROBUNGSSTELLE 91 DER BUNDESWEHR

Erprobungsstelle 91 der Bundeswehr · 4470 Meppen
Postfach 1280

An
Industrieberatungen
Beermann, Große-Benne
Postfach 12 09

5750 Menden 1

Geschäftszeichen	Hausruf	Meppen,
013 - 45–03–00	607	11.12.1984

Benutzung von Einrichtungen der Erprobungsstelle 91 der Bw
Auftrags-Nr. DX 115

Sehr geehrte Damen und Herren!

Als Anlage übersende ich die gemäß § 8 in Verbindung mit § 9 des
Mitbenutzungsvertrages vom 29.03.83 erstellte Auftragsabrechnung
für die Durchführung von Sprengversuchen auf dem Gelände der Erprobungsstelle 91 der Bw in Meppen.

Hiernach sind dem Bund Kosten in Höhe von 32.806,34 DM entstanden.

Ich bitte Sie, diesen Betrag bis zum 02.01.85 an die Standortkasse
Oldenburg, Konto-Nr. 280 010 21 bei der Landeszentralbank Oldenburg
(BLZ 280 000 00) zu Gunsten der Erprobungsstelle 91 der Bw, Meppen,
unter Angabe des Kapitels 116/1402 Titel 119 99 zu überweisen.

Hochachtungsvoll
Im Auftrag

Grummel

– 1 – Anlage

Monsieur F. MERTENS

de la part de L. Callebaut.

Imputation :
Service :
Signature :

Fernsprecher (0 59 31) 30 31ˣ   Fernschreiber 098 605

Die Beziehungen der Industrieberatungen Beermann, Große-Benne.

198

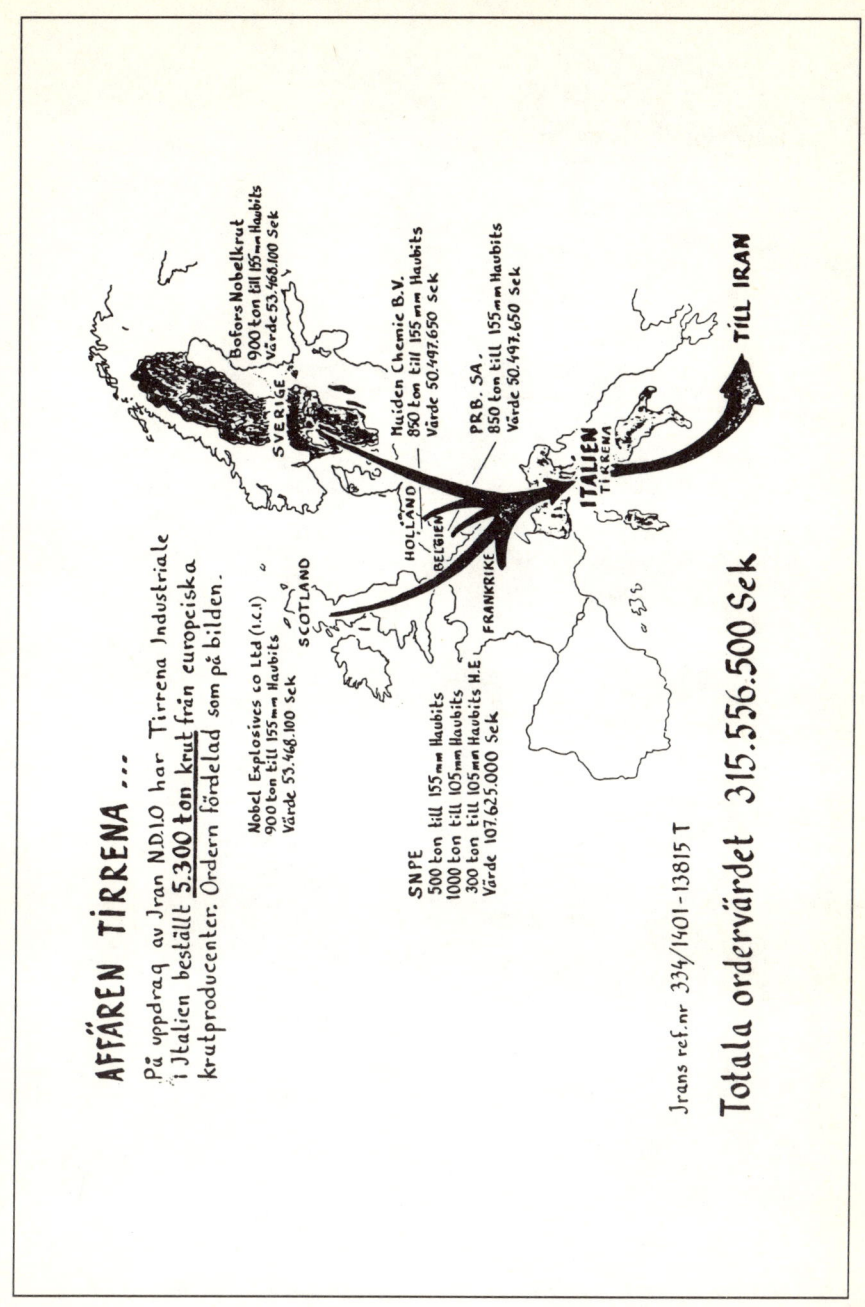

Zeichnung des schwedischen Zolls zu einem Iran-Geschäft über 5300 Tonnen Treibladungs-pulver.

CHARGE PROPULSIVE, GARGOUSSE VERTE
PROPELLING CHARGE, GREEN BAG
CARGA DE PROYECCION, SAQUETE VERDE

155mm   OBUSIER
HOWITZER
OBUS

NR 4107

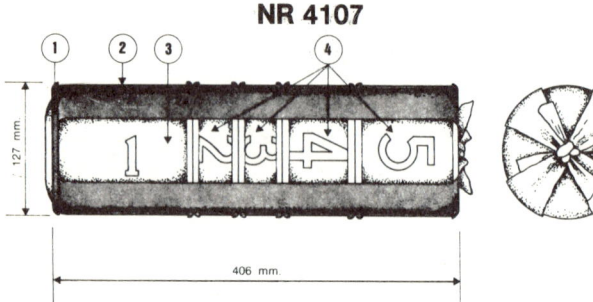

127 mm

406 mm.

Utilisation	Use	Uso
avec les obus pour obusier de 155 mm.	with shells for 155 mm howitzer.	con granadas para obús de 155 mm.

Composants

1. appoint d'allumage (poudre noire)
2. gargousse
3. charge de base (poudre M1)
4. appoints (poudre M1)

Components

1. igniter charge (black powder)
2. bag
3. base charge (powder M1)
4. increments (powder M1)

Componentes

1. carga iniciadora (pólvora negra)
2. saquete
3. carga de base (pólvora M1)
4. suplementos (pólvora M1)

Caractéristiques techniques

| masse de la charge | : 2,900 kg |
| masse de poudre M1 | : 2,500 kg |

Technical data

| weight of the charge | : 2,900 kg |
| weight of powder M1 | : 2,500 kg |

Características técnicas

| peso de la carga | : 2,900 kg |
| peso de la pólvora M1 | : 2,500 kg |

Emballage

deux charges avec deux étoupilles dans un container en fibre; quatre containers dans une caisse en bois.

| masse brute d'une caisse | : 45,000 kg |
| volume d'une caisse | : 118 dm3 |

Cette charge est similaire à la charge US M3 (FSN 1320 - D540).

Packing

two charges with two primers per fiber container; four containers per wooden box.

| gross weight of one box | : 45,000 kg |
| volume of one box | : 118 dm3 |

This charge is similar to the US M3 charge (FSN 1320 - D540).

Empaque

dos cargas con dos estopines por envase de fibra; cuatro envases por caja de madera.

| peso bruto de una caja | : 45,000 kg |
| volumen de una caja | : 118 dm3 |

Esta carga es similar a la carga NA M3 (FSN 1320 - D540).

78.11/GCT.

Auszug aus einem Prospekt des Kartellmitglieds PRB, aus dem hervorgeht, wozu das Treibladungspulver benötigt wird.

OBUS EXPLOSIF LONGUE PORTÉE
EXTENDED RANGE HIGH EXPLOSIVE SHELL
GRANADA EXPLOSIVA LARGO ALCANCE

ERFB

155 MM

OBUSIER
HOWITZER
OBUS

NR 173

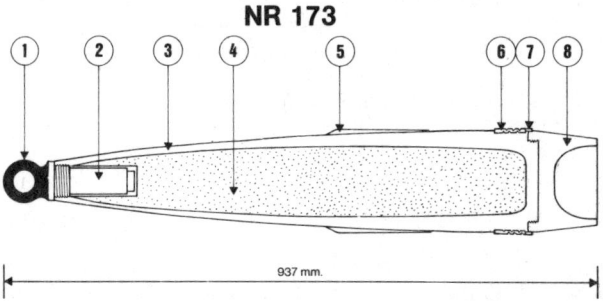

937 mm.

Utilisation	Use	Uso
tir à longue portée contre du personnel et du matériel avec effet de souffle et de fragmentation.	long range firing against personnel and material producing blast effect and fragmentation.	tiro de largo alcance contra personal y material con efecto de soplo y de fragmentación.

Composants	Components	Componentes
1. bouchon de fermeture	1. closing cap	1. tápon de cierre
2. cartouche relais (comp. B)	2. supplementary charge (comp. B)	2. activador (comp. B)
3. corps d'obus (acier)	3. shell body (steel)	3. cuerpo de granada (acero)
4. charge explosive (comp. B)	4. bursting charge (comp. B)	4. carga explosiva (comp. B)
5. tetons de guidage	5. guiding nubs	5. tetones guia
6. ceinture	6. driving band	6. cintura
7. obturateur	7. obturator	7. obturador
8. culot	8. boat tail	8. culote

Caractéristiques techniques		Technical data		Características técnicas	
masse de l'obus	: 45,400 kg	weight of the shell	: 45,400 kg	peso de la granada	: 45,400 kg
portée maximale		maximum range		alcance máximo	
obusier M109	: 15.800 m	howitzer M109	: 15.800 m	obus M109	: 15.800 m
avec charge spéciale	: 19.300 m	with special charge	: 19.300 m	con carga especial	: 19.300 m
obusier M109A1	: 20.200 m	howitzer M109A1	: 20.200 m	obus M109A1	: 20.200 m
obusier M109G	: 20.200 m	howitzer M109G	: 20.200 m	obus M109G	: 20.200 m
obusier FH 77	: 25.000 m	howitzer FH 77	: 25.000 m	obus FH 77	: 25.000 m
obusiers FH 70, M198		howitzers FH 70, M198		obuses FH 70, M198	
et GCT	: 26.000 m	and GCT	: 26.000 m	y GCT	: 26.000 m
obusier GC 45	: 30.000 m	howitzer GC 45	: 30.000 m	obus GC 45	: 30.000 m
masse de composition B	: 8,800 kg	weight of composition B	: 8,800 kg	peso de composición B	: 8,800 kg

Emballage		Packing		Empaque	
huit obus sur une palette en bois.		eight shells per wooden box.		ocho granadas por paleta de madera.	
masse brute d'une palette	: 380,000 kg	gross weight of one pallet	: 380,000 kg	peso bruto de una paleta	: 380,000 kg
volume d'une palette	: 303 dm3	volume of one pallet	: 308 dm3	volumen de una paleta	: 308 dm3

78.11/GCT

.00105

D03315

END USER CERTIFICATE
_____

TO WHOM IT MAY CONCERN

CONTRACT N° . . . .

DATED . . . .

THIS IS TO CERTIFY THAT THE FOLLOWING MATERIALS

PURCHASED FROM . . . .

UNDER THE ABOVE CONTRACT ARE FOR OUR OWN USE AND

WILL NOT BE REEXPORTED.

Endverbraucherbescheinigungen aus Pakistan, die blanko im Schreibtisch eines Bofors-Managers gefunden wurden.

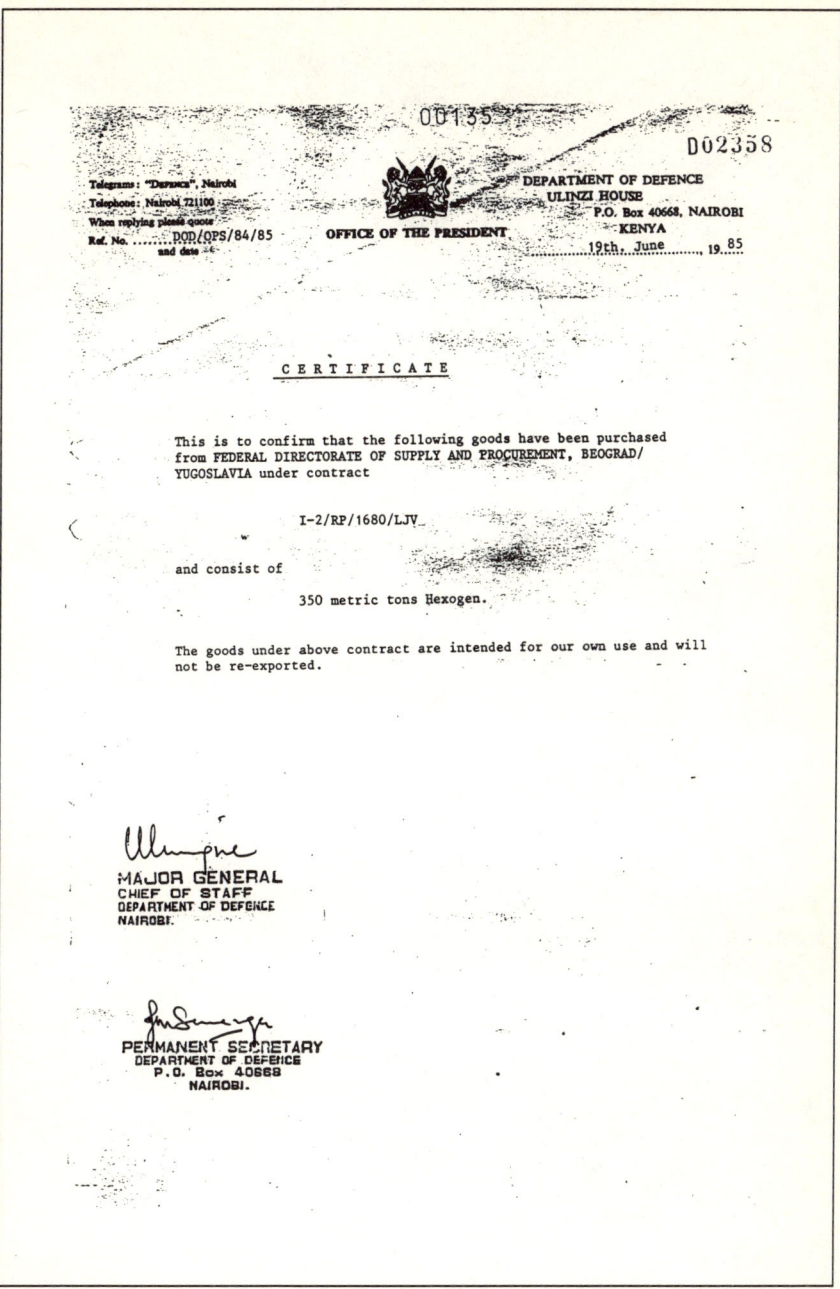

00135

D02358

Telegrams : "DEFENCE", Nairobi
Telephone : Nairobi 721100
When replying please quote
Ref. No. DOD/OPS/84/85
and date

OFFICE OF THE PRESIDENT

DEPARTMENT OF DEFENCE
ULINZI HOUSE
P.O. Box 40668, NAIROBI
KENYA
19th. June ....., 19 85

C E R T I F I C A T E

This is to confirm that the following goods have been purchased
from FEDERAL DIRECTORATE OF SUPPLY AND PROCUREMENT, BEOGRAD/
YUGOSLAVIA under contract

I-2/RP/1680/LJV

and consist of

350 metric tons Hexogen.

The goods under above contract are intended for our own use and will
not be re-exported.

MAJOR GENERAL
CHIEF OF STAFF
DEPARTMENT OF DEFENCE
NAIROBI.

PERMANENT SECRETARY
DEPARTMENT OF DEFENCE
P.O. Box 40668
NAIROBI.

Endverbraucherbescheinigungen aus Kenia, die von einem deutschen »Kaufmann« beschafft
wurden.

00131

Telegrams: "DEFENCE", Nairobi
Telephone: Nairobi 721100
When replying please quote
Ref. No. DOD/OPS/84/85
and date

OFFICE OF THE PRESIDENT

DEPARTMENT OF DEFENCE
ULINZI HOUSE
P.O. Box 40668, NAIROBI
KENYA
15th November, 1984.

D03321

C E R T I F I C A T E

This is to confirm that the following goods has been
purchased from federal directorate of supply and procurement,
Beograd, Yugoslavia under contracts

    V - 1/RP/773/IjV/A, B and C
    V - 2/Mbl/Dc - 1

and consist of
   1731 metric tons, of M1 powder for M402 in accordans
   with MIL.p. 60397 standard.

The goods under above contracts are intended for our own use
and will not be reexported.

Approved by

MAJOR GENERAL
CHIEF OF STAFF
DEPARTMENT OF DEFENCE
NAIROBI.

Authorized by

PERMANENT SECRETARY
DEPARTMENT OF DEFENCE
P.O. BOX 40668
NAIROBI.

SCANDINAVIAN COMMODITY AB

D02359

00172

TELEPHONE: 040 - 754 50
TELEGRAM: SCANCOM
BANKGIRO: 416 - 6082
POSTGIRO: 639451 - 4
TELEX: 32194
BANK: SKANDINAVISKA ENSKILDA BANKEN
       P K BANKEN

Mr. M. Urban

5408 NASSAU/LAHN
Gerhardt Hauptmann Strasse 14

West-Germany

Your ref.:   Our ref.:   P. O. BOX 4014
                                                         S-203 11 MALMÖ (SWEDEN)
                                                         GUSTAV AD. TORG 6 B
                          KES/BL/GA   *   1985.06.07

Dear Mr. Urban,

We would kindly ask you to contact your buyer and provide us with the
following documents which would be needed latest June 25th 1985.

In favour of:

1) Ref. contract: E/5/I-2/LJV/1321

            covering 500.000 kilos M1 propellant powder
            to be delivered

             50 mt December 1985
            450 mt March - September 1986
      Value: DM 10.250.000.

2) Ref. contract: R/5/I-2/LJV/132/3

            covering 840.000 kilos M1 propellant powder
            to be delivered

            June/July 1985 - March 1986.
      Value: DM 17.220.000.

3) Ref. contract: R/5/I-2/LJV/132/1

            covering 350.000 kilos Ball powder 7.62 mm
            to be delivered

            August 1985 - February 1986
      Value: US $ 1.995.000.

4) Ref. contract: R/5/I-2/LJV/132/2

            covering 350.000 kilos Ball powder 20 mm
            to be delivered

            August 1985 - February 1986
      Value: US $ 1.995.000.

                                                    .../...

Das Schreiben an den »Kaufmann«, der die Endverbraucherbescheinigungen aus Kenia beschafft haben soll.

205

U0230.

SCANDINAVIAN COMMODITY AB

Mr. M Urban
5408 NASSAU/LAHN
West-Germany

00173

1985.06.07

5) Ref. contract: I-2/RP/1680/LJV

        covering 350 mt Hexogen
to be delivered

        June - December 1985

Value: US $ 1.575.000.

6) Ref. contract: V-1/RP/773/LJV/C

        covering 69 mt M1 propellant powder
to be delivered

        June - July 1985

Value: DM 1.414.500.

Yours faithfully,
SCANDINAVIAN COMMODITY AB

Karl-Erik Schmitz

⊞		◡◡◡ 40	Dokumentnamn		Blad nr
Utfärdare		Telefonnr	Utskriftsdatum	Beteckning/Reg.	
Kelua	NE	2/76	85-03-06		
Mottagare					
Nyc					

EASSP, Oxford, 85-02-05

Deltagare: Horst, Manfred, Jean, Guy, Marc, Gerold, Manuel, Joost, Leam

1. FFV
   Beslutades att ÅKB bjuds in till Avignon och väljs in som associerad medlem. Meddela Anders O.

2. Meiden
   Joost meddelade att
   – NC-brukskapaciteten i Meiden ökas något
   – Nitrocellulosekapaciteten ökas med 50%
   – på en ny plats (i Friesland!) skall hon successivt under 5–6 år bygga för dubbelbasbruk (över DEGN), krippd-basbruk, combustible cases, bore-bleedbruk. Blir det Friesland ligger anläggning bredvid arméns skjutfält.

3. Tirrena
   Beslutades att Guy, Jean och Leam besöker Rom 14/3 eller 19/3 för att få bukt hem igen. Eventuellt engageras även Golinelli

4. Scand. C
   Leam redogjorde för läget.

5. M1 för Grekland
   Endast SNPE sade sig ha offererat.

D00341

+
321944 SCANE: S
NO: 0068   01.08.84   13:37

SCANDINAVIAN - COMMODITY ,   HERRN K.E.SCHMITZ

BETREFF:
IHR TELEX-NR. 304/84 VOM 30.7.84 AN FIRMA ELVIEMEK S.A. ATHEN
-.---

GERADE ERHIELTEN WIR UEBER HERRN URBAN DIE MITTEILUNG,DASS FIRMA
ELVIEMEK S.A. DRINGEND DARUM BITTET ,IN DER ZUKUNFT IN TELEXEN
KEINE ANGABEN MEHR ZU MACHEN AUS DENEN ETWAS ERSICHTLICH WIRD.
MAN BEFUERCHTET,DASS SONST DAS GESCHAEFT NICHT GEMACHT WERDEN
KANN.
WIR SCHLAGEN IHNEN VOR,DASS SIE HEUTE EIN TELEX IN ENGLISCHER
SPRACHE AN ELVIEMEK SENDEN ETWA WIE FOLGT: KOPIE BITTE AN 5270117.

1. GESAMTMENGE BLEIBT BEI 150.000 STUECK,
   GEWUENSCHTE VORAUSLIEFERUNG 70.000 STUECK

2. OPTION ZUM JAHRESENDE : WEITERE 350.000 STUECK.

3. ALLE NOTWENDIGEN PUNKTE WIE , L/C, BANKVERBINDUNG,HERSTELLUNG,
   LIFERUNG U.S.W. WERDEN NAECHSTE WOCHE IN BEIDERSEITIGEM EINVER-
   STAENDNIS IN ATHEN FESTGELEGT.TERMINABSPRACHE UEBER DIE HERREN
   URBAN UND GROSSE-BENNE.

DAS ANTWORTTELEX VON ELVIEMK S.A. VOM 31.7.84 UEBER HERRN URBAN
LAUTETE WIE FOLGT:

QUOTE

OUR COMMENTS:

A- QUANTITY AND DELIVERY TIME DIFFERENT FM THOSE DISCUSSED.
B- REQUIREMENT OF GOOD PERFORMANCE BOND WAS NOT COVERED.
C- PROPOSED BANK IS UNACCEPTABLE.
D- EXPORT PERMIT WOULD BE ARRANGED BY US.NEVERTHELESS OUR OFFER
   MUST REMAIN SUBJECT TO THIS CONDITION.

POINTS A AND B MUST BE TAKEN CARE OFF BY YOU.
POINTS C AND D AS FAR AS WE ARE CONCERNED (AND LOCAL AUTHORITIES)
ARE NOT NEGOTIABLE.

PLS ADVISE.
BEST REGARDS
ELVIEMEK S.A.
A.BATIS

214258 ELV GR

UNQUOTE

VON IHREM ANTWORTTELEX BITTE KOPIE AN : 5270117 WGB D
+
321944 SCANE: S
5270117 WGB D   00026
+
:

Telex an Große-Benne in Fürstenfeldbruck, ein Iran-Geschäft mit Dynamit-Nobel AG, Troisdorf, betreffend.

‡
32194A SCANEX S
NO: 0045   20.07.84   12:56

ATTN.: SCANDINAVIAN COMMODITY - MR. K.E. SCHMITZ

FROM : GROSSE-BENNE, MUENCHEN

FOLGENDE PUNKTE HABEN ERGEBEN:

1.
DYNAMIT NOBEL BEKOMMT EINE ANFRAGE DER FIRMA ELVIEMEK S.A. -
HELLENIC EXPLOSIVES AND AMMUNITION INDUSTRY.

MIT HERRN MEYER WURDE BEREITS ALLES BESPROCHEN .ES IST ALLES O.K.

2.
EBENSO WURDE MIT HERRN EBERT, SILBERKRAFT ALLES BESPROCHEN.
AUCH HIER KANN, FALLS GEWUENSCHT VON SILBERKRAFT, EINE ANFRAGE
UND BESTELLUNG DURCH ELVIEMEK S.A. ERFOLGEN.

3.
MUENDLICH LIEGT DIE BESTAETIGUNG UEBER DIE KOSTEN FUER DIE E U C
VOR.
MAN IST BEREIT FUER 2,75 O/O UND FUER 0,750/O ZU LIEFERN.
UEBERGABE ENTWEDER IM MINISTERIUM ODER FALLS DIE FLUGKOSTEN EIN-
GESPART WERDEN SOLLEN IN EINER BOTSCHAFT IN EINEM EUROPAEISCHEN
LAND. WIR ERHALTEN BIS MITTWOCH,25.7.84 NACHRICHT.

4.

FIRMA DEGEN KANN VORAUSSICHTLICH HEUTE NACHMITTAG EINEN PREIS
FUER DIE 20MM ZUENDER NENNEN.
ES GIBT MEHRERE AUSFUEHRUNGEN, KOENNEN SIE NOCH NAEHERE ANGABEN
MACHEN UEBER DIE GENAUE TYPE , DIE GEWUENSCHT WIRD ?

BITTE RUFEN SIE ZURUECK WEGEN OBIGER PUNKTE. 08141-10291

MFG
W.GROSSE-BENNE‡
32194A SCANEX S
5270117 WGB D

00156

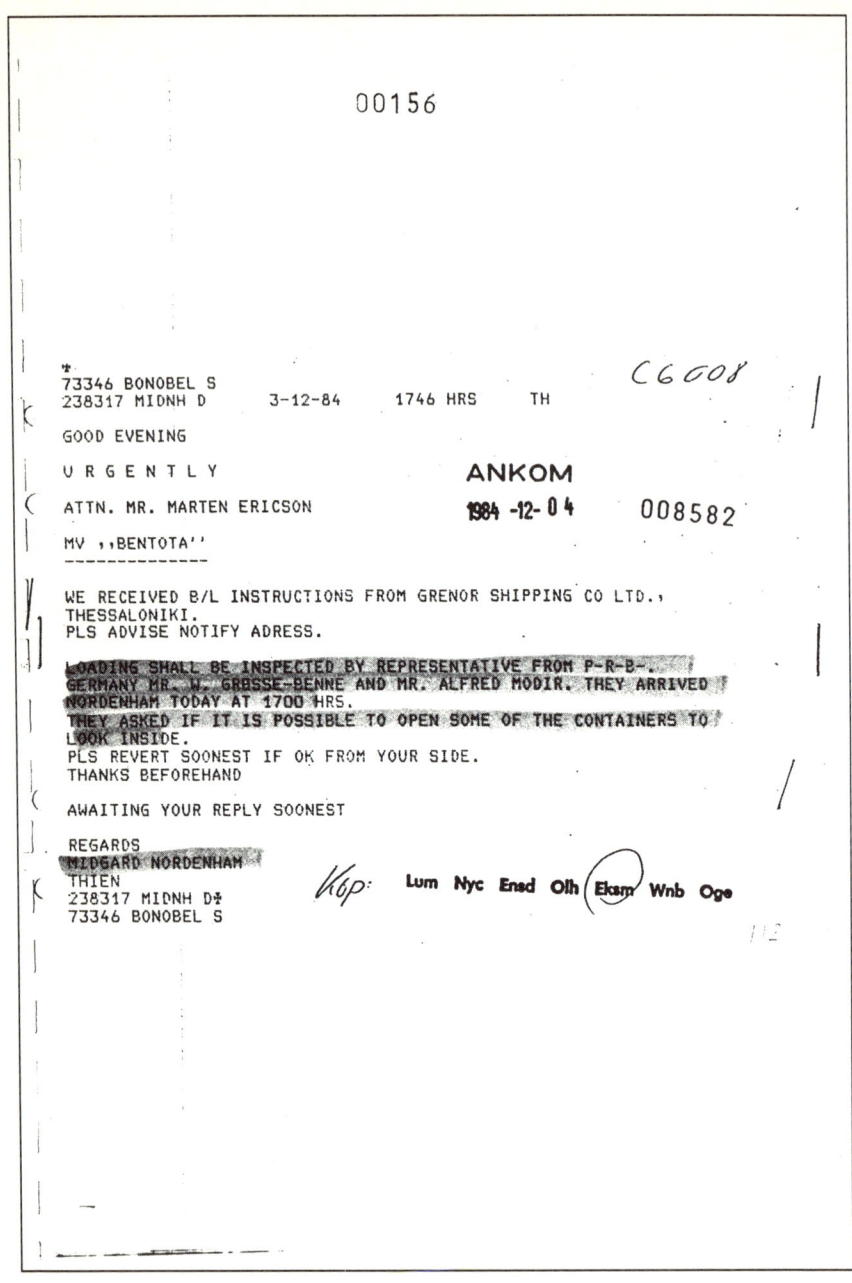

```
73346 BONOBEL S
238317 MIDNH D      3-12-84      1746 HRS      TH              C6008

GOOD EVENING

U R G E N T L Y                          ANKOM

ATTN. MR. MARTEN ERICSON             1984 -12- 0 4      008582

MV ,,BENTOTA''
--------------
WE RECEIVED B/L INSTRUCTIONS FROM GRENOR SHIPPING CO LTD.,
THESSALONIKI.
PLS ADVISE NOTIFY ADRESS.

LOADING SHALL BE INSPECTED BY REPRESENTATIVE FROM P-R-B-.
GERMANY MR. W. GROSSE-BENNE AND MR. ALFRED MODIR. THEY ARRIVED
NORDENHAM TODAY AT 1700 HRS.
THEY ASKED IF IT IS POSSIBLE TO OPEN SOME OF THE CONTAINERS TO
LOOK INSIDE.
PLS REVERT SOONEST IF OK FROM YOUR SIDE.
THANKS BEFOREHAND

AWAITING YOUR REPLY SOONEST

REGARDS
MIDGARD NORDENHAM
THIEN
238317 MIDNH D+            Köp.   Lum  Nyc  Ensd  Olh (Eksm) Wnb  Oge
73346 BONOBEL S
```

Telex an Bofors in Schweden, wonach eine Ladung militärischer Güter im Hafen Nordenham besichtigt werden soll. Erwähnt wird auch ein Alfred Modir. Er ist Repräsentant der Iranischen Waffenbeschaffungsbehörde, DIO, mit Sitz in Düsseldorf.

SCANDINAVIAN COMMODITY AB

TELEPHONE: 040 - 754 50
TELEGRAM: SCANCOM
BANKGIRO: 418 - 6082
POSTGIRO: 638461 - 4
TELEX: 32194
BANK: SKANDINAVISKA ENSKILDA BANKEN
P K BANKEN

Att. Mr. Ali Modir Ghomi/
    Mr. Mehdi Afghan Hadji
    Abbasi

Dio Contact Office
Kaiserswertherstrasse 142

D-4000 DUSSELDORF 30
West-Germany

Your ref.:	Our ref.:	
	LB/LN	P. O. BOX 4014 S-203 11 MALMÖ (SWEDEN) GUSTAV AD. TORG 8 B -1985.06.11

Dear Sirs,

Subj. L/C no 03/11692

We are referring to above mentioned L/C, for which we have
asked you for an extension, and send you, attached, our
commercial invoice in 7 copies for your certification as
per L/C-conditions.

We ask you kindly to send us the invoices by return mail,
making it possible to present the documents to the bank
without further delay.

Yours faithfully
SCANDINAVIAN COMMODITY AB

00122

Schreiben von Scandinavian Commodity an das DIO-Contact-Büro in Düsseldorf. Ali Modir
Ghomi soll bei der finanziellen Abwicklung eines Munitionsgeschäfts hilfreich zur Seite stehen.

BANK MELLI IRAN

FILIALE DÜSSELDORF   Düsseldorf, 20.03.85

to:

Scandinavian Commodity AB
P.O.Box 4014
S-20311 Malmö
SWEDEN

In the name of Allah.
Irrevocable and transferable Letter of Credit No. o3/11692
of Bank Markazi Iran / Teheran - our ref: 13848/366
orderer: SaZEMANE SANAYE DEFA
By order and for account of M/S ALI MODIR GHOMI And MEHDI AFGHAN HADJI
ABBASI · we transfer to you out of the above mentioned
letter of credit the amount of US $ 576.500,- C&F Tehran by Air

The letter of credit is available against presentation of
the following documents marked (x):

(x) Supplier's signed commercial invoices in 7 copies showing
      price certified by orderer's representatives in West Germany.
      Freight charges to be shown in invoices separately in case of
      shipment by C -+₂ F.

(x) Signed detailed packing list in 5 copies.
~~(x) Certificate of Orgin issued by the seller's in 5 copies,
      legalized by the local Chamber of Commerce, evidencing goods originated in one
      of the European Countries.~~
(   )FIATA Combined Transport Bill of Lading, evidencing: "Goods
      actually en-route" marked " freight prepaid " issued to the
      order of Bank Markazi Iran, Tehran notifying: Sazemane Sanaye Defa,
      in 3 Originals and 2 copies.
(   ) Freight invoice in 3 copies.
(   ) Certificate issued by shipping Company confirming: "goods have
      been loaded on board and actually en-route"
(x) Clean Airwaybill   NON IATA AWB   marked " freight "Prepaid"
      consigned to Bank Markazi Iran, Tehran notifying: SAZEMANE SANAYE DEFA
      in 1 Original and 6 copies.
      Partial shipment: allowed / ~~not allowed~~
      Transshipment: allowed / ~~not allowed~~
      Customs tariff no.: 84/65
      The letter of credit is valid for presentation of the documents
      with us in Düsseldorf up to 25.04.85
      Shipment from European Airports
      by Air
      on C&F   basis to Tehran covering:
      Goods as per manufacturer's Order-Confirmation No: SK 85-162/304
      dated 12.03.85   and confirmed Purchase Order No: 334/1401-10835 M-A-3
      dated 15.03.85   (copies attached)

      Insurance effected in Iran. Credit no. o3/11692 of Bank Markazi Iran,
      Tehran had the name of their principals, SAZEMANE SANAYE DEFA
      Should appear on all documents.
      All documents should be made out in the name of SAZEMANE SANAYE DEFA
                                                                    00052

Akkreditiveröffnung durch Melli-Bank in Düsseldorf.

212

Our nr.	Buyers nr.	Type of goods	Supplier	Value	
S 134	40135	5 items p/c powder	S.N.P.E/MC	USD	17.230.845
S 124	70835	P/C M 181/Fuze 525	Bernardelli	USD	14.081.160
S 140	10535	M 26 powder	PRB/IMI	USD	11.500.000
S 159	10735	B/P 7.62	PRB/IMI	USD	8.060.000
S 165	50035	Primer	IMI	USD	135.000
S 150	10635	CBI	Bofors/PRB/UK	USD	1.870.967
S 153	71235	Hexogen	Bofors/IMI	USD	2.100.000
S 166	30535	Tetryl + gr.		USD	2.032.258
S 135	30335	Tetryl		USD	135.000
S 125	30135	Pentastit	Bofors/IMI	USD	1.572.580
S 162/B		Detonators	PRB	USD	576.500
S 162	20335	Detonators	PRB	USD	10.651.774
S 46	10335	B/P 20 mm	PRB/IMI	USD	8.060.000
S 148	30242	P/C 120	IMI	USD	4.650.000
S 171	30335	Pure tetryl	DNAG	DM	244.500
S 155	25225	Nitro penta	IMI	DM	622.740
S 144	51035	Primers 5625	DNAG	DM	282.000
S 130	16302	Primers 120 mm	PRB	DM	16.136.800
S 128	40035	P/C 81 mm	IMI	USD	3.600.000
S 127	25325	Hexogen/Nitro penta	Bofors	DM	97.200
S 149/1	45336	Liner 105	Cancelled	SEK	10.913.600
S 149/2	45336	Liner 106	PRB/IMI	DM	6.978.600
S 160/1	30425	Capsul	DNAG	DM	8.700.000
S 160/2	30425	Capsul	DNAG	DM	4.555.000
S 145	20225	Primer DM 1069	IMI	DM	3.259.200
S 177	50045	Primer MK2A4	DNAG	DM	
S 179	30045-4	Demolition charge C4	IMI	DM	10.530.000

S-Liste von Scandinavian Commodity. Auf dieser Liste sind alle Bestellungen aufgeführt, die von Karl Erik Schmitz für den Iran bei europäischen Produzenten eingekauft wurden. DNAG ist die Dynamit-Nobel AG in Troisdorf.

SCANDINAVIAN COMMODITY AB

TELEPHONE: 040 - 754 50
TELEGRAM: SCANCOM
BANKGIRO: 416 - 8062
POSTGIRO: 639451 - 4
TELEX: 32194
BANK: SKANDINAVISKA ENSKILDA BANKEN
    P K BANKEN

Islamic Republic of Iran
National Defence Industries
Organization

TEHRAN - IRAN

P. O. BOX 4014
S-203 11 MALMÖ (SWEDEN)
GUSTAV AD. TORG 8 B

1984.12.30

Your ref.:   Our ref.:

ORDER CONFIRMATION NO SK 85-162/299

REF. 30842/1-1401-20335-34

SUBJ. DETONATORS
     ITEM 1 : M 2
     ITEM 2 : M 24
     ITEM 3 : DM 1019
     ITEM 4 : DM 1020A1
     ITEM 5 : M 17

We are pleased to confirm your order as follows:

Quantity: ITEM 1 : 3.000.000 units
              ITEM 2 : 2.250.000 units
              ITEM 3 : 1.275.000 units
              ITEM 4 : 1.700.000 units
              ITEM 5 : 2.250.000 units

Quality: ITEM 1 : M 2 detonator
              ITEM 2 : M 24 detonator
              ITEM 3 : DM 1019 detonator
              ITEM 4 : DM 1020A1 detonator
              ITEM 5 : M 17 detonator

Prices: ITEM 1 : DM 5,25 per unit, total DM 15.750.000,00
              ITEM 2 : DM 1,60 per unit, total DM 3.600.000,00
              ITEM 3 : DM 2,10 per unit, total DM 2.677.500,00
              ITEM 4 : DM 5,09 per unit, total DM 8.653.000,00
              ITEM 5 : DM 1,04 per unit, total DM 2.340.000,00

                             Total DM 33.020.500,00
              All prices Cost and Freight free out Bandar Abbas.
              DM 33.020.500,00 equal to US Dollars 10.651.774,00.

              FOB-value:
              ITEM 1 : DM 5,09 per unit
              ITEM 2 : DM 1,55 per unit
              ITEM 3 : DM 2,04 per unit
              ITEM 4 : DM 4,94 per unit
              ITEM 5 : DM 1,01 per unit

Auftragsbestätigung von Scandinavian Commodity an die Beschaffungsbehörde des Iranischen Verteidigungsministeriums und das entsprechende Angebot von Dynamit-Nobel AG, Troisdorf.

214

00329-

ORDER CONFIRMATION NO SK 85-162/299   1984.12.30

Time of
delivery: ITEM 1 : 100.000 units per month
                         starting 1,5 month after receipt of
                         operative Letter of Credit

                ITEM 2 : 100.000 units per month
                         starting 3 months after receipt of
                         operative Letter of Credit

                ITEM 3 : 30.000 units per month
                         starting 3 months after receipt of
                         operative Letter of Credit.
                         After 10 months the delivery will be
                         increased to 80.000 units per month
                         after receipt of operative Letter of
                         Credit.

                ITEM 4 : 360.000 units from stock promptly
                         thereafter 100.000 units per month
                         starting 30 days after delivery of
                         the stock position.
                         All after receipt of operative Letter
                         of Credit.

                ITEM 5 : 750.000 units from stock promptly
                         thereafter 150.000 units 30 days after
                         delivery of the stock position.
                         All after receipt of operative Letter
                         of Credit.

Packing: ITEM 1 : 6.000 units in a wooden box
                ITEM 2 : 8.000 units in a wooden box
                ITEM 3 : 8.000 units in a wooden box
                ITEM 4 : 6.000 units in a wooden box
                ITEM 5 : 6.000 units in a wooden box

                All boxes suitable for sea and land transportation.

Payment: Net cash against irrevocable Letter of Credit to be
                opened in our favour by Bank Melli Iran, London.

Origin: West Europe.

Shipment: From West Europe port to B. Abbas by vessel.

Shipping
documents: 1. Seller's signed invoice including beneficiary's
                   statement that goods are in conformity with the
                   specification in seller's telex 1538/84 of
                   21.12.84 and 1571/84 of 23.12.84 and p/invoice
                   841230-299.

                   Invoice to state origin of goods.

                   Invoice not to be certified by Chamber of
                   Commerce.

215

Dynamit Nobel

AKTIENGESELLSCHAFT

D 01341   3/

GESCHÄFTSBEREICH SPRENGSTOFFE UND ZÜNDMITTEL

Dynamit Nobel Aktiengesellschaft · Postfach 1261 · 5210 Troisdorf

AB BOFORS
Nobel Kemi
Attn. Mr. Mats Lundberg
P.O. Box 800

S - 69180 BOFORS

Telephon: Troisdorf (0 22 41) 85-0
Telegramme: Dynamitnobel Troisdorf
Fernschreiber/Télex/Teleprinter: 889 660 22 dn d
Telefax: 02241 852793
Konten
Landeszentralbank Siegburg
(BLZ 386 000 00) 386 080 17
Postscheckkonto Köln (BLZ 370 100 50)
Kto.-Nr. 830 48-500

Ihre Zeichen	Ihre Nachricht vom	Unsere Zeichen	Telephon:	5210 TROISDORF
Votre référence/Your reference	Votre lettre/Your letter of	Prière mentionner/Please state	(02241) 85- 4577	

hhm/nx

19th March, '85

Explosive Trains for
Fuzes PD M557 and DM 111 A2/A3

We are pleased to quote as follows:

1. 3,0 Mio. Delay Elements DM 1020
   (equivalent to M2 T, incl. primer M54 and relay M7),
   with metric thread M7 x 0,6
   according to drawing no. 130 472,
   amendment D of 10.10.'79 and
   spec. TL 1375-299 of September '76,
   incl. works' certificate.

Price: DM 3.940,-- per 1.000 pieces.

2. 2,25 Mio. Detonators DM 1015 A1
   (equivalent to M 24)
   according to drawing no. 130 482,
   amendment 4 of 20.4.'82 and
   spec. TL 1375-188, ed. 1 of September '77,
   incl. works' certificate.

Price: DM 1.600,-- per 1.000 pieces.

...2

Sitz der Gesellschaft 5210 Troisdorf · HRB 23 Amtsgericht Siegburg · Vorsitzender des Aufsichtsrates: Friedrich Karl Flick

216

Dynamit Nobel Aktiengesellschaft

-2-

3. 2,25 Mio. Detonators DM 1013 A1
    (equivalent to M 17)
    acc. to drawing no. 130 352,
    amendment 4 of 20.4.'82 and
    spec. TL 1375-206, ed. 1 of June '79,
    incl. works' certificate.

    Price: DM 1.400,-- per 1.000 pieces.

4. 1,275 Mio. Detonators DM 1019
    acc. to drawing no. 130 200,
    amendment D of 2.11.'66 and
    amendment 4 of 24.4.'82 and
    spec. TL 135-188, ed. 1 of September '77,
    incl. works' certificate.

    Price: DM 1.800,-- per 1.000 pieces.

5. 1,7 Mio. Detonators DM 1020 A1,
    acc. to drawing 130 202,
    amendment 4 of 27.6.78 and
    spec. 1375-188, ed. 1 of September '77,
    incl. works' certificate.

    Price: DM 3.440,-- per 1.000 pieces.

Prices:

The above quoted prices are to be understood free Karlskoga, packing
included.

Delivery:

About 150.000 to 200.000 pieces monthly, starting approx. 3 months after
receipt of order and export-certificate, for the application of which we
require your end-use-declaration (Verbleibserklärung).

Payment:

Against irrevocable, confirmed Letter of Credit, payable at Deutsche Bank AG,
Cologne.

Yours faithfully,

Dynamit Nobel Aktiengesellschaft

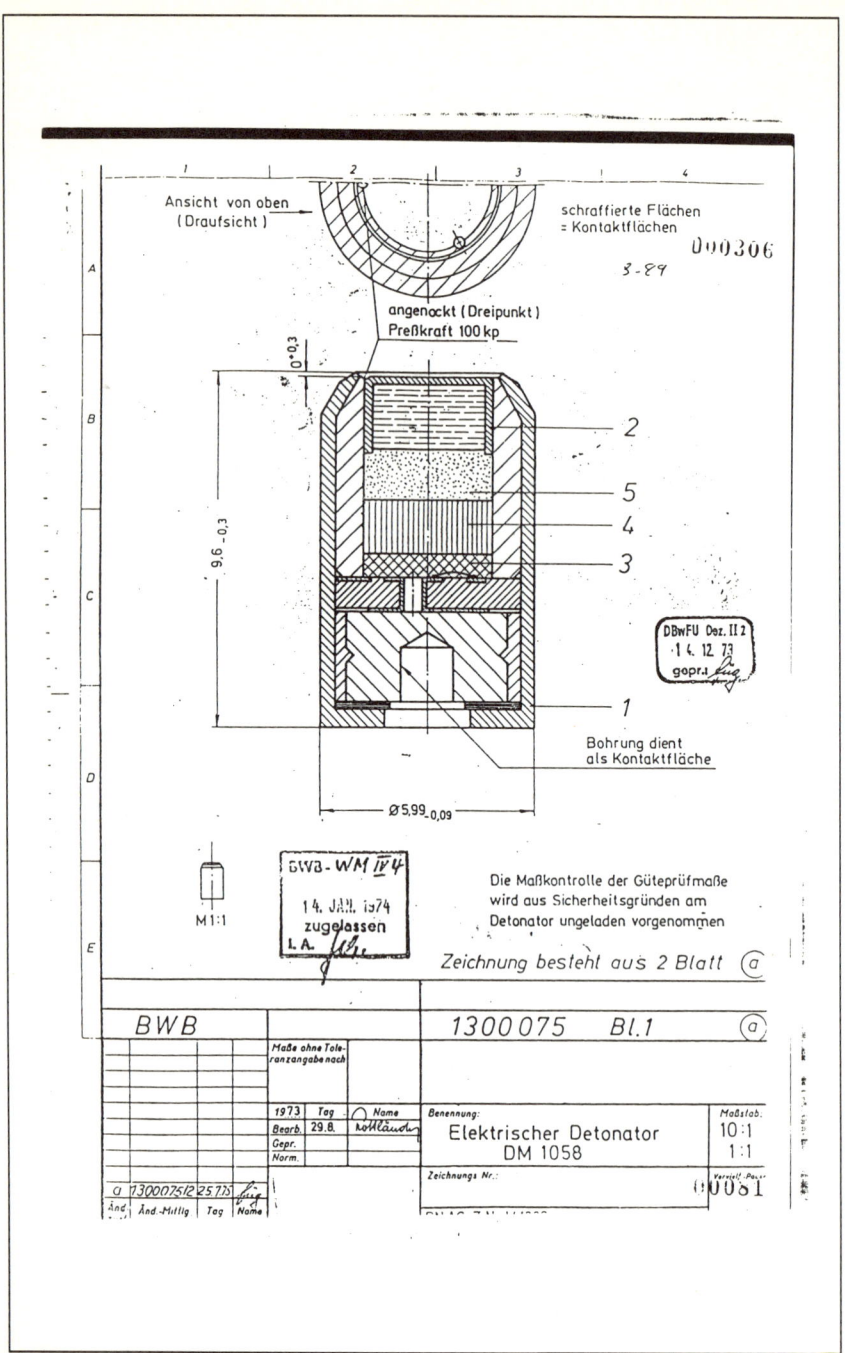

Ansicht von oben
(Draufsicht)

schraffierte Flächen
= Kontaktflächen

000306

3-89

angenockt (Dreipunkt)
Preßkraft 100 kp

2

5

4

3

1

Bohrung dient
als Kontaktfläche

Ø5,99 −0,09

9,6 −0,3

M 1:1

BWB-WM IV 4

14. JAN. 1974
zugelassen
I. A.

Die Maßkontrolle der Güteprüfmaße
wird aus Sicherheitsgründen am
Detonator ungeladen vorgenommen

Zeichnung besteht aus 2 Blatt ⓐ

DBwFU Dez. II 2
-1 4. 12. 73
gepr.:

BWB

1300075   Bl.1   ⓐ

Maße ohne Tole-
ranzangabe nach

Zeichnung besteht aus 2 Blatt ⓐ

	1973	Tag	Name	Benennung:		Maßstab:
	Bearb.	29.8.		Elektrischer Detonator		10:1
	Gepr.			DM 1058		1:1
	Norm.					

Zeichnungs Nr.:   000§1

ⓐ 1300075/2 25.7.73
Änd. | Änd.-Mittig | Tag | Name

218

Lfd Nr	Stück zahl	Benennung	Sach - Nr.	DIN A	Bemerkungen
1	1	Elektr. Detonator, DM 1058, ungeladen	1300075 - 10	4	
2	1	Abschlußhülse, geladen	1300074 - 20	4	
3	1	Ladung ≈ 35 mg	-	-	EZ-Satz LAS 072 der DN
4	1	Ladung ≈ 45 mg	-	-	Bleiazid 98,5 % LAS 181 der DN
5	1	Ladung ≈ 10 mg	-	-	Nitropenta TL 1376-803
		für Handhabung, Transport u. Lagerung			
7	1	Schutzhülse	1300074 - 0.1	4	

BWB. WMI/K
14. JAN. 1974
zugelassen
i. A.

DBWFU Dez. II 2
14. 12. 73
gepr.

Hierzu gehört SF 1300075
SF 1300075 WI

BWB			ST 1300075	DIN A 4
	1973	Tag	Name	
	Bearb.	14.12.		Elektr. Detonator DM 1058
	Gepr.			
	Norm.			0003
b 1300075/2				
a 1300075/1			DBWFU II 2	Ersatz für:
Änd. zust	Änderungs- Mitteilung	Tag	Name	Ersetzt durch:

```
73346 BONOBEL S                00018  2/5           ANKOM    (2.0440
36160 BECO CH - ( 18.1.85 .        17.20        1985 -01- 2 1
FOR MATS LUNDBERG
```

WE INFORM YOU THAT WE HAVE ADVISED PRB OF OUR PLACEMENT
OF THE FOLLOWING ORDERS TO YOU:

```
                    S 46
                    S 159
                    S 140                      009411
AND TO DNAG
                    S 135
                    S 166
AND TO S N P E
                    S 134 = 5 ITEMS.
```

WE HAVE BEEN ADVISED ABOUT OPENING OF L/C FOR ALL THEIR
CONTRACTS. FURTHERMORE WE HAVE CONFIRMED TO YOU OUR ORDERS FOR:

```
                    S 150
                    S 125
                    S 153
                    S 164/1
                    S 164/2
                    S 164/3
```

ALSO FOR THESE ITEMS THE L/C WILL BE OPENED BEFORE END OF JANUARY
1985.

WE ARE STILL WORKING THE FOLLOWING ITEMS FOR YOUR ACCOUNT

```
                    S 150   ADDITIONAL 100 MT
                    S 155
                    S 152
                    S 127
```

FOR S 164/4 AND S 164/5 WE WOULD KINDLY ASK YOU TO DO YOUR UTMOST.
THE SAMPLE OF S 164/5 HAS BEEN VERY WELL ACCEPTED AND THEREFORE THIS
CONTRACT SHOULD IF POSSIBLE BE CONCLUDED.

SUBJ.: SAMPLES

WE ARE IN URGENT DEMAND OF THE FOLLOWING SAMPLES AND WOULD BE
VERY GRATEFUL IF YOU COULD PROVIDE THESE TO US FOR DELIVERY EARLY
NEXT WEEK.

```
          S 135 - WILL BE DELIVERED TO YOU FROM PRB
          S 89 - WILL BE DELIVERED TO YOU FROM PRB
          S 166 - WILL BE DELIVERED TO YOU FROM DNAG
          S 127 - NEW SAMPLE FROM YOU
```

BEST REGARDS.
SERFINA S.A.

++++++

```
361 60 BECO CH
+
73346 BONOBEL S
```

Telex der Serfina AG an Bofors über die Verteilung der Iran-Aufträge an verschiedene Unternehmen, u.a. DNAG=Dynamit-Nobel AG, Troisdorf.

Pos J0246

COPYRIGHT INTERNATIONAL MARITIME CONFERENCE
UNIFORM GENERAL CHARTER (AS REVISED 1922 and 1976)
INCLUDING "F.I.O." ALTERNATIVE, ETC.
(To be used for trades for which no approved form is in force)
CODE NAME: "GENCON"

Part 1

1. ...
Grenor Ltd. Jersey C.I.
Cosmos Shipping Ltd Piraeus

2. Place and date
London 14th December 1984

3. Owners Place of Business (Cl. 1)
J.Poulsen Chartering
as Disponent Owners

4. Charterers/Place of business (Cl. 1)
Serfina S.A. Fribourg
Switzerland.

5. Vessel's name (Cl. 1)
M/V PRAUKE

6. GRT/NRT (Cl. 1)
999/675 tons

7. Deadweight cargo carrying capacity in tons (abt.) (Cl. 1)
2.827 Dwat

8. Present position (Cl. 1)
Trading

9. Expected ready to load (abt.) (Cl. 1)
3 - 8 January 1985

10. Loading port or place (Cl. 1) Hangoe - Varberg
Zeebrugge - Nordenham - Talamone
Cape Town.

11. Discharging port or place (Cl. 1)
Bandar Abbas

12. Cargo (also state quantity and margin in Owners' option, if agreed; if full and complete cargo not agreed state "part cargo") (Cl. 1)
Hangoe:150 mtns T.N.T. in boxes on pallets 149.400 kg net/162.348 kg gross.Pallet opt odims:1X1.2X1.5-Imco class 1 1.1 D-UN No 0209 page 1103 - Varberg: 100.000 kg net explo 116.252 kg gross propellant charge powder in drums on pallets dims;1.2X0.80X0.75 ress imco class: 1 1.3 C-UN No 0161 page 1129- Zeebrugge 350 tns drums on pallets full Nordenham 300 tns in containers(abt 22)Talamone 200 tons in drums on pallets(1)o acity

13. Freight rate (also state if payable on delivered or intaken quantity) (Cl. 1)
U.S.Dollars 390,000.00 Lumpsum F.I.O.S.
Payable 30% within 5 B/Days after sign ing/releasing BS/L Marked "Freight Pre paid" on Zeebrugge, 30% Nordenham, 10% Talamone, 30% Cape Town.

14. Freight payment (state currency and method of payment also beneficiary and bank account) (Cl. 4)
Jyske Bank A/S
Vesterbrogade 9. Copenhagen 1501 V.
Swift Code:JYBADKKK - Telex 27340
Phone:(1) 212222 Account No USD 5068-500
-O Ref above mentioned vessel.

15. Loading and discharging costs (state alternative (a) or (b) of Cl. 5; also indicate if vessel is gearless)

16. Laytime (if separate laytime for load and disch. are agreed, fill in a) and b). If total laytime for load and disch., fill in c) only) (Cl. 6)
a) Laytime for loading

** Shippers (state name and address) (Cl. 6)
b) Laytime for discharging

c) Total laytime for loading and discharging
18 total Days AP SHEX/FHEX U.U.

18. Demurrage rate (loading and discharging) (Cl. 7)
U.S.Dollars 2.200 PD RATA/FD

19. Cancelling date (Cl. 10)
8th January 1985

20. Brokerage commission and to whom payable (Cl. 14)
3.75% to Grenor Shipping Co Ltd + 2.5% To Cosmos Shipping Ltd for dividing on
F/DP/D

21. Additional clauses covering special provisions, if agreed.

Vessel's Itinerary will be starting loading at Zeebrugge then Varberg - Nordenham - Talamone - Bar - Cape Town via West Africa

Additional Clauses 18 - 37 as attached are deemed to be incorporated in this Charter Party.

It is mutually agreed that this Contract shall be performed subject to the conditions contained in this Charter which shall include Part I as well as Part II. In the event of a conflict of conditions the provisions of Part I shall prevail over those of Part II to the extent of such conflict.

Signature (Owners)

Signature (Charterers)
SERFINA S.A.
Fribourg
Suisse
8|

Printed and sold by Dim. P. Mantarakis, 86 Piloeos Str., Piraeus by authority of The Baltic and International Maritime Conference (BIMCO) Copenhagen

Frachtbrief bundesdeutscher Schiffe, die Waren für den Iran geladen haben. Bandar Abbas ist der iranische Hafen.

RECOMMENDED
THE BALTIC AND INTERNATIONAL MARITIME CONFERENCE
UNIFORM GENERAL CHARTER (AS REVISED 1922 and 1976)
INCLUDING "F.I.O." ALTERNATIVE, ETC.
(To be used for trades for which no approved form is in force)
CODE NAME: "GENCON"

2ⁿᵈ ORIGINAL

Part I

1. Shipbroker	
Grenor Ltd. Thessaloniki. Cosmos Shipping Ltd. Piraeus	**2. Place and date** London 23rd January, 1985

3. Owners/Place of business (Cl. 1)	4. Charterers/Place of business (Cl. 1)
J.Poulsen Chartering. as Disponent Owners	Serfina S.A. Fribourg Switzerland.

5. Vessel's name (Cl. 1)	6. GRT/NRT (Cl. 1)
M/V KATJA or Sub.	999/676 mtons

7. Deadweight cargo carrying capacity in tons (abt.) (Cl. 1)	8. Present position (Cl. 1)
2.886 Tdw	Trading

9. Expected ready to load (abt.) (Cl. 1)	
20 - 28 February, 1985	

10. Loading port or place (Cl. 1)	11. Discharging port or place (Cl. 1)
1 Safe berth Zeebrugge + Varberg + Nordenham + 1 South Africa	1 Safe berth Bandar Abbas

12. Cargo (also state quantity and margin in Owners' option, if agreed; if full and complete cargo not agreed state "part cargo") (Cl. 1)

Minimun 90 TEU's - Upto full and Complete IMCO Cargo in TEU's and Breakbulk (Palletized Drums/Boxes).

13. Freight rate (also state if payable on delivered or intaken quantity) (Cl. 1)	14. Freight payment (state currency and method of payment, also beneficiary and bank account) (Cl. 4)
U.S.Dollars 330.000.- Lumpsum F.I.O.S. Payable 20% within 5 B/Days after sign ing/Releasing BS/L marked "Freight Pre paid on Zeebrugge, 20% Varberg, 25% Nor denham, 35% South Africa	Jyske Bank A/S. Vesterbrogate 9,Copenhagen 1501 V. Swift Code:JYBADKKK-Telex 27340-Phone: (1)212222 - Account No USD 5068-950001-0 Favour Monsted Chartering A/S. Ref above Mentioned vessel.

15. Loading and discharging costs (state alternative (a) or (b) of Cl. 5; also indicate if vessel is gearless)	16. Laytime (if separate laytime for load. and disch. is agreed, fill in a) and b). If total laytime for load. and disch., fill in c) only) (Cl. 5)
	a) Laytime for loading
17. Shippers (state name and address) (Cl. 6)	**b) Laytime for discharging**
	c) Total laytime for loading and discharging 17 total Days AP Shex/Phex U.U.

18. Demurrage rate (loading and discharging) (Cl. 7)	19. Cancelling date (Cl. 10)
USDollars 2.200 PD RATA/Free Despatch	28th February, 1985

20. Brokerage commission and to whom payable (Cl. 14)

3.75% to Grenor Shipping Co Ltd + 1% to Cosmos Shipping Ltd on F/DP/D

21. Additional clauses covering special provisions, if agreed.

Additional Clauses 18-37 as attached are deemed to be incorporated in this Charter Party.

[Stamp: COSMOS SHIPPING LTD. TELEX: 21 3270 COSM GR PHONE: 01-4110896 P.O. BOX 375 - PIRAEUS - GREECE]

It is mutually agreed that this Contract shall be performed subject to the conditions contained in this Charter which shall include Part I as well as Part II. In the event of a conflict of conditions, the provisions of Part I shall prevail over those of Part II to the extent of such conflict.

Signature (Owners)	Signature (Charterers)
	SERFINA S.A. Fribourg Suisse 235

Printed and sold by Dim. P. Mastorakis, 86 Filonos Str., Piraeus by authority of The Baltic and International Maritime Conference (BIMCO) Copenhagen

WORLDWIDE COURIER

P.O.D.-RETURN TO ORIGIN

COPYRIGHT
DHL INTERNATIONAL LTD 1982

ONLY NON-DUTIABLE ITEMS MAY BE CONSIGNED INTERNATIONALLY UNDER THIS AIRBILL FORWARDER AIRBILL-NON NEGOTIABLE

SHIPPER'S ACCOUNT No.	ORIGIN	FORWARDER AIRBILL No.	DESTIN.	PIECES	WEIGHT
	NUE	0352818	MMA	1	

SHIPPER'S REFERENCE

WW-VA/Allmann

	ACCOUNT
CASH ☐	CHARGE ☐

SERVICE

1. COURIER ☐
2. VISA PAK ☐
3. OMFWRDG ☐
4. OTHER ☐

FROM (SHIPPER)

Diehl GmbH & Co.
Fischbachstrasse 16
D-8505 Roethenbach/Pegnitz
West Germany

TELEX/PHONE

SENT BY: S. Lampel   09 11/5977 774

DESCRIPTION CONTENTS/SPECIAL INSTRUCTIONS

Brochures

TO (CONSIGNEE)

Scandinavian Commodity AB
Gustav Adolfs Torg 8 B
S-20311 Malmö
Schweden

TELEX/PHONE

ATTEN OF Mrs. Lund   46 40 754 50

RECEIVED IN GOOD ORDER AND CONDITION

DATE / / TIME : AM PM

CONSIGNEE'S SIGNATURE X

5. INSCE.

TOTAL

THIS IS A NON-NEGOTIABLE AIRBILL SUBJECT TO THE TERMS AND CONDITIONS SET FORTH ON THE REVERSE OF SHIPPER'S COPY IN TENDERING THIS SHIPMENT. SHIPPER AGREES THAT DHL SHALL NOT BE LIABLE FOR SPECIAL, INCIDENTAL OR CONSEQUENTIAL DAMAGES ARISING FROM THE CARRIAGE HEREOF. DHL DISCLAIMS ALL WARRANTIES, EXPRESS OR IMPLIED, WITH RESPECT TO THIS SHIPMENT. THE LIABILITY OF DHL FOR ANY LOSS OR DAMAGE SHALL BE LIMITED TO US $100.00. INSURANCE COVERAGE IS AVAILABLE UPON SHIPPER'S REQUEST AND PAYMENT THEREFOR

Declared Value: NO COMMERCIAL VALUE

SHIPPER'S SIGNATURE X   10.05.84

FOR DHL

RECD BY

DATE & TIME / /   AM PM

Das deutsche Unternehmen »Diehl« schickt Prospekte über Waffen an den Waffenhändler Karl Erik Schmitz von Scandinavian Commodity.

223

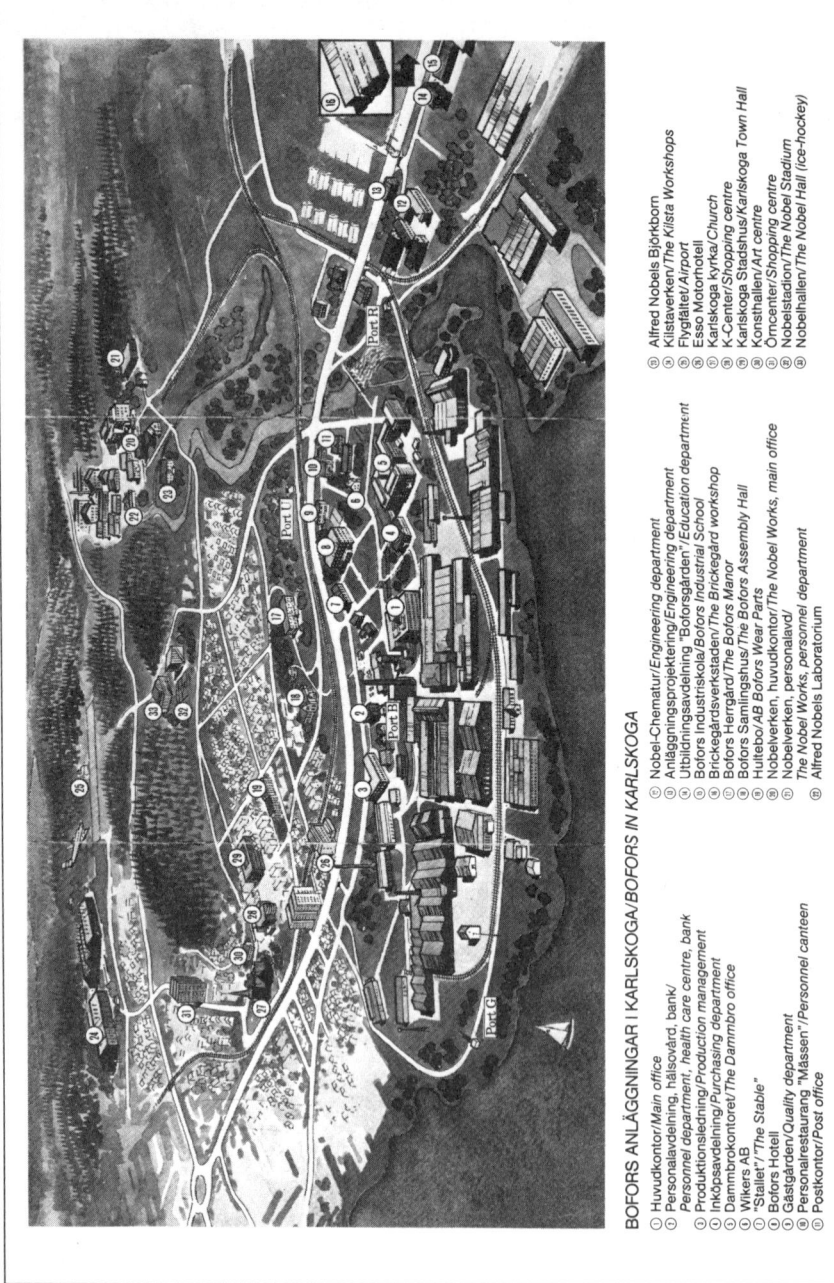

BOFORS ANLÄGGNINGAR I KARLSKOGA/BOFORS IN KARLSKOGA

① Huvudkontor/Main office
② Personalavdelning, hälsovård, bank/
Personnel department, health care centre, bank
③ Produktionsledning/Production management
④ Inköpsavdelning/Purchasing department
⑤ Dammbrokontoret/The Dammbro office
⑥ Wikers AB
⑦ "Stallet"/"The Stable"
⑧ Bofors Hotell
⑨ Gästgården/Quality department
⑩ Personalrestaurang "Mässen"/Personnel canteen
⑪ Postkontor/Post office
⑫ Nobel-Chematur/Engineering department
⑬ Anläggningsprojektering/Engineering department
⑭ Utbildningsavdelning "Boforsgården"/Education department
⑮ Bofors Industriskola/Bofors Industrial School
⑯ Brickegårdsverkstaden/The Brickegård workshop
⑰ Bofors Herrgård/The Bofors Manor
⑱ Bofors Samlingshus/The Bofors Assembly Hall
⑲ Hutebo/AB Bofors Wear Parts
⑳ Nobelverken, huvudkontor/The Nobel Works, main office
㉑ Nobelverken, personalavd/
The Nobel Works, personnel department
㉒ Alfred Nobels Laboratorium
㉓ Alfred Nobels Björkborn
㉔ Kilstaverken/The Kilsta Workshops
㉕ Flygfältet/Airport
㉖ Esso Motorhotell
㉗ Karlskoga kyrka/Church
㉘ K-Center/Shopping centre
㉙ Karlskoga Stadshus/Karlskoga Town Hall
㉚ Konsthallen/Art centre
㉛ Örncenter/Shopping centre
㉜ Nobelstadion/The Nobel Stadium
㉝ Nobelhallen/The Nobel Hall (ice-hockey)

Lageplan der schwedischen Rüstungsschmiede Bofors.

224

Ein bedeutsamer Teil der in dem Buch zitierten Fälle ist schwedischen Zollunterlagen entnommen. Sofern sie nicht direkt zitiert sind, stammen sie aus folgenden Bänden:

1. Band: Stomprotokoll, Del I,
2. Band: Stomprotokoll, Del IV, Forhör: Lundberg
3. Band: Stomprotokoll, Del V, Forhör: Lundberg
4. Band: Stomprotokoll, Del VII, Förhör: Schmitz
5. Band: Stomprotokoll, Komplettering: Förhör, Del I
6. Band: Stomprotokoll, Komplettering: Dokumente
9. Band: Bilaga: Armaturen GmbH, Österrike
10. Band: Bilaga: SMI, Südsteierische Metall-Industrie, Österrike
11. Band: Bilaga: PRB Défense, Bruxelles, Belgien
12. Band: Bilaga: Tirrena Industriale Spa, Italien
13. Band: Bilaga: FDSP, Federal Directorate of Supply and Procurement Jugoslavien
14. Band: Bilaga: Försöksbrott, Sammanstallnin över Scandinavian
15. Band: Bilaga: DNW, Dynamit Nobel Wien GmbH, Österrike
16. Band: Bilaga: Lilla & Stora Iranaffären
17. Band: Bilaga: Reserapporter Pentyl-&RDX-mäten samt handlingar fran pärm märkt ASIEN Del I+Del II
18. Band: Bilaga: Varuprover
19. Band: IMES, Import-Export GmbH, Berlin, DDR
21. Band: Bowas-International GmbH, Salzburg, Österrike

REGISTER

Nachwort

An einem Donnerstagmorgen, es ist der 23. Juni 1988, klingeln höflich zwei Polizeibeamte und ein Beobachter des Ordnungsamtes der Stadt Frankfurt an der Wohnungstür. Sie weisen einen richterlichen Hausdurchsuchungsbefehl vor. Sie suchen nicht etwa bei der Iran-Air oder der Lufthansa nach Unterlagen über die offenkundigen Waffentransporte, die vom Frankfurter Flughafen aus in den Iran gehen.

Initiator der Aktion ist vielmehr der Waffenhändler Karl Erik Schmitz aus Malmö, der gegen mich Anzeige erstattet hat. Seine Beschuldigung: Ich hätte in der Fernsehdokumentation des ZDF vom 7. Januar 1988 unbefugt ein Telefongespräch mit ihm aufgezeichnet und gesendet. Das ist bekanntlich nach § 201 StGB strafbar. Die Frankfurter Staatsanwaltschaft hat nichts Eiligeres zu tun, als den Anschuldigungen des weltweit berüchtigten Waffenhändlers zu glauben. Sowohl die Staatsanwaltschaft wie der Amtsrichter, der den Durchsuchungsbeschluß absegnet, fragen sich nicht – und mich schon gar nicht –, ob an den Beschuldigungen etwas dran ist. Sie interessiert nicht, wer da Anzeige erstattet. Das Gesetz ist offensichtlich verletzt worden, und wenn man schon nicht den illegalen Waffenhandel verbieten kann, dann greift man sich wenigstens Journalisten, die darüber berichten. Nicht der Waffenhändler ist der Schuldige, sondern der Journalist, der aufdeckt. Verkehrte Fronten, die das bestätigen, was in dem Kapitel »Stillstand der Rechtspflege« beschrieben wurde. Die Polizeibeamten haben natürlich nichts gefunden. Am Ende der Durchsuchung habe ich sie darauf hingewiesen, daß sie ja bald wiederkommen müßten. Denn in diesem Buch seien wieder Telefongespräche von Waffendealern abgedruckt worden. Nach diesem Vorgehen wird die Öffentlichkeit jetzt aufmerksam beobachten, ob jene raffgierigen Blutsauger verfolgt werden, die am Leiden und Sterben im Golfkrieg profitieren wollen, oder jene, die darüber die Öffentlichkeit informieren, um ihnen das Handwerk zu legen.

In der Zwischenzeit hat sich noch etwas anderes getan. Im Kapital »PRB in Teheran und das Kommissionsdebakel« wird über den Geschäftsabschluß zwischen dem belgischen Rüstungsunternehmen PRB, dem türkischen Unternehmen Ozak-Makina aus Istanbul und den deutschen Helfershelfern berichtet. Sie wollten ja alle von den 133-Millionen-Dollar-Rüstungsgeschäft mit dem Iran profitieren. Als ein türkischer Journalist, dem ich die mir vorliegenden Dokumente gegeben hatte, im Juni 1988 das Bürogebäude der Özak-Makina in Istanbul besucht, wird ihm gedroht: »Der Staat weiß, was wir tun, wir arbeiten mit dem Innenministerium zusammen. Halten Sie sich heraus.«

Und auf das Geschäft mit der PRB angesprochen, antwortete man ihm: »Das lief damals alles über Ankara und den türkischen Generalstab.«

Mit anderen Worten: An dem 133-Millionen-Dollar-Iranwaffenhandel waren hohe türkische Militärs beteiligt bzw. sind es immer noch. Das Unternehmen Özak-Makina, so stellte sich bei den Recherchen jetzt heraus, firmiert zwar unter der bekannten Adresse im Istanbuler Stadtteil Sisli. Doch in allen Dossiers, von der Industrie- und Handelskammer bis zum Einwohnermeldeverzeichnis, gibt es keinerlei Angaben über die Inhaber oder über die Geschäftstätigkeit. Die einzige Schlußfolgerung ist, daß es sich um ein Unternehmen des türkischen Geheimdienstes handelt, denn nur der — so berufene Stimmen aus Istanbul — ist in der Lage, Firmen zu unterhalten, die in keinen öffentlichen Registern auftauchen. Firmen, die es offiziell gar nicht gibt.

Auch über den Teheraner Vermittler des 133-Millionen-Dollargeschäfts, Sabit Altiok, gibt es Neues zu berichten. Nachdem er sich 1987 öffentlich darüber beklagte, daß man ihm die zustehende Provision vorenthalten habe, obwohl das Geschäft zwischen der PRB und dem Iran abgeschlossen wurde, lebte er nicht mehr lange. Er wurde erschossen, »weil er zuviel geredet hatte«, so ein ehemaliger Geschäftspartner von ihm in Teheran.

Noch eine Neuigkeit: Obwohl die bundesdeutsche Lufthansa Teheran offiziell nicht mehr anfliegt, landen noch im Juni 1988 auf einem besonders bewachten Abstellplatz des Teheraner Flughafens Cargomaschinen der Lufthansa. Was ausgeladen wurde, brachte man, unter Aufsicht der »Revolutionswächter«, in Militärdepots. Lebensmittel werden es wohl nicht gewesen sein, die aus Frankfurt nach Teheran geliefert wurden.

Im Spätsommer 1988 wird in Schweden den Managern von Bofors und Scandinavian-Commodity der Prozeß gemacht werden. Haben sie daraus Lehren gezogen? Wahrscheinlich nicht. Denn auf dem Teheraner Güterbahnhof konnte man noch im Mai Dutzende von Containern mit der Aufschrift »Bofors« sehen.

Der Waffenschwarzmarkt mit dem Iran oder Irak geht demnach unbehindert weiter. Ob Kleinhändler, die mit leichten Waffen und elektronischen Systemen handeln, oder große Firmen, die riesige Mengen hochentwickelter Waffen liefern, ob Makler, Finanziers oder Mittelsmänner, sie scheinen eine Macht darzustellen, die niemand aufhalten kann. – Oder wil sie niemand aufhalten?

Frankfurt, den 29. Juni 1988